SHODENSHA
SHINSHO

日本史から見た日本人・昭和編

――「立憲君主国」の崩壊と繁栄の謎

渡部昇一

祥伝社新書

本書は小社より、平成元年に単行本、平成十二年に祥伝社黄金文庫、平成二十三年にＮＯＮ《ノン》　ＳＥＬＥＣＴ《セレクト》にて刊行された『日本史から見た日本人　昭和編』を新書化したものです。本文中の引用文の表記については、一部を新字・新かなに改めています。また、文字遣《づか》い、振りがな、送りがな、句読点《くとうてん》等についても、できるだけ原文を尊重しつつも、現代の読者の便宜《べんぎ》を配慮して、編集部が適宜これを改めています。なかには、現在では不適切と思われる表現もありますが、著者がすでに他界していること等に鑑《かんが》み、原文通りとしました。

平成二十三年版のまえがき

私は昭和四十三年（一九六八）から一年間、フルブライト招聘《しょうへい》教授としてアメリカ各州の大学を回り、講義を受け持った。そこで出会った若い日本人たちが、自《みず》らの祖国の歴史をまったく知らないことに愕然として、「外国に出る時には、せめてこれぐらいは日本について語れるようにしてもらいたいものだ」という主旨で書き下ろしたのが『日本史から見た日本人　古代編』であった。それから続編として『鎌倉編』まで書いたのだが、その後の部分は学事、世事多忙のため中断していた。

そこに昭和天皇の御崩御《ほうぎょ》があった。ともかく昭和の歴史について私の見方を書きたいと思っていたところ、啐啄《そったく》同時と言うべきか、祥伝社の故・打田良助さんと佐藤真さんがやってきて、「前の時代のことは機会をあらためて書いてもらうにしても、ともかく今は昭和史をまとめてほしい」と言ってくださった。それで一挙に書き下ろしたのが、この『日本史から見た日本人　昭和編』である。

当時はまだ――今もかなり強いが――東京裁判史観が読書界で圧倒的に主流であったと思うが、私は自分の見方――これはパル判事の見方と同じ方向になる――を、すべて記憶に頼って書き上げた。日時など細《こま》かなことはゲラで訂正したが、「史観」を示すためなので、ともかく私の目に見える昭和の日本の姿を追いながら書き下ろしたものである。

それから二十年以上経《た》つ。その後は、アメリカやイギリスやソ連や中華民国の文書――当時は入手不能のもの――も部分的に開示されてきて、東京裁判史観は根本的な修正を必要とされてきている。幸いなことに、私が本書に示した史観は、基本的に変更する必要がなかったことがますます明らかになってきている。このことは傘寿を超えた私のはなはだ欣快《きんかい》とするところである。

今回、また新版として刊行してくださるとの有難い御提案をいただいた。本書を読まれる方々には、これによって非・東京裁判史観を知っていただければ幸甚である。

この企画には祥伝社の岡部康彦氏の御助力を得た。篤く御礼申しあげたい。

平成二十三年十二月

渡部《わたなべ》昇一《しょういち》

はじめに

「欠陥憲法」が生んだ昭和の悲劇

田舎《いなか》の家には創刊号の頃からの『キング』（大正十四年創刊の大衆月刊誌。最盛期の部数は一〇〇万を超えた。講談社刊）が、だいたい揃《そろ》っていた。私が物心がつき、活字をしきりに読みはじめた頃は、日本の出版事情はしだいに窮屈になってきていて、旧制中学に入った時は、どの雑誌もどんどん薄くなったうえに、戦時色ばかり濃くなって面白くなかった。それで、かつてのよき時代の『キング』を取っかえ引っかえ読み直すことになった。今の時代に古い雑誌を何回も読み返すということは考えにくいが、私が中学生の頃は、旧幕時代の人が古典を読み返したように、何度も大衆雑誌を読み返すという変わった体験をした。

そのおかげで、変な話だが昭和五年（一九三〇）生まれの私が、まだ生まれない頃を含めて、大正末期から昭和の全時代を目で見て知っている、という感じを持っているのである。『キング』は国民的な大衆雑誌で、皇室も政治家も軍人も、学者も芸者も写真入りで出ていた。それは、まさに同時代を映す鏡であり、しかもイデオロギー的偏向のない雑誌であった。救世軍とか山室軍平《やまむろぐんぺい》というようなキリスト教の話を知ったのも『キング』を通じてである。

昭和天皇のご病気が伝えられる頃、私も、自分の頭の中にイメージとして固まった昭和の姿をまとめておきたいと思った。詳《くわ》しい昭和史はそれこそ何十巻にもなりうるであろう。そういうことをするのは私の任ではない。私には、ここ四〇年以上も頭から離れない謎《なぞ》、昭和史の謎があった。この謎を自分に納得できるように解《と》き明《あ》かさなければならない。そして、自分の子どもに、あるいは孫に——まだいないが——「昭和という時代は、こういう時代だったんだ」と、かいつまんで言える筋《すじ》を把《つか》まなければならなかった。

戦後ずっと私の頭を離れなかった「昭和史の謎」とは何かと言えば、どうして日本人は日露戦争の時代から見ると、あんなにも外交下手《べた》になったのか、また被統治能力《ガバナビリティ》を失ったのか、ということであった。

それは日本が驕慢《きょうまん》になったからだ、とも言えるが、当時の日本のリーダーたちだって、日本と英米の国力の差ぐらいは知っていたはずである。

第一、海軍が反対だったというのに太平洋で戦争が始まったというのもおかしい。要するに、明治や大正のことは政治も軍事も、一応理解できるのだが、昭和となると、わけの分からないことが多すぎるのだ。どうして陸軍中佐や大佐（今の一佐や二佐）ぐらいの軍人が出先で戦争を起こすと、その上の軍人も首相も、それを抑《おさ》えることができなかったのか。

そんな疑問を四〇年間も頭の中でこね廻しているうちに、日本がおかしな行動を取り出すのは昭和五年――私の生まれた年――を境《さかい》にしていることに気づいた。では、昭和五年に何があったか。

統帥権干犯《とうすいけんかんぱん》問題があったのである。軍のやることを政府が抑えることができなくなったのだ。日本はこの年を境にして、ダブル・ガバメント（二重政府）の国となる。

しかし、変ではないか。昭和五年までは、日本はけっして二重政府ではなかったのだから。

ではどうして統帥権干犯問題が起こったかと言えば、明治憲法には統帥権は天皇直属と書いてあるからである。つまり、軍は政府の下にあるわけではないというのだ。軍が政府から独立しているなどという話はおかしいし、昭和五年までは、そんなことを問題にすることもなかった。しかし、そんな解釈ができるような条文があるのなら、明治憲法が悪いのではないか。

そう思って明治憲法を読んでみたところ、驚くなかれ、明治憲法には首相（総理大臣）という言葉もなければ、内閣という言葉もない。あるのは国務大臣だけである。つまり、明治憲法は行政府についての明確な規定のない欠陥憲法だったのだ。

では、その欠陥がなぜ昭和五年まで表に出てこなかったのか。それは明治憲法を制定した人や、その制定趣旨を直接に耳で聞いた元老たちが生きている間は、当初からの慣習が生きていたからである。そうした元老が死に絶えた頃になって、欠陥憲法の条文が独立横行しはじめる。統帥権は憲法に明確に規定されているのに、首相は憲法に基礎を置かず、単なる官制に拠《よ》るに過ぎないとすれば、首相は軍を抑えることができない。明白な論理的帰結ではないか。

戦争突入を招《まね》いた「三つの外圧」

それでも、世界の大勢が第一次大戦の後のままであったら、統帥権干犯問題は表面に出ることはなかったかもしれない。ところが外から三つの重圧が日本に働いて、統帥権問題が噴き出したのである。

その第一は、アメリカの日系移民排斥問題である。これによって日本は、人種的に徹底的に差別されていることを知らされたのだ。白人の作った世界秩序に盲目的に従うわけにはいかない、という国民感情が出てきたのである。

その第二は、アメリカがホーリイ・スムート法という保護貿易のための空前の悪法を作ったため、世界中が底なしの不況に陥《おちい》ったことである。イギリスは、これに対抗してオッタワ会議によりブロック経済圏を作ることにした。イギリスのような広大な植民地を持たない日本はどうなるか。その一方で大不況はマルクスの予言を証明するかのごとくであった。天皇を否定する共産主義は、日本では根を下《お》ろせなかったが、天皇を戴《いただ》く社会主義・共産主義が、軍官僚や新官僚に滲透し出した。かくして右翼全体主義国家が生まれ、政党政治や自由経済はなくなった。

第三にはシナ大陸における度重《たびかさ》なる排日・侮日《ぶにち》運動のため、内政不干渉と既得利権返還などを柱とする非帝国主義的な幣原《しではら》外交が不可能になったことである。

統帥権問題がなかったならば、この三つの問題が生じても戦争突入は避けられたであろう。しかし、統帥権問題で明治憲法の欠陥が露出してきた時に、こんな圧力をかけられたため、日本はヒトラーのごとく、右翼全体主義国家の方向に押し流されたのである。

「日本人性悪説」の誤解を匡《ただ》す

これが私の昭和史理解の骨組みである。したがって、戦後の日本は同じ昭和史と言ってもまったく異なる。

第一、憲法には首相も内閣も明確な規定があり、首相の存在とその権限には疑問の余地がない。

それに戦前の日本を苦しめた三つの問題はおおむね解決された。アメリカは人種問題に対する態度を一八〇度変えた（戦前にそうしてくれたらよかったのに）。また、保護貿易やブロック経済への危険は絶《た》えず生じながらも、自由貿易はまだ「あるべき姿」として世界に認められている。大陸には日本人の権益はなくなったから、戦前のような排日・侮日はない。

日本にしてみれば、白人が人種差別をせず、世界中の国々が自由貿易を基本方針とし、そして排日・侮日運動を起こす国さえなければ、文句はない。そのようであったら、戦前ですら日本は戦争を起こさなかったろうし、統帥権干犯問題を抑《おさ》える力も働いたと思う。

その点、戦後の世界の状況は、日本にしてみれば文句の言いようがない。本気で戦争することを考える必要のないことぐらいは、国民にも肌で分かる。

ただ、戦後に戦争の必要を感じないからと言って、戦前の世界の状況も戦後のそれと同じようなものだったろうと思いこむならば、とんでもない間違いである。戦後の結構な状況は、日本が開戦し、戦闘し、敗戦したことによってはじめて生じたものであることも事実なのである。

統帥権問題はまったくの日本の問題であり、日本だけがそれに対して責任がある。しかし、それを起こさせた外圧については、日本よりも他の国々に責任があった、と言ってよいだろう。本書は、日本の弁明の書ではないが、日本人が性悪《せいあく》で何をやりだすか分からない民族であるという、日本人性悪説は間違っていることは示したかった。日本も道を誤ったが、他国もそれに劣《おと》らず道を誤っていたのである。

こう言うと、「他人が泥棒をやったからと言って、自分も泥棒をやる理由にならない」と言われるかもしれない。しかし、ほかの泥棒たちから、こちらだけが泥棒呼ばわりされることもないのではないか。

それで私は、ローマの詩人ホラチウスに倣《なら》って hanc veniam petimusque damusque vicissim（この容赦をわれは求む、われもまた与えん）と言いたいと思う。

長い間、まとめてみたいと思った私の昭和史観であるが、実際にまとめるには、強力にすすめてくれる人がそばに必要であった。祥伝社の打田良助氏の強いおすすめがなかったならば、この時点でまとめることはなかったであろう。また、原稿の整理に当たっては同社の佐藤真氏のお世話になった。篤く御礼を申しあげる。

平成元年三月

渡部昇一

目次

2章　世界史から見た「大《だい》東《とう》亜《あ》戦争」
——三つの外的条件が、日本の暴走を決定づけた

3章 国際政治を激変させた戦後の歩み

――なぜ、わずか四〇年で勝者と敗者の立場は逆転したのか

本文デザイン　盛川和洋
写真提供　毎日新聞社

〈筆者・注〉本書の固有名詞の使い方について、一言しておきたい。

韓国と朝鮮は、いずれか一方の名称によっては、半島全体を示すわけにいかないので、英語のコリアを用い、その国民をコリア人と表記した。

また、英語のチャイナに当たる地域は、清《しん》とか元《げん》とか、王朝名で言うのが古来、日本の習慣であった。中国というのは、清朝滅亡後の呼び方である。それで、王朝や政権に関係なく、地理的概念を示す時にはシナ、その住人をシナ人と表記した。中華民国政府、あるいは中華人民共和国の概念がはっきりしている時には中国、あるいは中国人と表記した。しかし、場合によっては厳密に区別できない場合もあった。

1章

総理なき国家・大日本帝国の悲劇

——「昭和の悲劇」統帥《とうすい》権問題は、なぜ、起きたか

(1) 明治憲法に隠された致命的欠陥

「昭和の悲劇」を生んだ統帥権干犯《とうすいけんかんぱん》問題

「風が吹けば桶屋《おけや》が儲《もう》かる」という話が落語にあった。風が吹けば砂埃《すなぼこり》が立つ。実際、三〇年前ぐらいまでは、東京の都内でも西の方になると、砂塵濛々《もうもう》として、天日《てんじつ》ために暗いということがあった。江戸時代は、もっとひどかったであろう。砂埃が目に入ると、それがもとで眼病になる人が多く出る。風眼《ふうがん》は、江戸文学によく出る話題である。目の悪い人は音曲《おんぎょく》で生きていくことを考える。すると、三味線《さみせん》の需要が増大する。三味線には猫の皮を使う。猫がどんどん捕獲されて三味線になれば、鼠《ねずみ》が増える。増えた鼠は桶《おけ》を齧《かじ》る。したがって、風が吹けば桶屋が儲かる、という理屈であった。

これは笑い話である。しかし、歴史上の事件は予想しない連鎖を持っていて、予想できない結果を生むということを意味する、ユーモラスな表現としては、なかなか捨てたものではないと思う。しかも、その連鎖が多分にいかがわしいところがあるのも、歴史の因果関係を示唆《しさ》する。一つの歴史的大事件が起こるための因果関係は複雑怪奇で、科学の実験のようにはならない。

クレオパトラの鼻の高さとヨーロッパ史の関係は、笑い話のようでありながらも、笑いきれないのが歴史なのであるから。確かに、彼女が醜女だったら、シーザーもアントニウスも別の運命をたどったであろう。ということは、ローマ史が変わったことであり、ローマ史が変われば、全ヨーロッパ史も変わったことであろう。

昭和初期の悲劇のもとは統帥権干犯《とうすいけんかんぱん》問題にあった。

統帥権というのは、軍隊の最高指揮権を意味する。明治憲法（大日本帝国憲法）の第十一条には、「天皇ハ陸海軍ヲ統帥ス」とあり、第十二条には、「天皇ハ陸海軍ノ編制及《オヨビ》常備兵額ヲ定ム」とあり、ついで第十三条には「天皇ハ戦ヲ宣シ和ヲ講シ及《オヨビ》諸般ノ条約ヲ締結ス」とある。これらの条項は明治憲法の天皇大権と言われたものである。

特に第十一条の天皇大権は「統帥大権」と呼ばれ、第十二条の天皇大権は「編制大権」と呼ばれていた。普通の近代国家は行政・立法・司法の三権分立《ぶんりゅう》で成り立っているが、軍事は別だとなれば、四権分立ということになる。

事実、大臣が天皇を補佐することを「輔弼《ほひつ》」と言い、軍部が統帥大権において天皇を補佐することを「輔翼《ほよく》」と分けて呼ぶならわしだった。

編制大権の方は予算とからんでくるから、内閣や議会からまったく独立というわけにいかないが、統帥となれば、軍の作戦そのものであり、まったく政府や議会と関係なくやれることである。

そして、実際に軍部が勝手にやり出したのが昭和の悲劇の、まさに本質なのである。

なぜ、憲法は機能しなくなったのか

ここで当然、疑問が生ずる。明治憲法は明治二十二年（一八八九）に発布されたものである。その後、日清戦争（明治二十七、八年＝一八九四―五）、日露戦争（明治三十七、八年＝一九〇四―五）と二度の大戦争があり、大正に入ってからも第一次世界大戦（大正三―七年＝一九一四―一八）があって、日本も参加したが、統帥権干犯問題などはなかった。

日本は他の先進近代国家と同じく、内閣の責任において宣戦し講和し、予算は議会の協賛を得ていたわけなのである。それに対して、軍は統帥権を振り回して、どうこうするとかいうことはなかった。

なぜか、と言えば明治憲法を作った人たちは、日本は三権分立のつもりであって、統帥権が独立して四権になるなどとは夢にも考えていなかった（二五ページ以下に詳述）。そして大正年代まではそのように運用されていた。

ところが、元勲《げんくん》が政治から姿を消した昭和に入り、ロンドン条約（昭和五年＝一九三〇）で日本の軍艦が何隻か削減されることになると、軍人の中でこれに反撥《はんぱつ》する者が多かった。条約を結ぶのは天皇大権（第十三条）で、これは内閣が代行している。しかし、軍備の削減ということは、ただちに作戦にかかわることである。つまり、これは統帥権にかかわることであるから、軍縮の条約を政府が結ぶのは統帥権の干犯《かんぱん》だ、という主張である。明治・大正時代にはなかった屁理屈である。

こんな屁理屈が通れば、軍部が反対すれば、内閣は国際条約の締結が不可能になってしまう。条約も天皇大権、統帥も天皇大権であるから、すべての分野で天皇が直接に決定する制度ならば、運用できる。しかし、実際上、外交や条約は首相や外相が天皇を輔弼《ほひつ》して行なうし、戦争の指揮は軍部が輔翼《ほよく》して行なう。どちらを先にするかの優先順序がなければ、日本政府は外国に対して、双頭の蛇になってしまう。こんなことは、明治憲法を作った人たちには自明のことだったから、問題にならなかったのである。

事実、ロンドン条約について海軍内部においても、最初は統帥権干犯などということは念頭になかった。ロンドン条約の軍縮は予算に関することであるから、編制大権についての海軍大臣の輔弼の問題とし、軍令部長（海軍の中央統帥機関の長官）の統帥大権の輔翼とは別だとしていたのである。

ところが、すでに大正十四年（一九二五）の軍縮によって、高田・豊橋・岡山・久留米《くるめ》の四個師団を廃止された陸軍は、国際連盟の一般軍縮会議によって、さらに軍縮されるのではないかと怖れ、その対策を考えていた。

そして、陸軍は自分たちに都合のよい憲法学者の説を利用し、編制大権に統帥大権は関与するものとし、編制大権を輔弼する陸軍大臣と、統帥大権を輔翼する参謀総長は、意見が一致することを要する、という協定を作っていた。つまり、陸軍の方は、編制大権は統帥大権とかかわる、という新学説を採《と》りつつあった。

この参謀本部の憲法新（珍？）解釈を、当時の二大政党の一つである政友会の幹事長であった森恪《もりかく》が知った。それで政友会の首脳の犬養毅《いぬかいつよし》総裁、鈴木喜三郎《すずききさぶろう》らは、海軍軍令部次長の末次信正《すえつぐのぶまさ》と会合した。詳《くわ》しい話の内容は記録が残っていないから分からないが、陸軍のアイデアは海軍に吹きこまれた。そして、ロンドン条約を結んだ浜口《はまぐち》（雄幸《おさち》）内閣を、統帥権干犯問題で追及することに決めたらしい。

それで、昭和五年（一九三〇）四月二十五日、衆議院本会議で、政友会総務の鳩山一郎《はとやまいちろう》は統帥権干犯をふりかざして政府を攻撃した。

俄然《がぜん》、「統帥権干犯」という耳慣れない言葉が世間に流行した。そして、鳩山演説から半年ばかり経《た》った昭和五年十一月十四日、ロンドン条約調印の最高責任者と見なされた浜口雄幸首相は、東京駅において、愛国社（岩田愛之助《いわたあいのすけ》主宰）の一青年、佐郷屋留雄《さごうやとめお》によって狙撃された（翌年没、享年六二）。公判記録によれば、佐郷屋青年の凶行の動機は、屈辱的ロンドン条約によって神聖なる統帥権が干犯されたと信じての公憤によるものとされた。

一方、統帥権問題を政争の具にした犬養毅は、翌昭和六年の暮れ、首相となるが、昭和七年五月十五日、海軍の青年将校が中心となって起こした五・一五事件で、「問答無用」と叫ぶ青年将校らに射殺された。そして、犬養毅が戦前の政党内閣の最後の首相であった。統帥権干犯問題は、伊藤博文《いとうひろぶみ》に始まった日本の政党政治の息の根を止めることになったのである。

憲法起草者の真意を探《さぐ》る

このように見ると、大正デモクラシーの時代を通じて、しだいに日本に根を下《お》ろしてきた政党政治を殺したのは、統帥権干犯問題であることは明らかである。

どうして四権分立とも言えるような憲法の条項があったのか。これに対する責任の多くは、起草の中心人物であった伊藤博文にあったことになる。つまり、四権分立のように解釈できるような曖昧《あいまい》な条文に責任があると考えられるであろう。

伊藤博文は、明治憲法が発布された明治二十二年（一八八九）二月十一日（紀元節、今の建国記念の日）から約二カ月半たった四月二十四日付で、『帝国憲法義解』（国家学会）と題する一〇四ページばかりの大判（B5）のパンフレットみたいな本を出版した。

これは憲法起草の中心人物の解説であるから、条文の真意を探《さぐ》るためには、最も重要な文献である。しかし、統帥権に関しては九行ばかりの簡単なもので、兵馬の権は幕府のような武門にあるのではなく、天皇に属することを述べているにすぎない。徳川幕府を倒すことに自分の命をかけた維新の元勲にしてみれば、陸海軍は天皇直属だ、と明記したかったのである。ついでに言っておけば、伊藤博文は文官による天皇の補佐をも輔翼と言っており、後の人たちのように輔弼《ほひつ》と輔翼の区別をしていない。

明治憲法の条文の本当の意図はどこにあるのかを、もっと詳しく知ることはできないものであろうか。戦前にも、この問題に注目した労作を著《あらわ》した学者がいた。それは、清水伸《しみずしん》博士の『帝国憲法制定会議』（岩波書店、昭和十五年）である。伊藤博文の名秘書と言われ、明治憲法起草に直接関与した伊東巳代治《いとうみよじ》の書庫の中に、清水伸は憲法制定過程に関する門外不出の文書を発見した。これによって、伊藤博文の草案が枢密院《すうみついん》でどのように審議され、どういう意味で可決されたり修正されたりしたかの経緯も明らかになったし、各条項の由来も明らかになった。

しかし、清水伸のこの本は、たちまち内務省により発禁になって、一〇〇〇部ぐらい出ただけであり、さらに、同博士の次の研究書も、日の目を見ないでしまったのである。

では、枢密院の憲法審議の際に、憲法の起草者自身はどのように説明していたのであろうか。

「……統治の大権は大別して二となる。曰《いわく》、法権、曰《いわく》、行政権、而《しか》して司法権は実に行政権の支派たるに過ぎず、三権各々其《そ》の機関の輔翼に依《よ》り之《これ》を施行す……元首の心思及作用《しんしおよびさよう》は各部機関の輔翼に依るに非《あら》ざれば、以《もっ》て国権を表明することを得ず。何となれば、国家は一の公体にして私体に非ざればなり……」

ここにおいて、明治憲法制定の精神は明瞭である。四権分立どころか、本当は立法（議会）と行政（政府）の二権分立である。司法は行政権の枝である。それをも勘定に入れると三権分立になる。しかも、元首（天皇）の意志は直接に国権の表現となることはなく、すべて各部機関の輔翼を通じて行なわれるとしている。

さらに「君主は憲法の範囲の内に在《あり》て其の大権を施行する者なり」と言って、天皇機関説であることも明らかにしているのである。統帥権が政府や議会と並ぶ権威があるなどという考えは、まったくない。

昭和十五年（一九四〇）に明治憲法制定のプロセスを研究した学術書が発禁になった理由も、これで明らかである。昭和十五年といえば、日華事変が勃発《ぼっぱつ》してすでに三年、満州国が建てられてからすでに八年、統帥権干犯問題からすでに一〇年である。これらの事件は、すべて統帥権が政府から独立しているという憲法解釈に基《もと》づいて、日本の軍部が惹《ひ》き起こした事件である。

それが昭和十五年になってから、明治憲法では「統帥権は行政権の下につくことになっていたのだ」などと言われれば引っこみがつかない。しかも、すでに一〇〇万といわれる大軍が交戦中である。とても議論を一〇年前に引きもどせる状況ではなかった。

軍を軽視していた明治の元勲《げんくん》

それにしても、残念なことであった。もし、明治憲法制定のプロセスがもっと早く解明されていたならば、各条文の意図も明確に把握されていたわけであるから、そうすれば昭和五年の統帥権干犯問題も起こらず、昭和十年の美濃部達吉《みのべたつきち》の天皇機関説も問題化しなかったことであろう。

つまり、軍による政治支配は起こらずに済み、日本が戦争に突入することを回避できたであろうという公算は、すこぶる高いのである。

伊藤博文が明治憲法をもう少し詳しく書いていてくれていたら、昭和初年の、軍の御用学者による統帥権の珍解釈も起こらずに済んだであろう。この点も、はなはだ残念なことであるが、伊藤が憲法起草に努力していた明治十年代後半の状況を考えれば、それも無理はないと言える。

明治十年（一八七七）に、「西南《せいなん》の役《えき》」が西郷隆盛《さいごうたかもり》の敗北・自殺で終わった後は、軍の重要性が急に落ちたのである。旗本八万騎の徳川幕府をやすやすと倒した西郷が薩摩《さつま》の精兵を率《ひき》いて戦っても、中央政府に勝てないことが分かったのだ。

もはや、武装蜂起は不可能である。また、中央政府も、内乱の可能性がなくなったうえは、軍隊の必要はあまり感じない。

たとえば、西南の役の頃に、最も戦争が上手だと誰もが認めたのは、山田顕義《やまだあきよし》である。松下村塾《しょうかそんじゆく》に学び、明治元年から十年まで、北に南に戦って武功抜群で中将になった。しかし、その後は文官になった。山田はナポレオンを崇拝していたが、軍事面ばかりでなく、法典の制定者としてのナポレオンを尊敬したのか、その後は、もっぱら法律に専心し、第一次伊藤内閣以来、黒田《くろだ》、山縣《やまがた》、松方《まつかた》など各内閣の司法大臣になった。

山田が武をやめて文に向かったのは、いろいろな理由があったにせよ、西南の役の後は、武によって功績を上げることができないことを洞察した、というのが最大の理由であろう。

彼が法律に向かった明治十一年（一八七八）の頃は、誰も日清戦争や日露戦争を予想していなかった。事実、山田は日清戦争も知らずに死んでいる。

伊藤博文自身は政治家としての誇りを持っていたが、軍人としても自信を持っていた。というのは、高杉晋作《たかすぎしんさく》が兵を起こそうとした時（元治《げんじ》元年＝一八六四年十二月から翌年初頭にかけての、いわゆる功山寺《こうざんじ》決起）、山縣有朋《やまがたありとも》に相談したところ、山縣は時期尚早《しょうそう》と言って応じなかった。これに反して、伊藤博文は、すぐに応じて挙兵して勝ち、その勢いがついてから山縣が参加したことがあったからだ。伊藤は元勲でありながら、軍職につかなかったが、軍人に一目《いちもく》を置かせるところがあった。高杉挙兵のことがあるものだから、山縣も伊藤に遠慮するところがあった。

陸軍の大御所・山縣がそうなのだから、それより下の軍人が、伊藤に頭が上がるはずがない。西南の役の後に軍人の比重が下がった時に、軍人に対して幅の利《き》く伊藤が起草した憲法なのだから、統帥権といっても、それが首相の権限と同格だというような発想は、彼の頭の片隅にもなかった。なかったから、統帥権が政府から独立して、勝手に歩き出さない歯止めになるような条文を、明文化してつけなかったのである。

また、伊藤博文から憲法の各条文に対する説明を聞き、討論に加わった三〇人の枢密顧問官たちも、統帥権が政府から勝手に歩き出す事態は、夢想できなかった。

伊藤博文が遺したもの

明治憲法の起草者・伊藤博文は、軍の存在を軽視した。それが「昭和の悲劇」を招いたのだった。

近代日本は、維新の元勲たちがこの世を去ってから急に悪くなった、とよく言われているが、その原因はここにあると言ってよいであろう。大隈重信《おおくましげのぶ》と山縣有朋が死んだのが大正十一年（一九二二）であり、松方正義《まつかたまさよし》が死んだのは大正十三年（一九二四）である。この人たちは、みな枢密院で伊藤博文から直接に憲法の各条文の趣旨を詳しく聞いた人たちであった。もし、この元老たちがボケずに、もう数年長生きしてくれていたら、統帥権干犯の議論などはすぐに消しとめえたであろうし、天皇機関説も問題にならなかったであろうと思われる。

天皇機関説が世を騒がした時、昭和天皇は「私は機関説でよいと思っている」という旨《むね》のことを側近に洩《も》らされたと聞くが、それは、陛下が元老たちから御進講を受けたり、助言を得る機会が多い環境でお育ちになったからであろう。

明治憲法の第十一条が簡潔に過ぎ、しかも、その趣旨を書き記《しる》した文書の発掘が一〇年遅かったことが、昭和前期の日本を軍国にしてしまったのである。風が吹いたら桶屋が儲《もう》かるぐらいの因果関係の連鎖は、あるのではないか。

制度・法律が国民性を決定する

法律は山の泉のごときものであって、誰もその流れてゆく行き先を知らぬ、と言われている。法律や規定の中のどうということのない条項や不備が、立法者が亡《な》くなった後で、とてつもない重大な意味を持ったり、国家の運命や国民性まで左右することがあるのである。

フランスの婦人は女性的魅力がある、という評判が昔からあったが、それはナポレオン法典の民法の規定（女性の財産権の制限など）による影響だという説を読んだことがある。日本の女性が、戦前と戦後では同一国民とは思われないほど変わったのも、おそらく、その根源は民法の規定が変わったからであろう。

マネタリズムの経済学者であるミルトン・フリードマン（ノーベル経済学賞受賞者）が、ある席で、国の制度（究極的には法制）と国民性がいかに関係あるかを、インド人を例として話してくれたことがあった。インドにおけるインド人はあまり働かない。ところが、イギリスやアメリカに渡ってきたインド人は実によく働く。イギリスでは、インド人は第二のユグノーだと言う人さえある（宗教改革の頃、大陸で宗教的迫害を受けたユグノー派の人たちは、イギリスの最も勤勉な新教徒の階級となり、イギリスの産業勃興《ぼっこう》の大きな力となった）。

インドという社会の中では、勤勉にやっても仕方がないような仕組みになっているが、イギリスでは、働けば働くほど儲かる社会の仕組みになっているから、張合いがあるというわけである。民族や個人の素質ということも、多少は関係あるであろうが、昔からの社会的慣習やら、法律やらが、予想外に国民性や個人能力の大きな変化を生み出すのであり、企業においても本質的に、この間の事情は変わらない。

日本も統帥権干犯などということが問題になる前は、外交はおおむね諸列強の信頼を得る線で行なわれていた。

ところが、昭和になると、日本の外交は何が何やら分からなくなってしまったのである。東京の政府が言うことと、シナ大陸にいる日本軍の行動とが、ちっとも一致しない。シナ事変でも、政府が事変不拡大方針と言っているうちに、陸軍は相手の首都を軍事占領してしまうし、満州事変も、中央政府の知らないうちに起こったことである。

だから、日本の外務省が外国に言うことと、日本軍がやることは一致しない。そこで、当時、日本を評して「ダブル・ガバメント（二重政府）」という声が起こった。二重政府、つまり、二枚舌政府ということだから、嘘つき政府であり、日本人自体が嘘つきと思われてきた。明治以来、日本が営々として築いてきた日本外交、ひいては日本人の国際的イメージは、昭和初年から坂をころがるように墜《お》ちていくのである。

明治憲法の二大欠陥

問題は、統帥権干犯のような屁理屈同然の解釈を起こさせるような明治憲法にある。明治憲法は「不磨《ふま》の大典《たいてん》」と称《たた》えられ、そう国民は教えられてしまった。不磨ということは、絶対に擦《す》り減らない、つまり絶対に変えないということに等《ひと》しい。

もちろん、明治憲法にも、改正に関する規定が第七十三条にあることはあるのだが、これとは別に憲法発布の勅語があって、ここには、憲法改正のための発議権は天皇にしかないと明記されている。こう書いてあっては、戦前の日本人は憲法の不備に気がついたとしても、畏《おそ》れ多くて「憲法改正」などとは、おくびにも出せなかった。

つまり、明治憲法は、文字どおり「不磨の大典」であった。その欠陥の故《ゆえ》に大戦に入らざるをえなくなり、敗戦になった。そのため、明治憲法は擦り減ること（改正）はなかったが、全部廃止されてしまうことになる。憲法は不磨であってはならなかったのだ。

先進諸国は数年に一度ぐらいの割合で憲法改正をしているし、立憲君主政治のお手本とされるイギリスには、そもそも書いた憲法がないから（国家の基礎的な法律や慣習法の集合がイギリスの「憲法」とされる）、重大な法律が議会を通るたびに、少しずつ変わっているようなものである。明治憲法の不磨性は、昭和の軍国ファシズムと敗戦を招《まね》いたのだ。

「昭和の悲劇」と呼ばれるものの本質は、行政府と並列して独立に動く軍部が出てきたことである。そのような事態になった原因は、個々の政治家の能力や個々の軍人の野心をいくら詳細に追っても、解明できない。それは明治憲法の欠陥から生じた事態であり、憲法改正を早めにやっておけば回避できたかもしれないが、不磨性を具《そな》えた憲法ではどうしようもなかった。その憲法が明治・大正とよく機能して、政党政治によるデモクラシーまで生むようになったのは、憲法制定の事情を知っている元勲や元老がいて、軍部の暴走を許さなかったからである。

条文制定の趣旨が忘却の淵《ふち》に沈み、起草者たちが夢にも考えなかった解釈が独歩しはじめた時、悲劇は決定的になった。そこで、そのような異常事態を生むもとになった明治憲法の欠陥は、どのようなものであったか、もう一度考え直してみよう。

第一の欠陥は、今詳述したように改正が困難、というよりは、そんなことを考えてはいけない「不磨の大典」の色彩を持っていたことである。

第二には、首相の地位が明確でなかったために、統帥権干犯問題を起こすことになった。昭和になってからの首相の地位の弱さについては、昭和十四年末から昭和二十年七月まで陸軍の最高統帥部の作戦部に勤務し、全軍作戦の企画・立案・指導に当たった瀬島《せじま》龍三《りゅうぞう》氏が的確に述べておられる（『一九三〇年代より大東亜戦争開戦までの間の日本が歩んだ途の回顧』一九七二）。

「首相」「内閣」が一度も出てこない奇妙な憲法

まず、明治憲法では天皇親政、天皇大権が表に出ているために、首相と他の大臣の地位の差があまりない。各大臣は、それぞれの職務において天皇を輔弼《ほひつ》するのであるから、天皇の目から見れば同じようなものである。

今の憲法の下では、首相の権限は巨大で、国務大臣を好きなようにクビにできるが、明治憲法では、それができない。

そもそも、明治憲法には、首相とか総理大臣とか内閣とかいう言葉が一度も出てこない。この点、明治憲法は今の目から見るとおかしいのである。

立法（帝国議会）については二十二カ条もの詳しい規定があるのに、行政（内閣）についてはたった二条しかない。つまり、国務大臣に関するもの（第五十五条）と、枢密顧問に関するもの（第五十六条）だけである。国務大臣に関する規定は、次のようなものであった。

第五十五条　国務各大臣ハ天皇ヲ輔弼《ホヒツ》シ其《ソ》ノ責ニ任ス
凡《スベ》テ法律勅令其ノ他国務ニ関《カカワ》ル詔勅《ショウチョク》ハ国務大臣ノ副署ヲ要ス

これだけであるから、明治憲法によれば総理大臣は、いなくてもよいことになる。天皇は国の元首で、統治権を持っていると第四条に規定されているので、その統治を補佐する国務大臣がおればよい、という発想であったのだろう。

しかし、首相に当たる人は、太政大臣《だじょうだいじん》として内閣制度が発足するまで三条実美《さんじょうさねとみ》がおり、明治十八年（一八八五）に内閣制度ができると、初代の総理大臣（首相）は伊藤博文がなった。したがって、憲法が発布される四年前から総理大臣はすでに存在していた。そして、憲法の中には総理大臣は何ら規定も言及もされていないのに、その後も存在し続けた。

つまり、明治憲法の中では首相の地位は存在しないのである。ただ、天皇から「政治を補佐する国務大臣を選んでくれ」と言われた人が、何人かの国務大臣を選び、自分がそのまめ役、つまり、総理大臣になった。これを「組閣の大命降下」と言っているが、その手続きは憲法にはない。イギリスで言えば、首相《プライム・ミニスター》ができる前の内閣《キャビネット》に当たると言ってよいであろう（日本は大臣と言ったが、イギリスでは小臣《ミニスター》と言った表現上の差がある）。内閣官制によって、首相は国務大臣の首班になることになっていたが、憲法にない地位だから、憲法に明記されている統帥権に対して、分《ぶ》が悪かった。

この明治憲法にくらべると、現行憲法においては、内閣総理大臣の地位は明確に規定されており、その他の国務大臣に対するその関係も、何ら疑念をさしはさむ余地がない。すなわち、

第六十八条　内閣総理大臣は、国務大臣を任命する。但《ただ》し、その過半数は、国会議員の中から選ばれなければならない。
内閣総理大臣は、任意に国務大臣を罷免《ひめん》することができる。

明治憲法の建前から言えば、「組閣」と言っても、天皇に、つまり、元老会議に頼まれて国務大臣のリストを提出するだけのことであり、そのリストの提出者が総理大臣と称され、世間もそう言うだけのことであるから、憲法の中にその地位を持つ国務大臣をクビにすることができるわけがない。

もっとも、ある国務大臣が何かの理由で（たとえば病気などで）天皇に辞表を出した場合にのみ、内閣総理大臣がそれを取り次ぐことができた。つまり、こんな特別なケースでのみ大臣のクビのすげかえ、すなわち更迭《こうてつ》を行なうことができたのである。

内閣の団結を怖《おそ》れた伊藤博文

では明治憲法の下で、ある大臣が首相と意見が違う場合はどうなるか。

閣内で一人でもそういう大臣がいて、意見の統一ができない時は、内閣は総辞職ということとになった。どんな大臣でも、一人頑張れば内閣は潰《つぶ》れた。また、意見を異にする大臣が、自発的に辞職した場合は、別の人を大臣にすることができるわけであるが、事実上、そういう場合でも、政治問題化して内閣総辞職ということがよくあった。明治憲法下における首相の弱体なること、かくのごとしであった。しかし、考えてみれば、首相はそもそも憲法の中には存在していないのだから仕方がない。

要するに、戦前の日本は「社長なき企業」に相当する国家だったのである。

明治憲法の起草の中心にあった伊藤博文は、もとよりこのことを知っていた。彼の『帝国憲法義解』は、かなり詳しくこの条文を解説している。『義解』の中には「内閣総理大臣」という言葉も、その任務も出てくる。

彼の説明によれば、内閣総理大臣というのは、天皇の意のあるところを承《う》けて、大政の方向を指示し、各大臣のすべての部局を統轄《とうかつ》する者であって、責任も重いのであるが、他の大臣と同様に首相も天皇によって同じように任命されたのだから、首相が大臣をクビにすることはできない。

なぜ、このようにしたかと言えば、ある国においては、内閣が団結した一体となっていて、各大臣は各個の資格で参加しているのでなく、連帯責任ということで連なっている。この場合は、団結した内閣が天皇の大権を左右しかねない。したがって、わが国の憲法は、首相の権限が強くなる内閣制度を作らないのだ、というのが伊藤博文の趣旨である。

これは、イギリスのことを念頭に置いたのかもしれない。「イギリスの憲政《コンスティテューション》の本質は、しだいに王権を制限していくことである」ということを伊藤博文は知っていたのであろう。

ところが、伊藤博文の明察をもってしても、この明治憲法の条項が、昭和になってからの軍部の横暴を招くもとになるとは予測できなかった。だが実際、明治憲法下の内閣は、陸軍大臣一人ごねても内閣が潰れるような弱い制度だったのであり、このような制度では、憲政は護《まも》れなかったのである。しかし、当時の伊藤博文の目から見て、軍の若い将校が内閣を潰せるなどということを考えることはできなかった。何しろ彼には、山縣有朋さえ一目置いていたのだから。

(2) なぜ、議会制民主主義は崩壊したか

昭和史の運命を決めた山縣《やまがた》の策謀

明治十八年（一八八五）十二月二十二日に内閣制度が発足した時、大臣の数は首相を含めて一〇名であった。すなわち、総理、外務、内務、大蔵、陸軍、海軍、司法、文部、農商務、逓信《ていしん》の各大臣である。このうち、後になって体制上の問題になるのは、陸軍と海軍の軍部両大臣である。この時の陸軍省と海軍省の官制の中には、「陸軍大臣は将官を以《もっ》て補す」となっており、その定員表にも、大臣と次官は将官であることが明記してあった。この規定が作られた時は、特に重い意味があったとは考えられない。

というのは、第一次山縣内閣の時代（陸軍大臣は大山巌《おおやまいわお》）、明治二十三年（一八九〇）三月二十七日の勅令によって、陸軍省・海軍省の官制が改正され、職員は武官に限るという規定が削除されたからである。ただ、この時、陸軍だけは別表をつけて、大臣と次官は将官とするという規定をつけたが、海軍はつけなかったから、理屈の上では海軍大臣も海軍次官も文

官でよいことになった。

面白いことには、陸軍もほぼ一年遅れて、明治二十四年（一八九一）七月二十七日に、海軍の真似をして、大臣と次官は将官とするという規定を別表から削除した。この時は政権が変わって、第一次松方《まつかた》（正義《まさよし》）内閣になっていたが、陸軍大臣は同じく大山巌であった。つまり、明治二十四年には陸海軍の大臣も次官も、軍人でなくてよいことになっていたのである。

しかし、日清戦争以後、軍部が日露戦争を覚悟せざるをえない時局の展開になってきた。それで、明治三十一年（一八九八）六月、大隈《おおくま》内閣（首相大隈重信《おおくましげのぶ》、内務大臣板垣退助《いたがきたいすけ》のいわゆる隈板《わいはん》内閣）が成立するに当たって、軍部はその成立を阻止しようとした。隈板内閣は、かねて反軍的な色彩の人たちからなる政党内閣であるから、軍事予算を充分出してくれないだろうと心配したのである。

軍部は大臣を出さないことによって、この内閣を流産させようとしたのであった。また、大隈も板垣も、陸海軍の大臣がいないのでは組閣はできないと断念しかかったのであるが、明治天皇のご意向もあって、軍も折れた。

明治天皇の詔勅と言っても、誰かが（おそらく伊藤博文が）補佐したわけである。その人は、軍人でなくても陸海軍の大臣になれる、ということに気がついたのではないだろうか。

軍が折れたのは詔勅のかげに、軍人抜きの陸海軍大臣も可能だという、法制上の圧力を悟《さと》ったからに違いない。

また、陸相になった桂太郎《かつらたろう》も、海相になった西郷従道《さいごうつぐみち》も、単なる武弁《ぶべん》ではなく、妥協を心得た人であったので、予算原案は無事出来上がった。それで、この問題は世間の注目をあまり惹《ひ》かないで終わった。

ところが、明敏な山縣有朋は、明治二十四年(一八九一)に陸海軍の大臣や次官が軍人でなくてもよいと規定を改正したことの非を悟った。誰が陸海軍の大臣になってもよいというのでは、軍事予算を削るような政党内閣が出現した時にも、これに対抗するすべがない。

一方、日露戦争の可能性はますます増大し、大幅な軍事予算がなければ準備ができないという心配もあった。憂国の情を持つのは軍人に限らないのであるが、実際に戦場に出たことがあり、また、出る立場にある軍人たちは、憂国の情の独占者のごとくなりやすいことも事実である。

それで短命だった隈板内閣のあと、第二次山縣内閣が成立すると(明治三十一年十一月)、首相山縣有朋は、陸軍大臣桂太郎に命じて対策を研究させた。しかも、議会で問題にならぬように、ひそやかな形で行なわれたのである。

明治三十三年(一九〇〇)には、多くの法律の改正が行なわれたが、四月には、各省官制通則も勅令で行なわれた。この翌月の五月、陸海軍省官制の定員表の備考に「大臣及び次官に任ぜられるものは現役将官とす」と注記が書き添えてあった。

こんな定員表の注記が、陸海軍大臣の現役武官制のもとになったのである。もちろん、こんな末梢的なことには誰も注意を払うわけがない。それは、憲法でないことはもちろん、普通の意味の法律ですらない。議会が関心を持つことでもなく、勅令によって公布されただけで、いわば官庁の内規みたいなものである。だが、この定員表に付けられた注記という些事《さじ》が、合法的な立憲制の内閣を自由に潰《つぶ》せる凶器となりうることが、わずか一二年後に証明されたのである。

まだ昭和史の問題ではないが、昭和史の運命を決めたことであるので、この問題の展開のあとを、少し詳しくたどってみよう。

現役武官制が生んだ初の総辞職

明治四十五年（一九一二）七月三十日、明治天皇が崩御されると、皇太子嘉仁《よしひと》親王が践祚《せんそ》（皇位継承）され、大正と改元になった。そして、その年の暮れには、陸軍大臣の単独辞職で、明治憲法の条文の論理的帰結により、内閣が総辞職するという事態が、さっそく起こったのである。

当時の首相は西園寺公望《さいおんじきんもち》であり、財政の整理を主眼として政策を進め、軍備の拡張は急がない方針であった。しかし、陸軍はこれに不満であった。

というのは、二年前の明治四十三年（一九一〇）に日本は韓国を併合したため、国防の範囲がひろがったからである。とりあえず、内地から一個師団半の兵力を朝鮮半島に派遣《はけん》することにしたが、もちろん、それで充分というわけではなかった。

イギリスのインド駐在軍は、インドに財源を持っていたそうであるが、韓国駐在の日本軍は日本人の税金で維持しなければならなかった。ここにおいて、首相の方針と陸軍の要求は対立した。

陸軍にしてみれば、日露戦争には勝ったものの、ロシアはその後も満州に対する野心を捨てたわけではなく、シベリア鉄道を整備し、日露戦争の時よりも、はるかに迅速《じんそく》に大軍を満州北部に動員できる体制を完備している。日本の駐韓の一個師団は、半島の特別な事情のため、一〇〇カ所にも分散して駐屯させなければならなかった。陸軍が不安を感ずるのも無理はなかった。陸軍大臣の二個師団増設の要求は、ここから生じたのである。

一方、首相から言えば、日露戦争は勝ったもののロシアから賠償金が取れたわけでなく、国民経済に与えた大戦争の傷は治《なお》っていなかった。それで、政府の支出を減らすことにし、各省には九パーセントから一五パーセントの支出削減を行なわせたが、陸軍省は三パーセン

現役武官制の罠

軍部大臣の現役武官制が「倒閣の武器」たりえることを発見したのは、陸軍の大御所・山縣有朋だった。

ト足らずの整理しかしなかった。

こうした行政改革の時に、二個師団増設を要求するのは、別の言葉で言えば、他の各省が節約した分を陸軍に使わせてくれ、というのと同じことである。

それに、陸軍の要求を呑《の》めば、海軍も拡張案を出してくるにきまっている。海軍大臣斎藤《さいとう》実《まこと》は、すでに案を持っていたが、首相の財政政策に協力して出さないでいるだけだった。首相も各大臣も、この時点で陸軍大臣の要求を聞くわけにはいかなかった。

かくして、大正元年（一九一二）十一月二十二日の閣議に上原勇作《うえはらゆうさく》陸軍大臣の提出した二個師団増設案は、約一週間後の十一月三十日に再び開かれた閣議において否決された。当時の実業界は、財政の疲弊《ひへい》を知っていたから、政府の決断を支持した。

二個師団増設案を閣議で否決された陸軍大臣上原勇作中将は、今さら自案を撤回するわけにはいかないと感じた。この案は、陸軍次官の岡市之助《おかいちのすけ》や軍務局長の田中義一《たなかぎいち》と練《ね》り上げたものであり、陸軍の大御所の山縣有朋はじめ、陸軍の長老たちの諒解《りようかい》を得たものであったからである。

それで、師団増設案が閣議で難航した時、山縣有朋は、財政に詳しい元老の松方正義《まつかたまさよし》をも動かして、西園寺首相が陸軍の要求を認めるように説いた。

西園寺や他の大臣たちも、必ずしも師団増設に絶対反対というわけではない。財政が問題なのであった。そこで、師団増設を一年だけ延期するという妥協案が出された。しかし、上原勇作は譲歩する気がなかった。

陸軍の長老たちにも、西園寺首相に同情する人たちがいた。陸軍大臣を経験したこともある枢密《すうみつ》顧問官高島鞆之助《たかしまとものすけ》大将も、わざわざ後輩に当たる上原を訪問して、師団増設案は撤回して、潔《いさぎよ》く辞表を首相に出すようにすすめた。また、日露戦争における満州軍総司令官として上原の上司であった大山巌《おおやまいわお》元帥も、西園寺首相の妥協案を呑んで、師団増設の一年延期を認めるように説いた。

だが、上原は大山の言うことにも耳を貸そうとしなかった(日露戦争の時、上原は少将で第四軍の参謀長だった)。それで大山も、上原の頑迷さに恐らくは呆《あき》れて、辞職を勧告したが上原は聞かなかった。

十二月一日、上原は、もう一度西園寺首相を訪ねて、師団増設を認めてくれることを頼んだが、首相は閣議で決定したことだからと言って採《と》りあげなかった。それで、上原は山縣を椿山荘《ちんざんそう》(山縣邸)に訪ねて経過を報告した。

その時、山縣からどのような知恵をつけられたか分からないが、翌十二月二日、上原は辞表を持って青山御所に参内《さんだい》し、践祚《せんそ》して半年も経《た》っていない大正天皇に拝謁《はいえつ》し、直接に辞表を出した。そして、二個師団増設は延期できないことであり、政府と意見が合わないから辞職するという理由をも述べた。

それまでは国務大臣が辞表を出す時は――病気などでその例はあった――総理大臣の手許《てもと》に出すことになっていた。事実、西園寺内閣ができた時の陸軍大臣は石本新六《いしもとしんろく》中将であった。石本が在職中病没したので、上原が第十四師団長から抜擢《ばってき》されたのである。辞表が首相に出される限り、大臣が辞《や》めても、内閣は続けえたし、また大臣の病没も補《おぎな》うことができた。

ところが、国務大臣である陸軍大臣が直接に天皇に対し、帷幄上奏《いあくじょうそう》（参謀総長が直接、天皇に上奏すること）の例にならって、辞表を天皇に出したらどうなるか。

そんな例は、それまでなかった。西園寺首相は翌十二月三日、参内して天皇に行政整理の現状を報告し、その後ただちに山縣有朋を訪ねて後任の陸軍大臣の推薦を頼んだが、山縣はうんと言わなかった。その時点まで西園寺は、上原が直接、天皇に辞表を出したのに驚いたにしろ、後任の陸相をさしかえればよいと思っていたらしい。ところが、陸軍の大御所が後任を推薦しないという事態に直面した時、事件の重大さを悟った。

ここで、明治三十三年の陸海軍省官制の定員表の備考という、どうでもよいような末梢的な注記が物を言った。現役の将官でなければ、陸軍と海軍は大臣も次官も出せないのである。陸軍が出さないと言えば、それで組閣はできない。西園寺首相は十二月五日、青山御所に参内し、内閣不統一の責任を負って辞表を大正天皇に奉呈した。

これで、陸軍中将一人で倒閣できるということが、天下に明らかになった。しかも、上原のやったことは明治憲法では可能なことだったのである。ただ誰もこれまで気づかないことだったのだ。

上原にこの知恵をつけたのは誰であろうか。山縣だと見てよいであろう。山縣は伊藤博文に競争意識を持ち、また、伊藤のはじめた政党政治によい感じを持っていなかった。西園寺は、その伊藤の後継者である。さらに、西園寺内閣の大蔵大臣は、山縣の大嫌いな山本達雄《やまもとたつお》である。この山本と内務大臣原敬《はらたかし》が師団増設の延期案を最も強く主張している。それで、山縣は合憲的な倒閣をやらせたのである。

軍部の横暴に対抗しえた大正の「憲政」

明治憲法を作った伊藤博文は、天皇の権威が小さくなることを心配して、強い首相や強い内閣ができない憲法を作ったのであった。そして、その「弱さ」は伊藤が暗殺されて四年、古風な言い方をすれば、彼の墳墓《ふんぼ》の土もろくに乾かない大正初年に、ドラマチックな形で現われたのである。

しかし、大正のはじめのこの事件は、昭和のはじめの事件とは似ていながらも結果が違っていた。それは、この憲法の弱点を巧《たく》みについた軍部の倒閣行為に対する反撥力の強さと、修復力の見事さである。

大正元年（一九一二）十二月五日、西園寺内閣が総辞職すると、翌日に、すぐ宮中において元老会議が行なわれた。出席者は山縣有朋、松方正義、井上馨《いのうえかおる》、大山巌の四人だったという。元老の中には、大山元帥をはじめとして、西園寺に同情し、上原の独走を危険と見る人が多く、山縣も実際に内閣が大臣一人のため潰《つぶ》れるのを見て、反省したかのごとくである。

元老会議は、西園寺を首相に留任させることを決議し、山縣がこれを西園寺に伝えた。西園寺にしてみれば、当然腹に据《す》えかねるものがあったのであろう、ただちに拒絶した。それで、元老会議は松方正義に決めたが断わられ、ついで平田東助《ひらたとうすけ》に決めて断わられ、さらに山本権兵衛《やまもとごんべえ》に決めたが、これもただちに断わられた。いかに山縣と上原のやり方が反感を買ったかが分かる。

元老会議は、こんな具合《ぐあい》に一〇回も繰《く》り返され、山縣の後輩で、長州出身の桂太郎《かつらたろう》に組閣の大命が降下した。とは言っても、手続き上うさんくさいものだった。

桂に勅令が下ったと言っても、桂は当時、内大臣で侍従長であるから、大命降下の手続きは、桂以外やる人がなかった。つまり、桂は自分で自分に組閣を命じたに等《ひと》しい。

しかし、上原の単独辞職による倒閣と第三次桂内閣の成立は、政党人や一般人たちにも強烈な危機感を与えた。この時、断乎《だんこ》として、憲政擁護運動を開始したのは犬養毅《いぬかいつよし》であり、また、元田肇《もとだはじめ》や尾崎行雄《おざきゆきお》らであった。

ところが、日露戦争当時の首相だった桂は、戦争後は順境に慣れ、この危機感を持たなかった。いつもは政友会の喧嘩《けんか》相手の国民党も、西園寺に同情してその政策を支持したので、桂は議会の運営ができなくなってしまった。天皇から西園寺に、衆議院の紛糾《ふんきゅう》解決に手を貸すように、とのお言葉があったりして、ようやく議会は開かれたが、今度は、民衆がその議会を取り巻くという騒ぎにもなり、第三次桂内閣は五〇日にして、なんらなすところなく、総辞職したのである。

上原勇作は期せずして、議会の内外に護憲運動の大きな盛り上がりを起こさせたことになる。軍部を抑《おさ》えなければ、立憲政治は成り立たないことがみんなに分かったのである。

ふたたび、元老会議が開かれ、山縣有朋は西園寺に首相になってくれと頼む。山縣は、何と言っても元老中の元老だったから、陸軍のことで西園寺内閣を倒してしまい、これまでなかった種類の政変を起こしたことに対して、責任を感じたに違いない。しかし、西園寺は固辞した。

それで、山縣は西園寺に「誰か、よい人物の心当たりはないか」と尋《たず》ねた。西園寺は山本権兵衛を推薦《すいせん》したところ、山縣はそれに同意した。

山本権兵衛は、薩摩《さつま》出身であり海軍閥であって、長州《ちょうしゅう》で陸軍閥の山縣とは重大なことで意見を異にしていた人である。その山本を後継首相とする案に、ただちに賛成したことは、いかに山縣が事態に責任を感じ、西園寺に申し訳なく思っていたかを示すものであろう。

このような経緯で、大正二年（一九一三）二月二十日、山本権兵衛内閣は成立した。内務大臣原敬と司法大臣松田正久《まつだまさひさ》はそのままであり、山本達雄も農商務大臣として入閣しているから、山縣が最も嫌いな人物が西園寺内閣の時とそのままである。二個師団増設問題も、つきつめれば原敬と上原勇作の対立だったのだから、西園寺内閣の延長と見られなくもない。陸軍大臣には木越安綱《きごしやすつな》が桂内閣から引き続き留任した。

現役制を廃止した山本権兵衛の見識

議会はただちに、第三次桂内閣を崩壊せしめたと同じ質問書を提出して山本内閣にせまった。そのうちで最も重要なことは、陸海軍の大臣の現役制である。つまり、

「現行の官制（法制でないことに注目）によれば、陸海軍の大臣は現役の大将と中将に限っている。現内閣は、これが憲政の運用に支障ないものと認めるか」

という質問である。

桂内閣は「この制度は施行以来、長い年月が経過しているが、今日に至るまで、憲政の運用に関して別に支障があるとは認めない」と答えたために、ひどい目に遭《あ》った。現に、上原中将の独走辞職によって立憲的内閣が潰《つぶ》されたのであり、これが嘘であることは万人の目に明らかであったからである。

山本権兵衛はこの問題にどう答えるか。質問書が出されたのは大正二年二月二十七日であった。山本首相は、その時は検討を約束したにとどまったが、それから約二週間後の三月十一日、それに対する答えを出すことになり、議会も国民も耳をそばだてて、その答弁を聞こうとしていた。

山本の答えは「陸海軍大臣を現役の大将と中将に限るという制度は、憲政の運用に支障があるから、政府としては改正の意図がある」という趣旨のものであった。そして、同年六月十三日の勅令で陸・海軍省官制の改正を公布し、大臣・次官の任命資格から「現役」という制限を取り除いたのである。

軍の意向を抑《おさ》えて憲政の擁護《ようご》をしようと頑張った議会も偉いが、議会の言い分を認めて、断乎《だんこ》として政党内閣の基盤を護《まも》った山本権兵衛も偉大である。

現役の将官でなくても大臣にできるとなれば、予備役《よびえき》の大将や中将は日露戦争後には多くいるのだから、軍部の反対があっても首相は組閣に困ることはなく、「憲政の運用に支障」はないことになる。実際問題としては、予備役のまま陸海軍の大臣・次官に任命された者はなく、現役に一度復帰する例になったようであるが、組閣という立場から言えば、予備役の将官から選べるということは、直接には軍部の意向に左右されないということであり、その意義はまことに大きい。

拡大解釈される「帷幄《いあく》上奏権」

ところで、ここで一つ当然の疑問が起こる。

もし、山本内閣の陸軍大臣が山本首相の方針に断乎反対したらどうなるか、ということである。そして、上原勇作のように、直接に天皇に辞表を出したらどうなったであろうか。そうすれば、明治憲法の欠陥は再び表面に出て、山本内閣総辞職ということになったであろう。

事実、陸軍は大臣・次官の現役武官制の廃止に反対だった。当時、参謀総長であった長谷《はせ》川好道《がわよしみち》大将は直接に山本首相にかけあって現役制の必要を説いた。

山本首相が言うことを聞かないと見るや、長谷川大将は直接に葉山《はやま》御用邸にご滞在の大正天皇のもとに出かけて行って、政府案をご裁可なさらぬよう上奏すること二度に及んだ。

参謀総長が直接に皇帝に言上する権利を帷幄上奏《イメディアート・フォアトラーク》というが、これは元来、こんな場合に使うはずのものではなかった。軍事国家のお手本であるプロシア（ドイツ）においても、この権利はなかなか認められなかった。軍人が直接に皇帝に言上できるのは戦闘の時だけである。

しかし、普仏《ふふつ》戦争（一八七〇—七一）でプロシアがフランスに完勝したあと、ドイツ参謀本部の威信はくらべるものなく高くなった。しかも、参謀総長である大モルトケ（一八〇〇—九一）は、時事問題に一切口を出さない遠慮深い性質だったので、一八八三年（明治十六）になってはじめて、特別閣議命令で、参謀総長に平和時における帷幄《いあく》上奏権、つまり、皇帝に直接意見を上奏する権利が与えられたのであった。

日本の陸軍はプロシアの陸軍の真似をして作られたから、この帷幄上奏権も輸入されたわけであるが、これは純粋に軍事に関する見解の上奏に限られているはずのものである。

議会と内閣が官制を改正しようというのに反対して、参謀総長が二度も平和時に帷幄上奏権を行使するのは正気の沙汰《さた》ではなく、元祖の大モルトケが聞いたら腰を抜かすほど驚いたことであろう。大モルトケはそもそも平和時の帷幄上奏権の必要を認めず、その特権を与えられてからも一度も自《みずか》ら行使したことはなく、皇帝に呼ばれた時に答申するだけで満足していたのである。

しかし、長谷川の異常な行為も、考えようによれば、大臣・次官が現役将官でなくてもよいということが、軍事に重大な支障が出てくるのではないかと、軍部がいかに憂慮したかの現われであるとも言える。

だが、そんなことを言えば、基幹産業のどれ一つとっても軍事に関係してくるし、教育制度も軍事に関係してくるから、国家の重要事はすべて参謀総長の帷幄上奏権の対象になってしまうことになる。しかし、理屈のうえでは、そうも考えることもできるわけで、この発想法の行きつくところは軍事ファシズムになる。われわれは昭和十年代に、これを体験することになるであろう。

「大勇の人」木越安綱《きごしやすつな》

このようなものが陸軍の総意であったから、陸軍大臣がそれに同調すれば、山本内閣が西園寺内閣と同じ型の瓦解《がかい》を繰り返すことは、火を睹《み》るよりも明らかであった。この時に一身の栄達を犠牲にして、憲政の運用を可能にしたのは陸軍大臣木越安綱《きごしやすつな》中将である。

木越中将は、嘉永《かえい》七年（一八五四）に金沢に生まれ、陸軍士官学校を経《へ》て、明治十五年（一八八二）から明治十九年（一八八六）まで約四カ年ドイツに留学し、晩年のモルトケ参謀総長の下の輝けるドイツ参謀本部を目《ま》のあたりにするという経験を持った。帰国後は桂太郎《かつらたろう》とともに、フランス式の日本陸軍をドイツ式に立て直した功労者である。

日清戦争では第三師団参謀長として従軍、日露戦争では第五師団長として黒溝台《こくこうだい》の激戦でグリッペンベルグ大将の大軍を敗退させ、これによってロシア軍の冬期総攻撃の出鼻を挫《くじ》き、奉天《ほうてん》大会戦の勝利に貢献するという勲功によって男爵を授《さず》けられた。

系列的には長州閥と見なされており、序列的には山縣有朋、桂太郎、寺内正毅《てらうちまさたけ》に次ぐ四番目にいた。上の三人はいずれも軍人として出世の頂上に達し、陸軍大将・元帥になり、また内閣総理大臣になった。木越中将も、陸軍の意向を代表するだけの陸軍大臣であったら、間違いなく陸軍大将・元帥になったことであろう（上原勇作がそうであったように）。

しかし、木越は原敬などと議論しているうちに、憲政の支障なき運用のためには、陸海軍の大臣・次官が現役でなければならぬという制限規定は削除しなければならぬ、と確信するに至った。

そして山縣有朋や長谷川参謀総長らの意向に背《そむ》くことは充分知りつつ、それが陸軍軍人としての自分の経歴にとっては自殺行為に等《ひと》しいことを知りつつ、山本内閣の閣議を支持することに決めたのである。

真に大勇の人と言うべきであり、また崇高な決断であった。そして、山本内閣が陸・海軍省官制の改正を公布した一〇日後の大正二年（一九一三）六月二十四日、陸軍大臣を辞任した。そして同月休職、大正五年後備役《こうびえき》、同十年退役となり、位は中将のままで止まった。彼の功績が認められて貴族院議員に選ばれたのは大正九年（一九二〇）のことである。

ちなみに海軍の方は、海軍大臣斎藤実《さいとうまこと》が閣議で異議なく、問題がなかった。何しろ問題の発端が二個師団増設問題から起こったことなので、陸軍vs.憲政の問題であり、海軍はあまり捲《ま》きこまれなかったのである。この時の斎藤海相は後に首相を務めたが、昭和十一年の二・二六事件で陸軍の青年将校に暗殺された。木越は昭和七年に亡くなったが、もっと長寿であったら、暗殺の対象になったかもしれない。

西園寺内閣を倒して憲政を危《あや》うくした上原勇作と、山本内閣を救って憲政を守った木越安綱のその後の経歴を考えるならば、軍人ならば誰でも上原の真似をしたくなり、木越の真似はしたくなくなるであろう。

上原は、陸軍大臣を異常なやり方で辞《や》めて内閣を倒した後、郷里の日向《ひゅうが》の都城《みやこのじょう》に帰り、その後、指宿《いぶすき》温泉で三週間静養していた。しかし、間もなく第三師団長になり、その後はまことに順調に陸軍の出世コースをたどり、次々に教育総監、陸軍大将、軍事参議官、参謀総長、元帥、子爵の栄誉を与えられ、死去するや、従一位、大勲位菊花大綬章を授けられ、陸軍葬をもって葬《ほうむ》られた。木越との対比ははなはだしく、これを見たら軍人ならば、誰でも上原の道を選びたくなるではないか。

歴史から忘れられた木越の功績

木越に辛《つら》かったのは陸軍だけでない。後世の人がまず参考にする人名事典や百科事典の扱いも、彼が山本内閣で憲政の確立のために尽くした功績に言及しているものは、あまり見当たらないのである。

戦前の代表的百科事典（平凡社『大百科事典』昭和七年）には「……山本内閣に留任したが、単独辞職し、また大将にならずに陸軍を去った」とあり、何だか勝手に大臣を辞めただけの男みたいであって、その理由は、この記述からではまったく分からない。

ところが、戦後の同社の大百科には、そもそも木越の名前もないから調べようもない。また、『日本人名大事典』（平凡社）には、桂内閣の陸相になったことは書いてあっても、山本内閣に留任したことは省《はぶ》かれているから、その辞任についての記述も当然のことながら、まったく欠けている。

この時代の動きについては、年表的意味も含めて詳しく参考になることの多い三宅雪嶺《みやけせつれい》（評論家）の『同時代史』（第六巻二九九ページ）にも「……山本内閣に留任し、後単独辞職し、大正九年貴族院議員となる」で終わっている。大百科と雪嶺の記述が奇妙に似ているが、これは大百科の書き手が雪嶺の記述を参考にしたのであろう。

私の目にとまったうちで木越の憲政上の功績に触《ふ》れている辞典は、比較的新しい『国史大辞典』第四巻（吉川弘文館・昭和五十九年）のみである。

ここには「……第一次山本内閣にも留任したが、軍部大臣の現役専任制を廃したことによって、陸軍から追われた形になって大正二年六月二十四日陸軍大臣を辞任……」とある。木越の大臣辞職の理由は、実に七〇年後に国民的な辞典に記されたことになる。

ところが、ここで不思議なことが一つ残る。というのは戦前の大百科でも人名大事典でも、また国史大辞典でも、その執筆者はいずれも同じ軍事史研究家の松下芳男《まつしたよしお》であることである。戦前は木越の大臣辞任理由を無視した記述をしながら、どうして最近の辞典ではそれを採《と》りあげたのか。

一つの推定は、戦前は陸軍ににらまれるような記述は、たとえ平行でも辞典には書かないほうがよい、という判断があったのかもしれぬということである。特に松下は元来が陸軍出身の人であるから、これに敏感だったのかもしれない。

もう一つの推定――もっと可能性の高い推定――は、松下も（そして三宅雪嶺も）、戦前は木越が憲政に果たした意義を充分認識していなかったのではないか、ということである。もしそうだとすれば、松下芳男はどのようにして木越の功績を認識するに至ったか、という問題になる。

それは伊藤正徳《いとうまさのり》の『軍閥興亡史』第二巻（文藝春秋・昭和三十三年）の影響であろう。松下と伊藤は面識があり、この問題で話したこともあるからである。

伊藤正徳は「時事新報」の特派員として、戦前にロンドン・パリ・ワシントンなどに駐在し、世界の軍事問題、特に海軍に詳しく、その分野の著書もあったが、戦後は、日本軍についてマイナス評価だけの言論が横行した時期に『大海軍を想う』（文藝春秋・昭和二十六年）などの名作を書いた。そして、戦後特に評判の悪い日本陸軍についても、古典として残ると思われる、三巻から成る『軍閥興亡史』を書いたのである。

さすが伊藤は木越の功績を充分に評価し、このように書いた。

「……軍の偏狭は永《なが》く彼を敵視した。しかしながら日本の歴史は、茲《ここ》に一人の木越安綱が、軍部の中に斯《か》かる見識と勇気とを以《も》って踞然《きよぜん》として存在した史実を書き漏《も》らさないであろう」（同書第二巻六七ページ）

しかしその後も、木越を充分に評価した日本史は現われていないようである。

だが、木越のやった軍部大臣の現役制廃止は、実に昭和十一年の二・二六事件の直後まで二十数年間続くのである。

「爆弾」を抱《かか》えていた大正デモクラシー

上原陸相事件は明治憲法の欠陥を、はしなくも暴露《ばくろ》した事件であり、それが修復されたのは、議員たちの護憲運動と、山本権兵衛《やまもとごんべえ》首相の英断と、原敬らの説得力と、木越安綱の滅私奉公の精神によるものであった。

そして、この山本内閣の決断が、大正デモクラシーという、戦前の短い民主主義的政党政治の時代の幕を切って落とすことになった。昭和五年（一九三〇）、統帥権干犯問題が起こるまで、日本の政治家たちは、まがりなりにも軍部の暴走を抑《おさ》えることができていたのである。

それは、文民統制《シビリアン・コントロール》と軍部優越との覇権争いであった。別の言葉で言えば、それは立憲主義《コンスティチユーショナリズム》と軍国主義《ミリタリズム》の対立であった。立憲主義は、憲法の下で成立した政府が政策決定の実権を握ることであり、軍国主義とは、軍の意向が政府の上にあることである。

この意味において、ビスマルク（ドイツ宰相、一八九八年没）死後、第一次欧州大戦終了（一九一八年）までのドイツは軍国主義の色彩が強く、ヒトラーの政権下のドイツは軍国主義でない。

ヒトラーは職業軍人であったことはなく、ナチスという政党の党首として政権を握り、軍を支配していたからである。スターリン治下のソ連についても同じことが言われよう。軍備は巨大でも軍国主義ではない。国家の最高意思決定が軍の意向に左右されるのが軍国主義である。イギリスの海軍はいかに巨大であっても、イギリスが軍国主義と呼ばれたことはなかった。国の政策は海軍によらず、イギリス海軍はいつも議会と政府の支配下にあったからである。

日本は立憲君主政治ではあったが、首相は憲法に明記された権能を持たず、わずかに内閣官制の中で「各大臣の首班」であるにとどまり、各大臣は天皇直結の形であった。

とは言っても、具体的には組閣の命令は首相になる人に下り、その人が他の大臣を人選するのであるから、他の大臣についてはあまり問題はないのであるが、軍部の大臣は、つねに内閣の中の爆弾であった。いつ爆発するか分からない。上原勇作のような陸・海軍の大臣がいつ出てくるか分からない。とりあえず、木越安綱の英断で爆発の危険性は少なくなったものの、その可能性がなくなったわけではない。

本当に大丈夫にするには爆弾の信管を抜くこと、つまり、陸・海軍の大臣が民間人でもよいという規定を作ることである。

さすがの山本権兵衛も、そこまで考えなかった。とりあえず、陸・海軍の大臣・次官の任命資格から現役という制限を抜くことに成功したのであったが、これでも不充分なことは、この山本内閣の直後に起こった。

それは、シーメンス事件という海軍の汚職事件が思いがけず起こったため、山本内閣が倒れたことによる。海軍の高級将校たちが、シーメンス社やアームストロング社から、建艦に当たって巨額のリベートをもらっていることが発覚した。当然の結果として、内閣は――特に、海軍出身の首相である山本内閣は――総辞職となった。大正三年（一九一四）の春のことである。

〝ド級艦革命〟が生んだ清浦《きようら》「流産」内閣

元老会議は井上馨《いのうえかおる》が病気のため、山縣有朋、松方正義、大山巌《おおやまいわお》の三名によって開かれ、貴族院議長であった徳川家達《とくがわいえさと》が推薦されたが辞退し、枢密顧問官で同院副議長であった清浦《きようら》奎吾《けいご》に大命が降下した。

清浦は軍人であったこともなく、公卿《くぎよう》でもなく、元勲でもない。明治初年、埼玉県の小学校長を経《へ》て県庁に入り、山縣有朋の信任を得て、その系統の代表的な官僚となった人である。もちろん、この時の組閣任命も山縣の推薦であったことは間違いなく、したがって陸軍大臣に関しては問題がなかった。しかし、問題は海軍である。

前の山本内閣は首相が海軍の大御所であり、海軍大臣は斎藤実であり、予算の問題もスムーズに認められていた。上原勇作が二個師団増設で問題を起こしている間に、海軍は漁夫の利を得た形で、すでに桂内閣の時に海軍五カ年計画を呑《の》んでもらっていたのである。

清浦内閣は、海軍五カ年計画予算の年度割分《わりぶん》を、臨時議会を召集してすぐに支出してくれるであろうか。これは海軍の一番の懸念であった。海軍には海軍なりのお家の事情があった。というのは、海軍は日露戦争後、自力による軍艦建造に努力を傾注し、数隻の新鋭艦を造ったのだったが、これらがすぐに、旧式二流艦になってしまうという緊急事態が発生したのである。

イギリスでは一九〇四年（明治三十七）の十月、ジョン・フィッシャー提督が海軍本部委員会第一軍事委員（First Sea Lord of the Admiralty 日本の軍令部総長、アメリカの海軍作戦部長にほぼ相当する）になると間もなく、その提言に基《もと》づき、海軍本部委員会第一委員（First Lord of the Admiralty 日本の海軍大臣にほぼ相当する）であったセルボーン卿は新型の軍艦を造る計画を発表した。その時点では内容は不明だったが、翌年にはドレッドノート型戦艦とインヴィンシブル型巡洋艦と新型駆逐《くちく》艦が承認された。その仕様の内容が公表になったのは、一九〇六年（明治三十九）である。

これは当時、世界一の海軍国だったイギリスが日露戦争を参考にしてやった建艦革命で、すなわち、一二インチ砲一〇門、速力二一ノットという戦艦が出現した。貧乏国日本がせっかく造った軍艦は、出来上がった時から古くなったのである。

それでもイギリスとは日英同盟があるし、日英の艦隊が東洋で大砲を撃《う》ち合う可能性はなしと見てよかったが、問題はアメリカだった。

このイギリスのド級(「ドレッドノート級」の略)戦艦革命を見て、アメリカも急に新型戦艦の建造に力を入れ出したのである。すなわち、一九〇六年(明治三十九)には、ミシガン、サウス・カロライナの二隻のド級戦艦、翌年にはデラウエアとノース・ダコータの二隻が建造された。後者の二隻はすでに一四インチ砲を備えており、この点で超ド級艦と言ってよい。

アメリカは、さらに一九〇九年(明治四十二)にはほぼ同級のフロリダとユタの建造を開始し、さらにその翌年にはアーカンサスとワイオーミングを造りはじめた。以下、建造順に列記すれば、テキサス、ニューヨークの同型艦二隻、ネヴァダ、オクラハマの同型戦艦二隻、ペンシルヴァニア、アリゾナの同型艦二隻、ニューメキシコ、ミシシッピー、アイダホの同型艦三隻、テネシー、カリフォルニアの同型艦二隻、コロラド、メリーランド、ウエスト・ヴァージニアの同型艦三隻となる。第一次大戦後までのアメリカの戦艦の建造スピードは、まさに恐るべきものがあった。

テキサス以降は、一四インチ砲一〇門、ペンシルヴァニア以降は一四インチ砲一二門、コロラド型は実に一六インチ砲八門を装備している超ド級戦艦である。アメリカは太平洋を隔《へだ》てて日本と向き合っている。日本としてはド級戦艦革命には乗り遅れるわけにはいかないと海軍は考えた。

それで、組閣の大命を受けた清浦奎吾《きようらけいご》が、加藤友三郎《かとうともさぶろう》を海軍大臣に望んだ時、加藤は建艦計画の予算を継続してくれることを受諾の条件とした。清浦は、大蔵大臣にすでに内定している荒井賢太郎《あらいけんたろう》にその点について質問したところ、大蔵省主計官上がりで支出に手堅《てがた》い荒井は、加藤の条件を呑《の》む自信はないと答えた。

理屈の上からは、前の年に山本内閣によって、現役でない将官でも大臣にしてもよかったのであり、予備・後備の海軍大将や中将も相当いたのであるが、清浦は急の大命降下ゆえに海軍へのコネがなかったらしい。それに予備・後備と言っても、実際問題として海軍全体の意向に背《そむ》いて、清浦の下で海軍大臣をやろうという人はいなかったであろう。清浦の親分の山縣は陸軍である。

かくして、海軍大臣の人選難から清浦は組閣を断念した。世の人はこれを流産内閣と呼び、また鰻香《まんこう》内閣と呼んだ。というのは、清浦が「鰻《うなぎ》屋の大和田《おおわだ》の前を通ったようなもので、匂《にお》いをかいだだけ」とこぼしたと伝えられるからである。海軍もまた、内閣を流産させる力があった。

明治憲法に首相の権限が明記されておらず、陸軍でも海軍でも軍が断乎《だんこ》としてゴリ押しすれば内閣は潰《つぶ》れるということが、ここでも証明された。あとは、軍にゴリ押しさせないテクニークを持った政治家か、軍の要求を呑む政治家しか政権を保《たも》つことはできないであろう。

大局観の欠如ゆえの軍部のゴリ押し

清浦の組閣が流れたあと、ふたたび元老会議が行なわれた。メンバーは同じく山縣有朋、大山巌、松方正義と、それに病《やまい》のすでに篤《あつ》い井上馨である。

結局、井上の意見で大隈重信《おおくましげのぶ》が組閣することになった。この大隈内閣に外相として入閣した加藤高明《かとうたかあき》が実際は副総理の役目をし、難問の海軍大臣は、同郷の尾張《おわり》出身の海軍中将八代《やしろ》六郎《ろくろう》に引き受けさせた。八代は当時舞鶴鎮守府《まいづるちんじゅふ》長官であり現役である。そして、八代が入閣した条件は、加藤友三郎が清浦に示したのとほぼ同じことであった。

つまり、大隈重信も、海軍の要求を呑むことによって組閣を成功させたのである。

その年の暮れ、議会は海軍の建艦予算を通過させたが、陸軍の二個師団増設費は否決した（もっとも翌年の議会で承認）。上原の西園寺内閣倒閣の行為は、まだ議員の記憶に新しかった。

要求が否決されたにもかかわらず、陸軍大臣の岡市之助《おかいちのすけ》は辞めなかった。岡が上原とまったく同じことをしたら、やはり大隈内閣は倒れたことであろう。そうしなかったのは、山縣や大山の意向だったと考えてよい。山縣は上原の主張を抑《おさ》えなかった。そのため政変が続いた。これに対して、山縣は責任を感じていたと思われる。彼には、さすが元勲・元老としての、国家に対する誠実な気持ちがあった。

陸軍閥の元老が良識を持てば憲政は円滑に動き、我意を通そうとすれば内閣は倒れる。憲政の円滑なる運営は、憲政という制度に保証されたものでなく、元老という個人の良識次第であったことがよく分かる。元老・元勲たちは着実に老《お》いてゆく。軍閥を抑えることのできる元勲・元老がいなくなった時の日本の憲政はどうなるか。すでに終末の日は数えられているようなものだった。

ここで指摘しておくべき重要な点は、陸軍の危機感も、海軍の危機感もそれぞれ現実のものだったことである。

上原らの陸軍軍人たちも、朝鮮半島の状況とロシア軍の強化を誠実に心配していた。居《い》ても立ってもおれぬほど憂慮していた。海軍も、ドレッドノート革命後のすさまじいアメリカ海軍の増強を誠実に心配していた。これに対応するために新鋭戦艦は起工されたものの、相次ぐ政変のために中途半端のままに、造船所にあった。こんな状況を放っておくわけにはいかない、と考えるのも無理はない。建造継続の約束をしてくれるのでなければ、海軍大臣は引き受けない、というのも愛国の情であった。

しかし、愛国の至情があれば何をしてもよいというわけではない。愛国は軍人の独占物ではない。当時の財政も財政家から見れば憂慮に堪《た》えないものであった。みんなの言うことを権威をもって調整すべき人がいなければならない。それこそ立憲政府の首相のはずである。しかし、こういう首相は制度的に不可能だったのだ。

今から考えてみると、朝鮮の二個師団増設は一年や二年延期してもよかった。事実、西園寺内閣の一年延長論を上原がああいう形で蹴《け》ったために、結局、その後三年間は増設できなかったのに、事態はどうということもなかった。

つまり上原（ここに軍閥の代表者たる山縣の名を入れてもよい）や陸軍の心配は切実で誠実であったけれども、ゴリ押しして要求するほどのことではなかったのである。

同じように、海軍が大急ぎで超ド級の戦艦を揃《そろ》えるほどのことはなかった。その後、天下の形勢は軍縮に向かい、数年後の大正十一年（一九二二）には戦艦土佐以下九隻の建造中止をするのだから。

これらの史実が示すのは、それぞれの担当者には火のつくような緊急事に見えても、大局的にはそれほどのことはなく、重要なものは憲政の支障なき運用を確保することであったということである。

〝個人的関係〟のみで成立した初の政党内閣

その後、大隈重信は一種の円満退職の形で大正五年（一九一六）十月に辞任して元老の列に入った。後任首相には山縣有朋の推薦で山縣の系統に連《つら》なる寺内正毅《てらうちまさたけ》陸軍大将が選ばれた。

当時、寺内は朝鮮総督であり、この年の六月に元帥になったばかりであった。陸軍大臣大《おお》島健一《しまけんいち》は山縣有朋に近く、いわば準長州閥であり、海軍大臣は加藤友三郎の留任ということで、首相と軍部の大臣が争うことはなかった。

ところが、大正七年（一九一八）の八月二日に政府がシベリア出兵を決定すると、これに応じてか、あるいは偶然か、その翌日の八月三日から米騒動が起こり、これが全国に波及し、ついに寺内内閣は辞職し、原敬《はらたかし》内閣が成立した。

西園寺内閣が二個師団増設問題で潰《つぶ》れてから、桂、山本、清浦、大隈、寺内と政党に基盤を置かない者に組閣の大命が続いて降下したため、憲政擁護の運動は院の内外に高まっていた。政党による寺内内閣反対決議や不信任案上程もあり、全国の新聞記者による寺内内閣弾《だん》劾《がい》大会なども行なわれていたのである。この時、あたかも憲法発布三十周年記念であり、憲政への国民的関心は特に高かった。原内閣はこうした世論の動きを背景にして誕生したのである。

と言っても、最初から原に大命降下したわけではなかった。元老会議は、まず西園寺公望を推《お》したが、西園寺は受けなかった。

山縣は上原問題以来、つねに西園寺に負《お》い目があるような感じで、何とかふたたび西園寺に首相になってもらいたいところが見える。西園寺は、かたくななまでに固辞して二度と首相になろうとしなかった。そして、この度《たび》は原敬を推薦した。山縣は原に好感を持っていないが、上原問題は結局、原 vs. 上原の問題であり、西園寺はずっと原を支持し続けていたのだから、山縣もここでは、しぶしぶ西園寺の推薦に従ったのである。

かくして日本最初の政党内閣が誕生した。

原は陸軍大臣に田中義一《たなかぎいち》を、海軍大臣に加藤友三郎を据《す》えた。そもそも、原が西園寺内閣の二個師団増設案反対においても、また山本内閣の軍部大臣資格の現役制限撤廃においても、その中心的人物であったことは知らぬ人とてない。軍から見ればこれほど憎い奴はいない。清浦流産内閣の二の舞になることは目に見えていた。

しかし、原は稀《まれ》に見る懐《ふところ》の深い政治家である。妥協することと、待つことを知っていた。

まず第一に、妥協することである。原は妥協する相手として最も大物を選んだ。すなわち、山縣有朋その人である。

原敬の説得力について、三宅雪嶺《みやけせつれい》が次のように言っているのは意味深い。

「実に原は一見《いっけん》人の意向を察し、諒々《りょうりょう》として説《と》き、之《これ》をして納得せしむるに長じ、唯《ただ》理想を語らず、従《いたず》らに理想を語るも益なしとするかの如《ごと》く、事実に於《おい》て無理想なるやの疑を招く。されど一たび面接する者をして如何にも吾が心事を知るがごとく思はしむ。将来を如何にすべきやよりも、現在を如何にすべきやを主にし、之に関して他の何人も企《くわだ》て及ばざるを覚えしむ」（『同時代史』第五巻一二一ページ。傍点渡部）

どのように原が山縣を説いたかは知る由《よし》がないが、山縣が原に協力的になったことは明らかである。そして、陸軍大臣として入閣した参謀次長の田中義一中将は、山縣の最も信任の篤《あつ》い長州閥の軍人であり、しかも、後に政党の党首となって首相になるぐらい政治的センスもあった。

一方、海軍大臣の加藤友三郎は、大隈内閣の時にすでに原と同じく閣僚であり、お互いによく知っていた。加藤も、後に全権大使になったり、首相になったりした人物であるから、軍部の要求を単にゴリ押しするタイプでなかった。

かくして、政党内閣の原敬は、陸軍大臣にも海軍大臣にもそれぞれの畑の最高の人物を得たことになる。そして、この個人的関係によって、政党と軍部の間のとげとげしい関係は大いに好転した。軍との関係がよければ、戦前の内閣は安定したのである。

平民宰相と言われた原敬が暗殺されるまでの三年余の間、堂々と政党政治を行ないえたのは、まさにこのためである。しかし、ここで忘れてならないことは、これはあくまでも原と軍部両大臣の個人的尊敬関係によって維持されたのであって、その安定の基礎は、やはり制度によって保証されたものではなかった、ということである。

軍部と妥協するために、原はどの点において妥協したのであろうか。それは軍事予算の増額である。この妥協なかりせば、いくら原敬が偉くても、また田中義一や加藤友三郎に良識があっても、原内閣の成立はむずかしかったろうし、長期の政権維持も不可能であったろう。

西園寺内閣や、山本内閣の時の原敬とは別人のごとく気前よく予算を軍部につけてやった。原とその蔵相高橋是清《たかはしこれきよ》は、いかなる魔法を使ったのであろうか。

戦争の素人がプロに勝った第一次大戦

この点について、原に有利な客観状勢があった。

大正三年（一九一四）に大隈内閣の時に勃発《ぼっぱつ》した第一次世界大戦は、その後四年間、日本に未曽有《みぞう》の好況をもたらした。成金《なりきん》という言葉が庶民の口にのぼったぐらい、日本は景気がよかった。日露戦争の財政的深手《ふかで》を癒《い》やさなければならなかった西園寺内閣の時とは、様変《さまが》わりである。日露戦争の時は、なけなしの金をはたき、外国で公債を発行して、船や武器の調達をしなければならなかったが、第一次世界大戦中の日本はアメリカとともに、ひたすら儲《もう》ける側であった。原にしてみれば、軍の要求を呑《の》む財政的な余裕があったのである。物価も高くなっていたから、金額的には以前とくらべて非常な巨額の軍事支出をしたことになる。

もう一つの要因は、日本も交戦国の一つであったことである。戦争している時には、日本人は軍に金を出し惜しみしない。

原が組閣した時は戦争の末期ではあったが、その時点では誰もまだ、どのぐらい続くか予測できなかった。そもそも第一次世界大戦は、いろいろな制約から長くは続くまいというのが専門家のほぼ一致した予測だったのに、やってみたら終わりが見えなくなった戦争であった。原が組閣の大命を受けて三カ月足らずのうちに終わるとは予想できなかったから、軍事費の妥協は、原にとっては現実的に可能なことだった。

また、戦争がヨーロッパで終わってからも、日本はシベリア出兵の結果がうまくいかず、まだまだ撤兵できない状況が続いた（原の死後もその状況が続いていた）。

シベリア出兵は寺内内閣の時に行なわれたもので原敬の責任ではないが、現実に数個の師団が順次に交替で送りこまれているわけで、しかも支隊が全滅したり、在留邦人の皆殺し（ニコライエフスク事件——一九二〇年、黒竜江《こくりゆうこう》のニコライエフスクで起きたパルチザンによる殺害事件。尼港《にこう》事件とも言う）が起こっているわけであるから、軍費の増額はやむをえなかった。

海軍にしても、世界大戦後のアメリカの異常な建艦ぶりを見れば、国民も議会も、日本も新鋭艦を造るのを支持する空気があったわけで、原敬はこのようにして、軍事費拡大による軍との妥協に成功した。

だが、原敬は妥協して陸海軍を喜ばせ、これによって政権を安定させることに満足していたわけではない。彼には立憲政治の志があり、これを実現させる機会を待っていたのである。

その機会は世界大戦の終結とともにやってきた。まず、世界的な厭戦《えんせん》気分と、それに関連する平和主義《パシフィズム》の盛り上がりである。軍備を拡大して戦争に備えるよりは、列強は国際協調して、軍縮に向かうべきだ、というのが天下の大勢であった。大正九年（一九二〇）の一月には国際連盟が発足し、日本はその常任理事国となり、今の五〇〇〇円札の肖像になっている新渡戸稲造《にとべいなぞう》が、その事務次長に選ばれることになった時代である。

さらに、時代の流れを見る上から重要なことは、軍国主義のドイツが敗れて、議会制民主主義のイギリスやアメリカが勝ったという事実が民心に及ぼした影響である。

戦争に勝つことに国家の最高の価値を置き、そこから国家の制度を導《みちび》き出しているようなところが帝政ドイツにはあった。皇帝と参謀総長の名前は鳴《な》り響《ひび》いているが、首相の名前は霞《かす》んでいる、というのが大戦前のドイツであった。

その大軍国ドイツがロイド＝ジョージ首相（在任一九一六―一九二二）に導かれたイギリスや、ウィルソン大統領（在任一九一三―一九二一）のアメリカに敗れたのである。

ロイド＝ジョージはウェルズの貧家に生まれ、独学で法律を学んで政界に入って、大戦中のイギリスの首相となった。職業軍人ではないのに、大英帝国の海軍の提督たちの意見を抑《おさ》えて護送船団方式を採用し、ドイツ海軍の潜水艦隊の活動を封殺することに成功したことが、イギリスの窮極的勝利の、最も大きな原因となった。

このことは、事務弁護士上がりで軍事に素人《しろうと》の首相ロイド＝ジョージの戦争指導が、プロ中のプロの提督たちの判断に勝《まさ》った例として、人々の記憶するところであった。軍事においても、一番トップの事項の判断は、素人の政治家でよいという有力な実例となったのである。

また、アメリカ大統領ウィルソンは、プリンストン大学の教授、学長を経《へ》て政界に入った人であり、軍事には素人であった。しかし、アメリカの参戦が連合国の勝利のもとであったことは誰も疑わなかったことである。

軍歴のない議会制民主主義が、軍国主義ドイツに勝ったことは、日本の議会人に大きな自信を与えた。

議会政治確立への不屈の闘志

原敬が、この大戦後の世界の風潮を見のがすはずはなかった。彼はこの機会を待っていたのである。軍部の圧力が直接政治に及ばないようにして、議会政治を確立することは彼の志であった。

ヴェルサイユ（パリ）講和条約が調印されて約二カ月後の大正八年（一九一九）の八月、原内閣は朝鮮総督府と台湾総督府の官制を改正し、文官も総督になる道を開いた。そして、さらにその二カ月後の十月には文官の最初の台湾総督として田健《でんけん》治郎《じろう》を任命したのである。

日清・日露の戦争で獲得した新領土の支配者としては、軍人の方がふさわしい、という発想が当時はあった。たとえば、児玉源太郎《こだまげんたろう》、乃木希典《のぎまれすけ》といった有名な将軍は台湾総督をやり、寺内正毅《てらうちまさたけ》や斎藤実《さいとうまこと》といった後に首相になったような大物の将軍や提督は朝鮮総督をやった。

したがって、総督は軍人の出世コースの一種と考えられていたのであるが、原は、できるだけ早く内地同様に文官による統治に切り替え、軍司令官は別に置く考えだった。高級軍人たちの伝統的聖域を取り上げるようなこうした決定が、特に大きな問題を起こさなかったのは、原内閣の安定性とともに、世界的な民主主義の流れがあったためであろう。

ちなみに、デモクラシーを民主主義と訳すのは、天皇を元首とする日本にはふさわしくないから、民本主義とすべし、という議論があったのも、この頃である。それほど英米流のデモクラシーが人々の心をとらえた。

この風潮の中にあって、原が爵位を持っていなかったのは、かえって有利であった。それまでの首相はすべて有爵者であったから、原は平民宰相として、広い国民の層の支持を得たのである。首相が爵位を持たないのに、閣僚の中には男爵も子爵も伯爵もいたのであるから、日本にもデモクラシーの内閣ができていることであり、原の権威も、この事実によるところが少なくなかったと言えよう。

原は、このデモクラシーの人気が出てきた機会をとらえて、さらに文民支配を確実にしようとしていた。その機会はワシントン会議（一九二一—二二）である。これは、時のアメリカ大統領ハーディング（在任一九二一—二三）が米国上院の軍縮に関する決議を受け、軍備制限問題と太平洋・極東問題について話し合うために、ワシントンにおいて国際会議を開くことを提唱したことによって開かれたものである。参加する国はホストを米国とし、日本、イギリス、フランス、イタリアということになった。

形の上では五カ国会議であるが、実質的には日英米の三カ国会議である。この三カ国はドレッドノート革命以来、必死になって超ド級の戦艦建造に熱中してきたが、今、世界大戦が終わってすでに三年も経《た》った時点で反省してみれば、こういう建艦競争は、平和主義と国際協調の時代にはまったくふさわしくない。しかも財政負担が巨大である。この会議への招待には、日本も応じないわけにはいかない。

しかし、事は戦艦の廃棄をも含む重大決定にかかわってくる。議題の中心は戦艦を中心とする軍縮問題であり、また太平洋問題であるから、首席全権の適任者は誰の目から見ても海軍大臣加藤友三郎《かとうともさぶろう》であった。

当時の国際会議は、何しろ旅客機のない時代であるから、今と違って時間がかかる。出席者は半年ぐらいは日本を留守にすることになる。加藤友三郎の留守の間の海軍大臣は誰がやるか、ということになった時、首相の原敬は自分が海軍大臣の職務を代行することを提案した。原はこの機会に軍部の大臣にも文官がなれるという前例を作りたかったのである。

軍部との妥協によって組閣を成功させた原敬は、けっして妥協だけの政治家ではなく、政党政治確立のための不屈の志を持っていたことが、ここでも明らかになる。

加藤友三郎は、全権の役目を引き受けた時に、首相が海相を代行することを諒解していた。もちろん、海軍大臣の仕事の中には、統帥権《とうすいけん》に関係することも出てくるから、それは軍令部長にやってもらい、軍政に関する部分は首相がやるということになっていた。

世論に敗れた山縣の反対工作

ここで、明治憲法との絡《から》み合いで見てみよう。憲法第十一条の「統帥《とうすい》大権」は、参謀本部(陸軍の中央統帥機関)と軍令部の問題であるから、内閣とは直接関係ない。ところが、管轄《かんかつ》の曖昧《あいまい》なところがある。それは陸海軍に関する行政、すなわち軍政の問題である。

軍政は一般的行政と軍事専門的行政とに分かれる。後者は軍の編制や装備や兵力などにかかわることであるから、明治憲法第十二条の「編制大権」(二二ページ参照)に属するものと考えられる。つまり、軍事専門的行政は軍政の中でも統帥、すなわち直接の軍隊や艦隊の運用ともかかわることで、いわゆる「混成事項」である。

この混成事項に関する行政権は、明らかに編制大権であるが、これが内閣に属するか、あるいは統帥権同様、まったく内閣から独立しているかということが問題である。

しかし、軍備や常備兵額は予算の問題であるから、内閣が扱わざるをえない。原敬は編制権、つまり混成事項は内閣の管轄であって、首相がやってもおかしくない、という立場だったと思われる。統帥権干犯問題がまだ出てこなかった時代であるから、憲法問題まで発展しなかった。混成事項で統帥に関する部分（具体的な作戦など）を軍令部に委《ゆだ》ねればよいとしたのである。主要海軍国が軍縮会議のテーブルについている時であるから、海軍を捲《ま》きこむ戦争が起こる危険はないと見てよかった。

むしろ原敬の注目したのは憲法ではなく、内閣官制第二条にある「各大臣ノ首班トシテ機《キ》務《ム》ヲ奉宣《ホウセン》」するのが首相の役目だから、首相はどの大臣の役目も代行できるという解釈だったのである。軍人でない原敬が軍部の大臣になるという事実が、彼の志の実現のための重要な布石だった。

果然《かぜん》、田中義一《たなかぎいち》の後を受け、原内閣の陸軍大臣になっていた山梨半造《やまなしはんぞう》は猛烈に反対した。山縣有朋も反対だった。首相と陸相の対立は内閣を危《あや》うくするかに見えるほどであったが、原は頑《がん》として譲らなかった。原は機を見るに敏な人だった。当時は平和主義の時代なのに、陸軍だけはまだぐずぐずとシベリア出兵をやっていて、はなはだしく不評であった。

「無名の師を興《おこ》し（大義名分のない軍を動かし）、わが忠勇なる将兵を徒《いたず》らにシベリアの曠野《こうや》に曝《さら》し……」という憲政会総裁加藤高明《かとうたかあき》の貴族院での陸軍弾劾《だんがい》演説（大正十年一月二十四日）は、日本中にこだましていた。「無名の師を興している」と言われるほど陸軍にとって辛《つら》いことはない。しかも戦費も大きく、わが方の被害も大きい。第一、世界大戦はとっくに終わって二年以上にもなるのに、日本ばかり目的も利益もない戦争を続けているのはおかしいと誰でも思う。六個の師団が交替で出たのは、上の方の軍人たちが出世し勲章をもらうためではないか、という噂《うわさ》も広くささやかれていた。

こんな状況では、いかに山縣といえども、西園寺内閣を上原を使って潰《つぶ》したように、議会の中に絶対多数議席を持っている原内閣を潰すわけにはいかないであろう。

第一、山縣は上原問題の後のごたごたを大いに反省しているし、何より今は時期が悪い。シベリア撤兵の決断もできないで全国民に非難冷笑されている陸軍大臣が、単独辞職してもすごみがない。原はすでに現役でない将官から大臣・次官を採用できる制度を山本内閣の時に実現している。原のことだから、山梨が辞職しても、予備・後備の将官から誰かを見つけてくるかもしれない。

山縣は躊躇《ちゆうちよ》した。そこに田中義一が仲介に入り、山縣と山梨を説得し、首相が海軍大臣の事務管理をすること、つまり代行することを認めさせた。陸軍大臣の代行はしない、というのが取引の条件だったらしいが、別にそれは拘束力のなかったことが後で分かる。ともかく、いま問題になっているのは海軍大臣の代行問題だから、陸軍としても妥協したのである。

海軍だけにせよ、原は軍部の大臣の代行を文官ができる前例を、ともかくも開いたのだ。この慣行が確立すれば、日本でもイギリスやアメリカのような文民統制の議会制民主主義、つまり本物の議会制民主主義国になったことであろう。

しかし惜しくも、原敬は海軍大臣の事務管理を実現してからわずか三週間後の大正十年(一九二一)十一月四日、東京駅において、大塚《おおつか》駅の若い国鉄職員中岡艮一《なかおかこんいち》に刺殺されたのである。

私学出身議員の活躍

世界の大勢に呼応して、原が日本で盛り上げた議会制民主主義の動きは、その死をもってしても停止しなかった。原がやった最後の仕事とも言える文官による海軍大臣臨時事務管理ということが、明治憲法の欠陥を補足する道に連《つら》なる超重要な一歩である、ということを認識した議員たちもいた。

特に、私学の出身者や、欧米留学の経験を持つ人たちが、犬養毅《いぬかいつよし》の国民党を中心に行なった提案は、歴史的に見て注目すべきものであった。

原が暗殺された三カ月後の大正十一年（一九二二）二月には、国民党の西村丹次郎《にしむらたんじろう》らが、陸・海軍大臣任用の官制を改革して、文官でも、陸・海軍の大臣になれるようにする建議を行なった。

西村は東京専門学校（早稲田大学の前身）に学んでからヨーロッパで政治経済を勉強して帰国、新聞記者から議員になった根っからの民間人である。

この提案説明は植原悦二郎《うえはらえつじろう》によって翌月に行なわれた。植原は若い時にアメリカ西海岸に渡り、労働しつつワシントン州立大学を出、後《のち》にイギリスに渡って創立一〇年頃のロンドン大学から経済学の学位を得て帰朝、犬養毅にさそわれて政界に入った。これまた根っからの民間人である。明治体制の主流を占《し》める帝大閥《ばつ》とも、陸・海軍閥ともまったく関係なく、アングロ・サクソン政体によく通じていた。

この建議書の中に、陸・海軍大臣が軍人に限られていることは憲政の円滑な運用を阻害することが多いと述べている（上原問題はまだ忘れられていない）。そしてこの中に、「軍の跋扈《ばっこ》も亦茲《またここ》に胚胎《はいたい》す」という言葉があったので大いに話題となった。

英米の制度を知り、それをよしとする者の目から見れば、プロシア（ドイツ）的色彩の濃い明治憲法は軍国的憲法と見えたのであり、その軍国ドイツが敗れたのであるから、軍国主義に国を引っ張る可能性のある官制は、当然改正すべきである、という考え方であった。

ここでも、問題の根本である明治憲法の改正という声が出ないことに注目したい。「不磨《ふま》の大典」という考え方は、国民党の議員の頭にも滲《し》みこんでおり、それを改正しようという発想はまったくなかった。わずかに官制を改正しようとしたのである。

そして、同年（大正十一）三月二十五日、衆議院は各派共同提出の陸軍軍備縮小建議案を可決するとともに、国民党提出の陸・海軍大臣武官制廃止建議案をも満場一致で修正可決したのである。陸・海軍大臣になれる資格を大将・中将に限るというのは、「時代の進運」に適さないというのがその理由だった。

今の議会ならば、満場一致で衆議院が可決したものなら法律になるのであるが、明治憲法は違う。すべての法律は帝国議会の協賛を得なければならない（第三十七条）のであるが、議会が作りたい法律は「建議」として政府に出すことができるだけなのである。それを「採《さい》納《のう》」するかどうかは政府の意向次第である。政府が採納したくないと言えば、同じ会期中に同じ建議は二度してはいけないという制限までついていた。

つまり、明治憲法の議会は立法府というよりは、法案に対して賛成するか否《いな》かの機関であった。

原敬暗殺後、その晩のうちに、宮中において首席大臣である外務大臣内田康哉《うちだこうさい》が臨時首相に親任され、続いて臨時閣議を開いて内閣総辞職となった。

当時はワシントン会議が行なわれている最中であり、日本の将来にかかわることが議題の中心だった。原首相と加藤全権は、いわば一枚岩で交渉できたのであるが、後継内閣次第では日本の方針もぐらつき、交渉力が落ちることも心配された。元老たちも、西園寺の意見に同意し、現状維持の方針で大蔵大臣高橋是清《たかはしこれきよ》を首相兼蔵相にして、閣僚もすべて留任になった。高橋は人物もすぐれ、蔵相としてもすぐれていたが、首相としてのリーダーシップということになると原敬に遠く及ばなかった。

もしも、原敬が首相であったならば、陸・海軍大臣武官制廃止の建議は内閣に採納されていたかもしれない。もちろん、反対は出たであろうが原は乗り切ったと思われる。高橋内閣はそれが短命なこともあって、この建議に応じて特に行動を起こさなかった。

しかし、原敬暗殺後、臨時首相になった内田康哉も、自動的に原敬がやっていた海軍大臣代行を兼《か》ねたし、高橋是清も、同じくその資格を引き継いで海軍大臣を代行した。内田の場合はたった一日の間であったにせよ、文官が海軍大臣を代行すること三内閣にわたった、という意味は大きい。

軍縮の断行とシベリアからの撤兵

大正十一年（一九二二）三月十日、加藤友三郎《かとうともさぶろう》はワシントン会議から帰朝した。数日の休息の後、ちょうど開会中であった国会に連日出席して質問に答えた。ワシントン会議は列強、特にアメリカとイギリスが日本に圧力をかけるための会議だということが一般に言われていたが、加藤は会議に出席した当人の体験に基《もと》づき、そういう見方を断乎《だんこ》として否定した。

英米日の保持する戦艦の比率を五・五・三にすることについては、これを不満とする世論も相当強かったが、これは軍縮であるから、財政面で日本が助かることは明らかであり、反対党側も承認せざるをえなかった。

日本はイギリスと事を起こす可能性はまずなかったし、アメリカと日本の比率が五対三と言っても、アメリカは大西洋岸にも配置しなければならない。これに反して、日本はすべて太平洋岸に配置できるのであるから、差し当たりの危険はないということがだんだん世間にも分かってきた。

加藤友三郎は、議会の内外において、ワシントン会議の成功者と見られたのである。そして、議会の答弁が要領を得ていたので、政治家としての能力を広く認めさせる結果になった。それで大正十一年（一九二二）六月、高橋是清内閣が辞職すると、元老・松方正義《まつかたまさよし》の意見に従い、元老会議は加藤友三郎を次の内閣の首班に選んだ。

加藤は議会内の基盤を高橋是清の政友会に置いたが、閣僚の中にはただ一人の政党人もなく、陸相山梨半造《やまなしはんぞう》以外はことごとく貴族院議員という超然《ちょうぜん》内閣であった。これに対しては、原・高橋と数年間政友会内閣が続いていたので、歓迎するムードもあった。また、反対党の憲政会に政権が行くのを恐れて、多数党である政友会は加藤を支持したので、比較的安定した内閣と言えよう。

この安定性を背景にして、加藤は思い切った軍縮を断行した。ワシントンの国際会議の中に身を置いて折衝《せっしょう》の局に当たっていた加藤は、世界大戦後の世界の潮流に日本をも合わせようと決心したのであった。まず自分の畑である海軍は、大正三年以来の念願であり、鋭意実現に努めてきた八・八艦隊の計画を放棄した。

八・八艦隊とはド級戦艦革命に対応するため、新鋭の戦艦八隻、巡洋艦八隻を中心とした艦隊を造り、その艦齢を八年として、八年経《た》った船は二軍にするという構想を中心にして、補助艦にも計画を及《およ》ぼしたものである。そうすると一六年経てば八・八艦隊の一軍と二軍が出来上がるということになる。

加藤は元来、この計画の中心的推進者であって、そのために清浦内閣を流産させたこともあったぐらいである。しかしその後、世界大戦があり、世界の主潮はすっかり国際協調と平和主義になってしまった。これは加藤が身を以《もっ》て経験したことであるのみならず、第二次大隈内閣以来、自分の内閣も含めると五代の内閣の海軍大臣になっているうち、日本の国力についても悟るところがあったと思われる。新旧二組の八・八艦隊が出来上がったら、まことに太平洋の偉容ではあろうが、国家予算の半分も平時の海軍だけで使うことになることの不自然さは、加藤に分からないはずがなかった。

それで彼は、海軍の軍縮会議であるワシントン会議の趣旨に本気で賛成したのである。軍事力は現在所有する軍艦や師団の数ではなく、それを支《ささ》える国の経済力そのものであることを、加藤は人に説《と》く側にまわった。その結果、日本海軍は八・八艦隊のため起工中の戦艦加賀、土佐の二隻の建造を中止し、安芸《あき》、薩摩など旧式戦艦を含めて十数隻を廃棄したのである（アメリカも主力艦を一一隻スクラップした）。これにともなって定員削減となったのは、士官・準士官約一〇〇〇名、下士官三〇〇〇名、水兵一万人である。

軍縮は海軍ばかりではなかった。陸軍大臣山梨半造は兵力の上から見ると約五個師団分に当たる人員の縮小をした。わずか一〇年ほど前に、上原勇作が二個師団を増やしたいと頑張って西園寺内閣を倒したのが夢のような変わり方である。

また、寺内内閣の時にはじまったシベリア出兵も、すでに何の成果もなく約五年経《た》ち、約七万の軍隊が七億円（当時）の軍費を使い、おまけに国際的にも批判を受けていたのであるが、加藤友三郎が組閣するや、二週間もしないうちに、一切の行きがかりを捨てて撤兵することに決定した。

加藤首相を変えたワシントン会議の体験

このように、加藤内閣の軍縮の成果は実に大きいものがあったが、さらに制度の面から見て注目すべきことは、加藤友三郎の軍部大臣の資格に対する考え方である。

前の首相高橋是清の時に、衆議院は、国民党提出の陸・海軍大臣の武官制廃止を、満場一致で建議していた。高橋内閣は、これに対する態度を明瞭にする前に総辞職したが、加藤友三郎はどう考えていたのであろうか。大正十一年（一九二二）の十二月に召集された第四十六帝国議会では、この問題が大きく浮かび上がった。

陸軍にも海軍にも、大幅な縮小策をすでに実行した加藤は、軍部大臣に文官を任命することにも前向きの姿勢を示した。そして、大正十二年二月の議会答弁では「文官で不都合であるとは考えていない」と明言したのである。もちろん、すぐに実行するとは言わなかったが、国民党の建議には賛成であることを首相自《みずか》らが議会で言明した意味は大きい。

加藤はワシントン会議において、英米の主役であるバルフォア卿も、チャールズ・ヒューズ国務長官も文官であることを知っていた。バルフォアはイートン、ケンブリッジで学んで政界に入った典型的なイギリス貴族政治家で、軍人ではない。ヒューズは元来はイギリス文学で頭角を現わし、後に法律も学び、弁護士をやってから最高裁判所判事になり、そして政界に入った人であって、軍人でない。

ワシントン会議といっても、総会から小委員会やら分科会やらいっぱいあって、会合の総計は一三五回にのぼり、一日に五回とか三回とかいうこともあったが、一番の大きな問題となると、加藤、バルフォア、ヒューズの三全権会談で決したのである。

加藤は、日清戦争における巡洋艦「吉野」の砲術長、日露戦争では、連合艦隊および第一艦隊の参謀長として旗艦「三笠《みかさ》」に乗って、バルチック艦隊撃滅に功績のあったプロ中のプロである。しかし、軍事を大所高所から論ずる立場になると、素人のバルフォアもヒューズも、プロの自分に劣《おと》るものでないことを加藤は体験したのであろう。

陸・海軍の大臣が「文官で不都合であるとは考えていない」という議会答弁は、ワシントン会議によって加藤自身がアングロ・サクソン世界における文民統制《シビリアン・コントロール》を肌に感じた結果である。加藤の視野も広まったことであり、それはとりもなおさず、政治家としての成長を意味することであった。

しかし、すぐにやるわけにはいかない。何しろ日本の政治組織はドイツ帝国風に出来上がっているのであって、ドイツが世界大戦で敗《ま》けたからといって日本が憲法改正をやったわけではない。アングロ・サクソン的デモクラシーの風が吹いてきても、内部の組織を適応させるには時間がかかることを加藤は知っていた。

第一に陸軍大臣も反対なのである。

しかし、わずか一〇年前、山本権兵衛《やまもとごんべえ》内閣の陸軍大臣木越安綱《きごしやすつな》が、陸・海軍大臣の任用資格を、現役の大将・中将でなくてもよいとするだけでも、自己のキャリアを犠牲にするほどの決断をしなければならなかったことを考えると、転《うた》た今昔《こんじやく》の感に堪《た》えないものがある。十年一昔とは言うが、今や陸・海軍大臣は文官で差《さ》し支《つか》えないと、首相が公式発言するところまで、議会制民主主義は進んでいたのである。そしてさらに一段と進む形勢にあった。

加藤友三郎はワシントン会議の折に、すでにかなり病気が重かった（大腸癌《がん》だったと言われる）。帰国してからも病気がちで、口の悪い新聞などに「残燭《ざんしよく》内閣」などと言われたが、彼の超然内閣は大正デモクラシーを大いに進めたのである。そして、首相在職のまま、大正十二年（一九二三）の八月に死去した。

軍縮とデモクラシー潮流の高潮

加藤友三郎の死後、第二次山本権兵衛内閣、清浦奎吾《きようらけいご》内閣と短命の超然内閣が続く。

山本内閣は、組閣中に関東大震災（大正十二年）が起こり、その後始末もろくにつかぬその年の十二月二十七日、無政府主義者の難波大助《なんばだいすけ》が、摂政《せつしよう》殿下（後の昭和天皇）を狙撃する事件（いわゆる虎《とら》の門《もん》事件）を起こしたため、責任を取って辞職した。

九年前の大正三年（一九一四）にも、山本内閣がシーメンス事件で辞職した時、元老会議は清浦奎吾を次期首相に選んだが、加藤友三郎が海軍予算に固執したため流産（鰻香《まんこう》）内閣となったことは、すでに見た通りである（六九ページ参照）。

第二次山本内閣総辞職のあとに、また、清浦を次期首相に選ぶというのは、元老たちの間に思考のパタンがあったのであろうか。あるいは、前回は海軍から大臣になる人が見つからず流産したのであるが、今回、八・八艦隊のための建艦予算獲得の先鋒であった加藤友三郎は、逆に八・八艦隊を葬《ほうむ》る側に廻った。今は海軍予算で、もめることもないのだから、この前には気の毒な思いをさせた清浦にもう一度組閣をさせてやろう、という温情だったのだろうか。

当時、清浦は枢密院議長であり、陸・海軍の二大臣を除くと、全員が貴族である。これを詳しく言えば、首相は貴族で枢密院議長、外相が男爵、ほかの大臣はすべて貴族院議員である。大臣には一人の私学出身者もおらず、衆議院議員もいない。

かくして、ふたたび護憲運動の火の手が上がった。かつて清浦の組閣を阻《はば》んだのは軍であったが、今度は衆議院であった。清浦内閣は半年で総辞職に追いこまれた。

大正デモクラシーは、衆議院の多数派を味方にしなければ政権維持はできないことを証明したのである。これは、日本の政治にもイギリス的慣行が根を下《お》ろすやに見えた時期である。清浦内閣の次には、護憲三派（政友会・憲政会・革新倶楽部）の支持を得た加藤高明《かとうたかあき》が首相になった。

清浦内閣の末期に行なわれた第十五回総選挙（大正十三年五月十日）では、護憲三派が絶対的多数を占《し》めていたので、加藤高明はこれを背景に大正デモクラシーの華《はな》ともいうべき政策を打ち出した。

外交政策は、外相幣原《しではら》喜重郎《きじゅうろう》の名を冠した、いわゆる幣原外交を行ない、国際協調と中国に対する内政不干渉を柱にした。内政では普通選挙法を成立させ、不充分ながら貴族院の改革を行なった。

さらに重大なのは、陸軍の四個師団廃止である。

大正元年（一九一二）は、陸軍が二個師団増設を強引に主張したため、第二次西園寺内閣が崩壊し、引き続き「大正の政変」といわれる一連の内閣交代が起こったのであったが、それからたった一三年しか経っていない大正十四年（一九二五）には四個師団を廃止したのだから、大正デモクラシーと軍縮思潮の急激な展開に驚かざるをえない。

これより三年前の大正十一年（一九二二）に、加藤友三郎内閣の山梨半造陸軍大臣の行なった軍縮は、実質上五個師団の削減に相当するものであったが、この時は陸軍の反撥は比較的小さかった。というのは、特定の師団を廃止したのでなく、たとえば、一歩兵連隊は一二個中隊を基幹としていたのだが、それを九中隊に縮小編成するというようなやり方だった。

したがって、大幅な人員削減にはなったが、消えた師団はなかった。

ところが、加藤高明内閣において宇垣一成《うがきかずしげ》陸軍大臣の行なった軍縮は、高田の第十三師団、豊橋の第十五師団、岡山の第十七師団、久留米《くるめ》の第十八師団という特定の師団をなくしたのである。当時においては、師団が師団所在地に及ぼした経済的な影響はすこぶる大きかったうえに、その所在地の都市としての格付けの意味も大きかった。

しかも、一師団の廃止は四個連隊の廃止ということになる。宇垣軍縮は一六個連隊の廃止であり、一六旒《りゅう》の連隊旗が天皇に返還された。数々の戦場でこの連隊旗の下、将兵は戦い、かつ死傷してきた。その忠誠、武勇、団結のシンボルが消えることは、軍人たちに深刻な情緒的反応を惹《ひ》き起こした。しかし、宇垣はこれを断行したのである。

もちろん、宇垣は軍人の数だけ減らせばよいと思ったわけではなく、節約した支出を、航空隊や戦車隊に廻したりして軍の近代化を進め、また、学校軍事教練制度を導入したりしたのである。宇垣は第一次世界大戦で先進国の陸軍が一変したことを知っていた。旧式な師団の数にこだわるよりは、その経費を近代化、機械化に使うほうがよいと判断した。しかし、軍人も民間も受けた印象は大軍縮であり、そういう大軍縮ができる時代だったのである。

考えてみれば、山本権兵衛が大正二年（一九一三）に陸・海軍の大臣・次官の任用資格から現役という制限を除《のぞ》こうとした時、これに反対して怪文書を作って配布したのは、当時陸軍省軍務局軍事課長だった宇垣一成だった。つまり、宇垣は木越安綱の足を引っぱる役をしていたのである。

その宇垣が最も派手な軍縮をやることになったのだから、時勢の変化はまことに恐るべきものがある。よく言えば、加藤友三郎も宇垣一成も、頭が柔軟だったので世界の趨勢《すうせい》が分かったということなのであろう。

このような画期的な政策を実行した第一次加藤高明内閣は、護憲三派の結束が破れて辞職したが、元老の西園寺公望《さいおんじきんもち》は直《ただ》ちに加藤を再び首相に推《お》したので、第二次加藤高明内閣は憲政会を中心として成立した。惜《お》しくも加藤高明が在職中に病死すると、若槻礼次郎《わかつきれいじろう》がその後を継ぎ、憲政会内閣を成立させた。この内閣が銀行の取付け騒ぎの責任を取って辞任すると、田中義一の政友会内閣が成立した。田中内閣が張作霖《ちょうさくりん》爆死事件で天皇の不興を買い辞職すると、浜口雄幸《はまぐちおさち》が民政党内閣を作った。これが昭和四年（一九二九）七月である。

陸軍大臣は宇垣一成、海軍大臣は財部彪《たからべたけし》であった。ある意味で、浜口内閣は文民統制《シビリアン・コントロール》を戦前において最も進めた内閣であったと言えよう。

というのは、浜口が組閣した翌年に、海軍軍縮のためのロンドン会議が開かれることになり、財部海相が出張したため、首相の浜口が臨時海相事務管理、つまり、海軍大臣の代行を行なった。これは前に述べたように（八五－八六ページ参照）、原内閣の時のワシントン会議の前例によったものである。

ところがその後、陸軍大臣の宇垣が中耳炎を悪くして静養中、一時的に浜口首相は陸相事務管理、つまり陸軍大臣代行をやることになった。これは間もなく阿部信行《あべのぶゆき》中将（後の首相）によって代《か》えられたが、ともかく文官である浜口は、陸軍大臣代行と、海軍大臣代行の両方をやったことになる。

このように見てくると、原敬内閣以来、世界大戦後の世界の軍縮傾向、アングロ・サクソン的議会制民主主義の普及、ドイツ的軍国主義の没落などの影響のおかげで、内閣は着実に軍に対する支配を強め、軍部の一番嫌がる軍縮をも実行してきたことが分かる。これが大正七年（一九一八）から昭和五年（一九三〇）までの日本の政治の流れであった。

「ユートピアの時代」の終焉《しゅうえん》

小学校高学年の頃から中学、それから勤労奉仕や学徒動員、それから終戦のごたごたの頃、私は佐々木邦《ささきくに》（英文学者、ユーモア小説家）の全集を耽読《たんどく》した。

その頃は、ほとんど新刊書が出なくなっていた時代だから、繰り返して読んでいる。時代はすでに大東亜戦争に入っており、東北の小都市には、佐々木邦全集の舞台になっている東京の中産階級、あるいは大都会のサラリーマン階級の生活様態を示すものは何もなかった。それは甘美なユートピア物語を読むようなものであった。

今、その発行年を見ると昭和五年（一九三〇）から六年にかけてである。全集に収録された作品や題材は、それをさかのぼる一〇年間ぐらいのものであるから、だいたい軍を政治が抑《おさ》える方向にあった時期、つまり、大正デモクラシーから昭和の初期、満州事変以前の日本が取り扱われている。

私は、この全集が出はじめた年、すなわち、昭和五年――統帥権干犯問題の年――に生まれ、それから約一〇年経《た》った頃から読み出したことになる。つまり、小学校が国民学校に変えられた昭和十六年（一九四一）頃から佐々木邦を読み、そこにユートピアを見たのだった。

ユートピアとは語源的にはno-place、あるいはnowhereであって、どこにもない国のこと、しかし憧憬《どうけい》すべき国という意味であるが、まさに佐々木邦全集は昭和十六年以降の日本においては、どこにも存在しない極楽島物語みたいなものだった。私が中学校に入った昭和十八年の日本は、軍人万能国家の様相を示しはじめていた。中学の配属将校の少尉（将校の最下位）が会社の重役や社長よりもえらい人のように少年の目には見えはじめたし、一向《いっこう》に要領をえない数学の老教師が海軍中佐だったということで尊敬されていた頃である。

まさにその頃、私は佐々木邦全集の中で、たとえば『閣下』(全集第七巻所収)という短篇を読んだのである。

「私の家は両隣りとも陸軍大佐《たいさ》である。予備《よび》か後備《こうび》か知らないが、盆栽《ぼんさい》を弄《いじ》ったり謡曲《うたい》を唸《うな》ったりして、先悠々自適《まずゆうゆうじてき》というところだった。目黒《めぐろ》もこの界隈《かいわい》は筍《たけのこ》と共に軍人の古手《ふるて》が多い。丘麓《おかふもと》の片側町《かたがわまち》三十何戸《なんこ》は半数《はんすう》まで陸海軍将校の侘住《わびずま》いである。そしてそれが大抵中佐《たいていちゅうさ》か大佐の恩給《おんきゅう》取りだ……」

で書き出している。主人公は小林という会社の中堅社員である。時代の設定は大震災の二年前、つまり大正十年(一九二一)ということになっている。

つまり、原敬が暗殺され、大正天皇が御不例のため、皇太子(昭和天皇)が摂政《せっしょう》になられた年、すなわち、昭和が実質的にはじまった年ということになる。世界的に軍縮ムードだった。

その頃の目黒は孟宗藪《もうそうやぶ》が多く、それが一〇〇坪か二〇〇坪に区切って貸し出されていた。目黒駅に歩いて一〇分か十数分のところが坪四銭の地代である。家は自分で建てる。こういう記述は何しろ同時代の人のための読物であるから、佐々木邦はきわめてリアルであり、また風俗資料としても面白いし、信頼もできる。

　ここで分かることは、原内閣の頃には、佐官級の退役軍人たちが目黒あたりの郊外に一〇〇坪か二〇〇坪の土地を借りて、しきりに家を建てていたということである。その数は住民の半数ぐらいというから、相当な数だ。主人公は現役の会社員であるが、この人を大正デモクラシーの中流階級とすれば、それと同じくらいの生活を恩給（年金）暮らしの将校はやっていた。悠々たる生活である。たいてい佐官なのであるが、その中に一人だけ少将だった人がいて、みんなに「閣下」と呼ばれている（子どもの私は、少将以上の陸軍軍人の敬称が閣下であることを、このようにして知った）。

　主人公の小林氏は、閣下といえば、かなり威張《いば》るものと思っていたが、それは考え違いで、かえって自分の会社の重役よりも腰が低いことを知った。この閣下は、自分の息子は小説家になって世道人心《せどうじんしん》の悪化に努《つと》めていることをこぼすが、娘は二人とも陸軍の軍人に嫁《かたづ》いていて、そこではどっちも男の子が生まれていることを喜んでいる。男の孫は軍人にするように遺言《ゆいごん》するつもりらしい。

　また、閣下はこんなことも言っている。

「我輩《わがはい》はこの頃怪《け》しからんことを発見した。海軍の将校には途上《とじょう》や電車の中は背広服にして、本省に出仕《しゅつし》してから軍服に着替えるものがある。苟《いやし》くも軍人たるものが軍服を恥とするようになってはお仕舞《しまい》です。陸軍には流石《さすが》に未《ま》だそんな不心得《ふこころえ》ものはないようだが、斯《こ》ういう弊風《へいふう》は直《す》ぐに感染するからな。油断がならない」

これを読んで、私は軍人が日本の社会の中で肩身の狭い思いをして暮らしていた時代のあったことを知った。それも大して昔のことではない。私の姉が生まれた頃の話なのである。しかし、物心がついてからは、軍服から後光が射すような時代であった。軍人が軍服を着たがらないような日本――それは私の小学校時代には、どこにも実在していなかった。

今は年代的に詳《くわ》しく遡《さかのぼ》ってたどってみることができる。軍人が軍服を着ることを恥じる時代が一転して、軍人に非《あら》ずんば人に非ずというようになったのは、まさに私が生まれた昭和五年のあの騒ぎ――統帥権干犯《とうすいけんかんぱん》問題――であったことを、明らかに知るのである。日本の議会制民主主義の発展に死刑を宣したのは統帥権干犯問題である。昭和の悲劇のもとのもとは、ここにあるのだ。

(3) 軍部が無能者集団と堕《だ》した真相

「二重政府《ダブル・ガバメント》」の悲劇と二・二六事件

浜口《はまぐち》（雄幸《おさち》）首相は文官でありながら、陸軍大臣代行、海軍大臣代行をも務《つと》め、文民統治を最も進めた形で体験した人であると言ってよい。しかし、ひとたび統帥権干犯問題が起こるや、東京駅頭において狙撃され重傷を負い、数カ月後に死亡した。それからは「パンドラの箱」の蓋《ふた》が開けられたようなものであった。明治憲法の欠陥が年を逐《お》うごとに大きくされていったという感じである。

大正デモクラシーから浜口内閣に至るまでに到達した文民統治が、いかに崩れてゆくかをざっと見てみよう。

浜口内閣が倒れた五カ月後の昭和六年（一九三一）九月には、満州事変が起こった。この事変の本質は、出先の軍隊が政府の言うことをきかなくなったということに尽きる。翌昭和七年には満州国の建国宣言がなされた。明らかに、政府はひきずり廻されたのである。また、五・一五事件（昭和七年）が起こって、青年将校は憂国の至情があれば、首相を殺しても大した罪にはならないことを証明した。この時に殺された首相犬養毅《いぬかいつよし》が、統帥権干犯問題を政治問題にした責任者の一人だったことを考えると、因果応報みたいなものを感じざるをえない。

満州事変について、日本は国際連盟から批判されることになった。この時、満州事変を調査したリットン報告に基づいて、国際連盟が対日勧告案を採択するようだったら、日本は国際連盟を脱退することも辞さないと言明したのは、陸軍省の方が閣議決定よりも一週間も早かった。軍が関係したことは統帥権の問題であるから、それが外交に関係したことでも外務省、つまり政府と関係なく声明できるということを示した。外国から見れば、日本は確かに二重政府《ダブル・ガバメント》の国になってしまった。

統帥権干犯問題が起こってからは満州事変や五・一五事件をはじめとして、未発に終わったものを入れれば、三月事件（昭和六年の陸軍青年将校によるクーデター計画発覚事件）、十月事件（昭和六年の陸軍将校を中心としたクーデター計画発覚事件）、桜田門《さくらだもん》事件（昭和七年一月に起きた天皇暗殺未遂事件）、血盟団《けつめいだん》事件（昭和七年に起きた右翼団体のテロ事件）、神兵隊《しんぺいたい》事件（昭和八年に発覚した右翼のクーデター未遂）など、数え切れないほどの事件がある。大正デモクラシーの小春日和《こはるびより》は、昭和五年を境《さかい》として物情騒然と言うべき昭和になり、ついに昭和十一年の二・二六事件に至った。

内大臣斎藤実《さいとうまこと》（元首相、海軍大臣、海軍大将）、大蔵大臣高橋是清《たかはしこれきよ》（元首相）、教育総監渡辺錠太郎《わたなべじょうたろう》（陸軍大将）などが殺され、侍従長鈴木貫太郎《すずきかんたろう》（海軍大将、終戦時の首相）は重傷、首相岡田啓介《おかだけいすけ》（海軍大将、元海軍大臣）も、わずかに人違いされたおかげで助かった。そして、蜂起《ほうき》した青年将校と、それに率《ひき》いられた兵士たちは永田町《ながたちょう》一帯を占拠して立ち退《の》く様子はなかった。

首府の一部が叛乱軍に占拠されるという未曾有《みぞう》の事態が生じたのであったが、天皇が、いわゆる蹶起《けっき》した者たちを叛乱軍と判断して揺るがなかったこと、また、参謀本部も叛乱軍討伐の方針を立てていたので、事態はそれ以上拡大せずに収拾された。

しかし、その傷跡は大きかった。「粛軍《しゅくぐん》」ということがしきりに言われたけれども、軍は一向《いっこう》に「自粛」する様子はなく、政府に対しては、ますます強い立場を取るようになった点が重要である。

二・二六事件の重大な後遺症

岡田内閣の後の首班として、元老西園寺公望《さいおんじきんもち》が最初に推挙したのは貴族院議長近衛文麿《このえふみまろ》であったが、近衛は健康上の理由で辞退し、岡田内閣の外務大臣であった広田弘毅《ひろたこうき》に組閣の大命が降下した。

二・二六事件で陸軍がやった粛軍と言えば、最年少の三人を残して陸軍大将を全部現役から外《はず》すということだった。これが陸軍省の各課、参謀本部の全部員の一致した意見だったが、これは、勘繰《かんぐ》れば、一番上の人たちを早く現役から外せば、それだけ自分たちの出世が早くなる、という組織内力学による、と言ってよいかもしれない。

たとえば、二・二六事件の時、関東軍司令官であった南次郎《みなみじろう》大将は、陸軍の長老として責任を感じて退官を願い出ている。外地にいた大将が、東京で起きた事件で辞表を出すというのも責任の取り方としてはおかしいようであるが、何か不祥事があったら上層部がごっそり辞めて、後進に道を譲《ゆず》るのが、組織の若返りのためによいのだという慣習ができつつあったとも思われる。

いずれにせよ、それまで一〇人いた現役の陸軍大将のうち七人が一挙に予備役にまわり、現役の大将は、突如、たった三人になってしまった。すなわち、植田謙吉《うえだけんきち》（陸士第十期）、西義一《にしよしかず》（同第十期）、寺内寿一《てらうちひさいち》（同第十一期）である。そして、植田は関東軍司令官として満州の責任者となり、西は教育総監となり、残る寺内は広田内閣の陸軍大臣になるよう求められた。

だが、寺内は入閣に先立ち、組閣の方針や他の閣僚予定者の顔触《ぶ》れを聞き、著《いちじる》しく不満があるとして、入閣を辞退することにした。

その時に談話として発表されたものによれば、大臣予定者の中には、まだまだ自由主義的色彩のある者がいたり、現状維持派や消極政策派がいるということであった。具体的に言えば吉田茂《よしだしげる》（戦後の首相）、下村宏《しもむらひろし》（新聞界出身）、小原直《おばらなおし》（法曹界出身）、中島久万吉《なかじまくまきち》（実業界出身）、川崎卓吉《かわさきたくきち》（内務省出身）などが気に入らない、というのである。

かつて清浦《きようら》（奎吾《けいご》）鰻香《まんこう》内閣（六九ページ参照）においては、海軍大臣を頼まれた加藤友三郎《かとうともさぶろう》が、建艦予算の約束を求めたため、内閣が流産したのであった。これも、軍の力で内閣ができなかったわけで問題となったが、しかし、これはド級戦艦革命の建艦計画実施中のことゆえ、予算が中断されては船台の上で造りかけの船が立ち往生するという心配から出たものので、同情の余地があった（事実、国際環境が変わると、加藤は後には軍艦を削減する側にまわったのは先に見たとおりである）。

ところが、寺内寿一の注文は、他の閣僚の思想傾向、政策態度を問題にしているのであって、「俺の気にくわない奴を大臣にするような内閣は作らせないぞ」と言うに等《ひと》しかった。陸軍が大臣を出さなければ内閣は成立しない。

ただ、山本権兵衛内閣の時、木越安綱《きごしやすつな》の英断によって、陸・海軍の大臣・次官は現役でなくてもよいことになっていたのであるから、広田が山本ほどの勇気を持てば、多くいる予備役・後備役の大将・中将から陸軍大臣を選ぶことは可能であった。

しかし、またふたたび二・二六事件みたいなものを起こされては困るという配慮のためか、暗殺を恐れてか、あるいは、その時代の空気のせいか、広田はそれをしなかった。あるいはできなかった。

吉田、下村、小原は広田内閣を成立させるため、入閣を辞退した。それで陸軍との妥協が成立し、広田内閣が成立した。そして、広田内閣が成立してから二カ月ちょっと経《た》った昭和十一年（一九三六）五月十八日には、寺内寿一陸相と永野修身《ながのおさみ》海相の共同提案という形で、陸・海軍大臣および次官を現役の軍人とすることにし、その旨《むね》、勅令が出された。

この時に使われた口実は、現役でない大将でも大臣になれるということになると、二・二六事件の裏にいたと言われる真崎甚三郎《まざきじんざぶろう》大将（二・二六事件の前年に教育総監を更迭《こうてつ》され、後に予備役）のような人が内閣に入る可能性がある、ということだったようである。

とにかく、これによって山本・木越のやったことは水泡に帰し、今後は、軍部の賛成を得ない組閣は一切不可能となるであろう。つまり、日本の政治は結局、二・二六事件の後始末のどさくさまぎれに、軍に乗っ取られたのである。それをもとにもどすことは、明治憲法の下では統帥権問題を持ち出される限り、どうしようもないのだ。

二・二六事件の後遺症

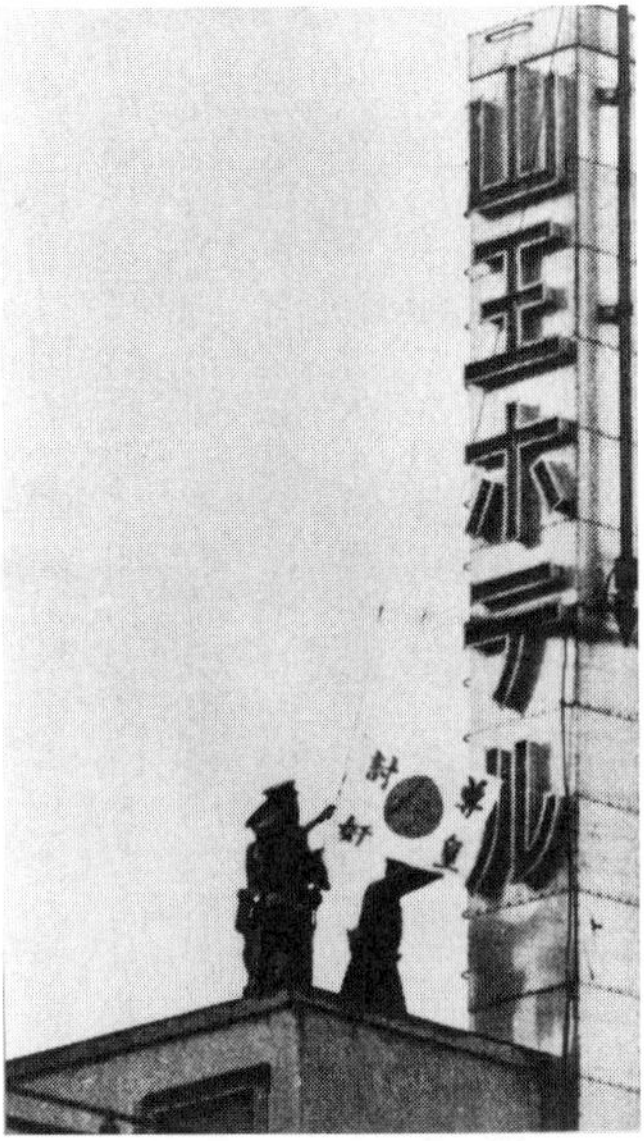

二・二六事件は、かえって軍の発言力を強めた。以後、内閣の命運は軍部大臣が握ることになる。写真は山王ホテルを占拠した叛乱軍。

立憲政治を完全に葬《ほうむ》った広田《ひろた》内閣

もちろん、政党政治家たちも黙っていたわけではない。

たとえば、二・二六事件のあった年の五月に開かれた第六十九特別議会において、民政党の斎藤隆夫《さいとうたかお》は歴史に残る軍部批判演説をした。

彼は軍人の政治運動は国権・国法の禁ずるところであるにもかかわらず、青年将校の一部には国家改造を論じ、政治運動に加わっているものがあることを指摘し、また、三月事件や十月事件は未発に終わったが、その時の軍当局の措置《そち》が徹底していなかったため、五・一五事件や二・二六事件を発生させるに至ったのではないかと問い糺《ただ》した。また、斎藤は語を継いで、二・二六事件という大不祥事を起こして自粛すべき軍部が、先般の広田内閣の組閣に当たって、しきりに干渉したのは立憲政治の大精神に背《そむ》くものであると痛撃した。

驚いたことには、これに対して寺内陸相は同感の意を示し、「軍人勅諭《ちよくゆ》」にあるとおり、「軍人は世論に惑《まど》わず、政治に拘《かかわ》らず、唯々一途《ただただいちず》に己《おの》が本分の忠節を守る」というのが、自分たちの信念であると答えた。そして、現役軍人は国会議員法や陸軍内の諸法規によって、政治活動や政治的意見の公的表明は禁じられていることも認めた。

これが大正デモクラシーの時代であったならば、議会制民主主義の一里塚になるはずであった。しかし、昭和五年以後の陸軍の内部は変わっていた。寺内陸相は、あとで軍組織内の統帥権論者たちに突き上げられたらしい。そして、この寺内陸相の反省の情の顕著な議会答弁から、わずか一一日後の五月十八日には、陸・海軍大臣を現役の軍人に限る旨《むね》の勅令が公布され、内閣は軍の意志に背くわけにはいかないことが確定したのである。

それでも斎藤隆夫らの代議士は軍の政治関与批判を止《や》めず、半年後の昭和十一年（一九三六）十一月五日には民政党代議士の有志が軍人の政治関与排撃決議をしている。

これに対し、寺内陸相はその翌日に、陸軍は憲法を守るという趣旨の談話を発表した。しかし、そんなことは大勢に少しも関係なくなっていたのである。

明治憲法遵守は統帥権の独立を認めることだという解釈が、軍の内部でも社会でも確立してきていたからである。憲法をよく守れば守るほど、軍は内閣や議会の言うことを聞く必要はない。軍閥にとっては、まことに憲法は便利なものになった。

しかし、議員の中には、まだ憲政を守ろうという最後の努力をする人たちが、いくらかはいた。昭和十二年（一九三七）ともなれば、もはや軍に反抗するのは、龍車《りゅうしゃ》（天子の車）に刃向《はむ》かう蟷螂《とうろう》（かまきり）の斧《おの》のような感じである。

昭和十二年一月二十一日、政友会の浜田国松《はまだくにまつ》代議士は、最近の軍部は挙国一致《きょこくいっち》体制と称して、憲政の常道を排除するような主張をし始めていると伝えられるが本当か、と寺内陸相に問い糺《ただ》した。

これに対して寺内は、浜田の言葉には、軍人に対して聊《いささ》か侮辱される感じのところがある、と言った。このやり取りから、いわゆる「腹切り問答」が出てきた。浜田は「速記録を調べて、僕が軍隊を侮辱した言葉があったら割腹してお詫びする。なかったら君が切腹せよ」と迫《せま》ったのである。

陸軍大将相手の腹切り問答は、今から見れば「揚《あ》げ足取り」、あるいは「言葉尻《ことばじり》」をとらえた論争であるが、二・二六事件後の雰囲気で、軍に対してこれだけ言うためには、浜田代議士は死ぬ覚悟だったに違いない。実際、これが議会（政治）の側から軍部に対してなされた、最後の一つ前の批判演説と言ってよいものになった（最後の反軍演説は一三八―一三九ページ参照）。

ここでやはり注目すべきものは、最後の議会人とも言うべき斎藤隆夫や浜田国松の経歴である。

斎藤は、東京専門学校を出て弁護士になり、後にアメリカのイエール大学に二年ほど留学して帰国、それから議員生活に入り、浜口内閣や斎藤内閣で、内務政務次官をやった根っからの民間人である。

浜田は、師範学校を出て一時は小学校教員をやっていたが、上京して東京法学社（後の法政大学）を卒業し、弁護士となり、それから議員生活に入り、司法政務次官や衆議院議長も務《つと》めた、これまた根っからの民間人である。これは原内閣の時に、陸・海軍大臣任用の規定から現役の制限をはずそうと頑張《がんば》った西村丹次郎《にしむらたんじろう》や植原悦二郎《うえはらえつじろう》の経歴を思い出させる（八七ページ参照）。

どちらも日本の私学で学び、留学した先はアングロ・サクソンの国である。明治憲法は、根本的にドイツ帝国的であったから、その産物であった軍部大臣の制度を本当に批判するガッツがあるのは、根っからの民間人で、私学に学び、留学した外国は英米という議員だけだったのである。

帝国大学を出た人は官僚として出世する道があり、陸海軍の学校を出た人は軍官僚として出世する道があった。また明治体制はそうできていたのである。

特に昭和七年（一九三二）には、文官分限令《ぶんかんぶんげんれい》が改正になり、政党が介入できないように文官の身分が制度的に保証されるようになった（官吏の罷免《ひめん》は分限委員会の諮問《しもん》を必要とし、恣《し》意《い》的処分を禁止した）。これはとりもなおさず、官僚の政治勢力の強化に連《つら》なり、いわゆる「新官僚」が国政を左右するような官僚国家への道を開いたことになる（「新官僚」については二六八―二六九ページ参照）。

政治的野心のあるものは、議員になるよりも帝国大学を出てエリート官僚になるほうが早いことになった。その点では、さらに一歩ドイツ帝国に似てきたことになる。それで、議員は私学出、官僚は帝国大学か陸大・海大というパタンがますますはっきりしてきたうえに、昭和が進むにつれて、どんどん後者が優勢になった。この軍官複合体となりつつあった日本において、斎藤隆夫や浜田国松が議会で奮闘するさまは、議会の喝采《かっさい》は博したものの、蠟燭《ろうそく》が消える直前に燃え上がるのにも似ていた。

民間人に切腹問答をふっかけられ、切腹もできずに退場した現役の陸軍大将寺内寿一の無念さは想像に難《かた》くない。当時は民間人のほうが軍人よりも決死の覚悟であった。その夜に開かれた臨時閣議において、寺内陸相は広田首相に議会の解散を主張した。寺内は議会で辱《はずかし》められたと感じたのである。浜田の切腹問答に万雷の拍手を送った議員どものいる議会は、民意を反映しているわけはないから解散してしまえ、というのだから無茶な議論である。

議員出身の閣僚たちは「そんな馬鹿な解散は憲政の常道に反する」と言って反対したが、寺内は譲らなかった。一人でも断乎《だんこ》閣議に従わずに辞任すれば、内閣は閣内不統一で総辞職するより仕方がない。陸軍大臣の注文に応じて閣僚候補のすげ替えをして成立した広田内閣は、議会で恥をかかされた同じ陸軍大臣のゴリ押しで瓦解した。その後に残されたものは、陸・海軍大臣および次官を現役にするという制度と、軍拡方針を定めた国策の基準の設定と、日独防共協定調印（昭和十一年＝一九三六年十一月）という、いずれも日本の命取りになることばかりだった。

極東軍事裁判（東京裁判）のA級戦犯で死刑になった唯一の文官は広田弘毅《ひろたこうき》だけである。この死刑の理由になった侵略戦争の共同謀議などというものは実存しなかったのだから、判決は不当と言ってよい。

だが、日本人の立場から言えば、広田内閣の時に、議会制民主主義の可能性はすべて潰《つぶ》されたのである。もちろん、広田は軍国主義者でもなければ、議会主義反対者でもなかった。むしろ事態は志《こころざし》の反対の方に行ったと言ってもよいのであり、広田はむしろ同情されるべきであろう。しかし、政治の世界は動機論の世界でなく、結果論の世界であるとすれば、広田内閣が実質上、日本の立憲政治を葬《ほうむ》ったという事実はなくならない。

「陸軍を抑《おさ》える自信はあるか」と問うた天皇

広田内閣の犯《おか》した誤りは、その崩壊後に直《ただ》ちに現われた。

この内閣を倒したのは明らかに陸軍である。陸軍を抑《おさ》えることのできる人でなければ首相になれないことは明白であった。そこで、元老西園寺公望が後継内閣の首班として選んだのは宇垣一成《うがきかずしげ》であった。宇垣は加藤高明《かとうたかあき》内閣の時に陸軍大臣として四個師団削減という空前絶後の陸軍の軍縮をやってみせた人である（九八ページ参照）。陸軍内にそれに対する反感があったとしても、すでに一二年も前のことであるから、もう大丈夫という感触が伝えられていた。ところが大丈夫でなかったのである。

宇垣は呼び出されて昭和十二年（一九三七）一月二十五日の夜中の一時四十分、天皇陛下に拝謁《はいえつ》した。

天皇陛下はこの時、御年《おんとし》三六歳の若さでいらっしゃったが、大正十年（一九二一）に摂政《せっしょう》になられてから、すでに一五年以上経《た》ち、日本の政治の上層部の問題については西園寺を別とすれば、誰よりも精通しておられたのである。在任期間の長い首相でも二年ぐらい、半年ぐらいの首相もいたのに、ひとり天皇陛下だけは、高橋是清内閣以来、一三代もの首相を任免するという体験をお持ちで、それぞれの内閣の総辞職の理由も、新内閣出現の理由もよくご存じであった。

それで、夜中に宇垣大将が参内《さんだい》してきた時、

「今度、新しい内閣を組織してもらいたいが、自信はどうか」

という趣旨の御下問《ごかもん》があったという。大命降下の際に相手に「陸軍を抑《おさ》える自信はあるか」と尋《たず》ねられたことは、異例のことでもあり、まさにそれが問題の本質でもあったのである。

宇垣は即答せず、実情をよく調べたうえで、数日後にお答え申し上げることにして退出した。

ここでも問題になるのは、誰を陸軍大臣にするかである。かつて宇垣は、陸軍の王者の感があった。しかし、宇垣は昭和六年（一九三一）の三月、浜口内閣の末期に橋本欣五郎《はしもときんごろう》らの青年将校や大川周明《おおかわしゅうめい》らの右翼が計画した三月事件に担《かつ》がれかかったことがあった。これは未発で終わったが、それは宇垣の変心のためだということが、関係者の間では信じられていた。

真相は不明の部分が多いが、宇垣は翌月に陸軍大臣を辞任、同年六月朝鮮総督になり予備役に入った。それから約五年あまりその職にあって、二・二六事件の約半年後に日本に帰ってきたのである。

現役と予備役の差があるうえに、陸軍部内の五年間の人事の交代は激しいものがあって、すでに宇垣が影響力を揮《ふる》うことのできる工合《ぐあい》ではなかった。特に陸軍省の局長・課長級の将校や、参謀本部の石原莞爾《いしはらかんじ》らが宇垣に反対した。

満州国誕生で国民的英雄になり、かつ二・二六事件では叛乱軍断乎《だんこ》討伐方針で陸軍部内で威信を高めた石原莞爾が、宇垣組閣反対の議論を引っぱって行った。そして今や、陸軍が現役の将官を大臣として出さなければ内閣は成立しないのだ。もし、これが一年前、否《いな》、八カ月前であったならば、まだ陸・海軍の大臣は現役将官でなくてもよかったから、宇垣が陸相を兼任しえたであろう。

宇垣は陸軍の中でも稀《まれ》に見る剛愎《ごうふく》な人であったから、「陸軍が大臣を出さないなら俺がなってやる」と言ったかもしれぬ。しかし、彼は朝鮮総督になった時、予備役になり、もう現役の大将ではなかったのである。

だが、宇垣は簡単にはあきらめなかった。当時憲兵司令官だった中島今朝吾《なかじまけさご》(後の、いわゆる南京《ナンキン》大虐殺事件の責任者であったという説もある)が、宮中に参内する宇垣の車を途中で停《と》めて、陸軍の若い連中が反対している事情を述べて組閣を断念するよう勧《すす》めた時も、宇垣は暗殺を少しも恐れていないことを示した。二・二六事件のような軍隊の叛乱のおそれはないことだけ確かめると(中島は憲兵司令官という立場上、叛乱軍のおそれがあるなどとは言えなかったのであろう)、中島の忠告に感謝して、そのまま宮中に向かったという。

陸軍の中央部が大臣を出さないということが明らかになると、宇垣は自分が陸軍大臣の頃に目をかけて軍務局長に登用した小磯国昭《こいそくにあき》中将(大戦末期の首相)を朝鮮から呼ぼうとした。小磯はその時、朝鮮軍司令官であった。小磯は三月事件にも関与していたし、宇垣の頼みなら聞いてくれる可能性があると思われたのであろう。しかし、小磯は日露戦争に少尉として参加して以来、主として軍部官僚として出世してきた人物で、ここ一番という時の発想の仕方にも官僚的なところがあった。

小磯が宇垣に出した答えは「三長官が同意なら陸軍大臣になります」というのであった。

三長官というのは参謀総長、教育総監、陸軍大臣のことである。陸軍大臣を出すのに三長官の同意が要《い》るという慣習（内規）ができたのも、かつては宇垣がらみの話であった。

大正十三年（一九二四）、清浦奎吾《きようらけいご》内閣ができる時、陸軍大臣をめぐって長州閥の田中義一《たなかぎいち》と九州閥（ただし薩摩《さつま》は除く）の上原勇作《うえはらゆうさく》の間に衝突があった。田中は宇垣一成を推《お》し、上原は福田雅太郎《ふくだまさたろう》を推して、互《たが》いに譲らなかった。

この時、清浦内閣の前の山本権兵衛《やまもとごんべえ》内閣の陸相であった田中は、陸軍士官学校の同期生として長州閥を作っていた大庭二郎《おおばじろう》教育総監（長州藩）と河合操《かわいみさお》参謀総長（豊後《ぶんご》杵築《きつき》藩）と話し合って、前陸相・総長・総監の陸軍三長官がこぞって宇垣を推して、清浦内閣の陸軍大臣にすることに成功したのであった。

三長官一致の推薦で陸軍大臣を決めるというのは、こうした陸軍内部の派閥争いの結果できたものであって、内規と言っても不文律《ふぶんりつ》であり、いかなる法的根拠も有しないしろものである。

この真相は当事者の一人である宇垣はよく知っていた。だから、現役の陸軍中将である小磯国昭へ陸相就任を頼んだのである。しかし、小磯は「三長官が同意しているならなります」という官僚的答弁だったから、宇垣は怒りもし、失望もした。三長官同意の候補者があるぐらいなら、わざわざ朝鮮の軍司令官に頼みはしない。

天皇に拝謁《はいえつ》できぬ首相候補

宇垣は、それでもあきらめなかった。明治憲法の欠陥から生じた陸相人事の行き詰まりを、明治憲法によって克服しようとしたのである。

すでに自分には天皇から組閣の大命が降下している。それなのに、陸軍が大臣を出さないとごねているのは、結局、統帥権や編制権が天皇大権であり、内閣と独立しているという解釈を採《と》っているからである。それならば、直接天皇に天皇大権を発動してもらえばよい。天皇陛下から、直接に陸軍に対して「宇垣の指名する者を陸軍大臣として出せ」と言ってもらえばよいということになる。

ただ、ここに制度上の問題があった。宇垣には直接、天皇に会ってお願いする道が開けていないことである。

現職の参謀総長ならば帷幄上奏権《いあくじょうそう》があるから、上原勇作がやったように、また長谷川好道《はせがわよしみち》がやったように天皇に直接拝謁することをお願いできるのだが、予備役の大将は内大臣に取り次いでもらわなければならなかった。ところが内大臣湯浅倉平《ゆあさくらへい》は、どんなに宇垣が哀願しても絶対に取り次ごうとしなかった。湯浅は東大出の内務官僚として出世し、二・二六事件の時は宮内大臣であったがその処置は適切であり、その後間もなく内大臣となり、天皇の側近の第一と称せられていた。

なぜ湯浅が、宇垣の切《せつ》なる願いに冷たかったのかは分からない。天皇に問題が及ぶのを懼《おそ》れたのかもしれないし、首相になったら宇垣が暗殺されることを心配したのかもしれない。動機は何であれ、湯浅のこの出方によって、宇垣は組閣を断念せざるをえなくなった。かくして、「陸軍が反対すれば内閣はできないのだぞ」ということを天下に歴々《れきれき》と示すことになったのである。

ここにも明治以来の体制の欠陥がよく出ている。天皇から組閣の大命を受けた首相候補者が、天皇と会うわけにいかない、というのは不思議な制度と言うべきではなかろうか。これも今から言えばの話であるが、宇垣が最初に参内《さんだい》する前に、陸軍が反対であることは知っていたはずだし、大臣の現役制の意味も彼ほどよく知っていた者はいない（木越安綱《きごしやすつな》に反対して怪文書を出したのは若き宇垣だったのだから。九八―九九ページ参照）。

だから「組閣の自信ありや」と天皇に聞かれた時に、「現役制でなければならないという制限を緊急に停止する勅令を出していただきたい」とか、「陸軍が大臣を出さないことは許さない」とかいうお言葉をもらっておくべきだった。統帥大権は天皇にあるのだから、それは効《き》いたであろう。しかし、それは後知恵《あとぢえ》である。あるいは、さらに勘繰《かんぐ》って考えれば、湯浅は宇垣の願いを天皇に取り次ぐことは、天皇御自身に危険が及ぶことを心配したのかもしれない。

真相は不明ながら、二・二六事件前後には、立憲的な考え方の強い天皇よりも秩父宮《ちちぶのみや》を担《かつ》ごうという青年将校の動きがあるという噂もあった（「秩父宮様、みんなの宮様」という歌があったが、それが二・二六事件の後に、急に禁じられたという体験を私も子どもの時に持っている）。

二・二六事件関係者や右翼の一部には、二・二六事件における天皇の態度を逆恨《さかうら》みしている者がいた。これは戦後の右翼の親玉と言われた児玉誉士夫《こだまよしお》（ロッキード事件にまきこまれたが病死）の天皇退位論まで連《つら》なっている。

いずれにせよ、宇垣は国民環視の中、四日間も組閣のため全力を尽《つ》くしたにもかかわらず、陸軍大臣を得ることができないために、組閣の大命を拝辞することになった。この時、天皇に拝謁してこのような仕儀になったことを詫《わ》びた宇垣は、「陸軍の今後の動向だけはまことに憂慮に堪《た》えません」と涙ながらに言上して退出したという。

その頃、私も『キング』のグラビアで組閣を断念した宇垣が汗（涙か？）を拭《ふ》いている姿を見た記憶がある。その原因が郷里出身の英雄、石原莞爾の画策であるということは、当時、知る由《よし》もなかった。

宇垣流産内閣ほど国民に軍の横暴を印象づけたものはない。これ以後は文官が首相になったとしても、それは軍の傀儡《かいらい》政権にすぎないだろうということは誰にも明らかであった。この記憶がいかに多くの国民の記憶の中に鮮明に生きていたかは、戦後の選挙によく現われている。

昭和二十八年（一九五三）四月、参議院全国区の選挙がはじめて施行された時、当時八四歳の宇垣は立候補し、何と五〇万余の票を集めて第一位で当選したのである。昭和二十八年と言えば、まだ戦前のことを憶《おぼ》えていた人が多かった。シナ事変、次いで大東亜戦争への突入は、多くの日本人にとっては痛恨極《きわ》まりないことであった。そういう時代の流れが顕在化したのは宇垣内閣の流産であるという印象があった。

何しろ宇垣が組閣を断念してから半年後には、かの忌《いま》わしいシナ事変が始まったのだから。

国民が拒否した軍人内閣

宇垣内閣が流産すると林銑十郎《はやしせんじゅうろう》陸軍大将が首相となった。林を担《かつ》いだのは石原莞爾を中心とする陸軍の中枢部にいた中堅の将校たちだった。当時、参謀本部作戦部長であった石原は、ソ連の五カ年計画に相当するような産業計画や軍拡を考えていた。そのためには、有能な宇垣からは押さえこまれるおそれがあるから、無能な林を担ごうということだったらしい。

統帥権干犯問題が出てわずかに七年足らずで、軍の眼中には政治家などはなくなってきていた。林内閣は予算案を通して議会が閉会になるという時に突然解散を行なった。いわゆる「食い逃げ解散」であるが、その議会解散の理由というのが振るっている。

今の議員たちは堕落して非常時をよく理解しないから、もっと質のよい議員と入れ換えるというのである。国民が選んだ議員だということは念頭にない。もし、総選挙の結果、政府に反対する議員が多数だったら何度でも解散を行なう、というのであった。似たような発想を広田内閣の末期に寺内陸相が示したことがあったが、軍という命令組織に慣れた者には、反対する政党というものが怪《け》しからんものに思われたらしく、あたかも敵国の軍隊を戦場で殲滅《せんめつ》するがごとく、政府の言うことをきかない政党人を潰《つぶ》そうというわけである。このアイデアは石原莞爾のものと言われるが、本当だとすれば、石原は議会というものも国民の選択というものも、まったく理解していなかったことになる。「世間を気にすることはない」というのは石原の信条であった。

実際、総選挙をやってみると、林内閣に味方した議員はことごとく落選し、議会は反政府の党員だけといった状態になった。昭和十二年（一九三七）において、日本の選挙民は、軍人内閣を支持する議員はほとんど一人も当選させていないのだ。これは特筆に値《あたい》する。当時は普通選挙であって、成年男子は誰でも投票権があった。だから、これは日本人の総意であると言ってよい。これだけ明確に国民の総意が選挙で示されておりながらも、その逆の方向に政治が行ったとすれば、それは、そんなことのできる憲法に欠陥があったに違いないということになる。

憲法の致命的欠陥の露呈

総選挙の惨敗を見て、さすがの林首相も「二度でも三度でも解散して政党を追撃する」とも言い続けるわけにもいかず、四カ月の短命内閣で終わった。

そして、昭和十二年（一九三七）の六月四日に陸軍に受けのよい第一次近衛内閣が成立したが、それから約一カ月後の七月七日に盧溝橋《ろこうきょう》で日中両軍の衝突が起こり、いわゆるシナ事変（後の日華事変、戦後は中日戦争とか日中戦争とか呼ぶ）は政府の不拡大方針にもかかわらず、全面戦争の様相を呈してゆく。かくして、同年十一月二十日、大本営が宮中に設置された。つまり近衛内閣は戦時内閣になったのである。

政府が「不拡大方針」と国民や世界に言い続けているのに、出先の軍隊はどんどん戦争を拡大している。いったい、国の戦争指導はどうなっていたのであろうか。この時の戦争指導ほど、明治憲法の欠陥が露骨に出たことはない。そして、それは敗戦の日まで続くのである。

明治憲法第十一条の「天皇ハ陸海軍ヲ統帥ス」という条項に応ずる平時の制度は、参謀本部（陸軍）と軍令部（海軍）であった。むずかしく言えば天皇の統帥権を行使するための輔《ほ》翼《よく》機関である。ところが、戦時になると大本営が設置される。これは参謀本部や軍令部と大幅に重なるが、同じではない。

すなわち、大本営は陸軍部と海軍部に分かれる。大本営陸軍部は参謀総長以下、参謀本部の主要人員から成る司令部組織に、統帥と軍政（明治憲法第十二条の陸・海軍の編制権にかかわる）にまたがる混成事項の輔翼《ほよく》者たる陸軍大臣が、陸軍省の主要人員を従《したが》えて加わったものである。簡単に言えば、大本営陸軍部とは、参謀本部と陸軍省の共同機関であった。同様にして、大本営海軍部は軍令部総長と軍令部の主要人員に、海軍大臣が海軍省の主要人員を従えて加わったものである。

そして大本営は戦時の統帥機関であって、行政府である内閣も首相も、まったく関知しない機構であった。

大本営は戦時中に統帥と軍政を統合調整し、また陸・海軍の共同をスムーズにするためのものである。しかし、これは主として内外に対して最高統帥態勢を誇示するのが主であって、大本営の執務場所は、前のとおり、それぞれ参謀本部、軍令部、陸軍省、海軍省であった。

つまり大本営という一元的機構に見えるものの、実際は名前ばかりで、上記の四機関の仕事のやり方は、大本営が設置される前とほとんど変わらなかった。

一時期、参謀総長と軍令部総長が秘書を連れて午前中だけ宮中の一室で仕事をするという形を採《と》ったこともあったが、電話も旧式でありファックスもなかった時代のこととて、部内の幹部要員などとの連絡が不便だったりして、永続きしなかったという。つまり、日本は大本営を作っても参謀本部と陸軍省、あるいは陸軍と海軍が一元的な統帥をしたわけではなかった。

大本営のかかわることは統帥権の分野のことであり、それは戦場の戦略、つまり「用兵作戦」である。これに対して政府が外交・内政で行なうのは政略である。この政略と戦略の両者を統合調整することは「戦争指導」と呼ばれていた。今日では「国家戦略」、「大戦略」と呼んでいるものである。

戦略は大本営が担当し、政略は政府が受け持つことになるが、この両方を合わせた「戦争指導」はどこがやるか、ということが問題になる。アメリカなら大統領、イギリスなら首相、ナチス・ドイツなら総統、ソ連なら書記長である。今の日本なら首相であるが、明治憲法では天皇御一人《ごいちにん》だけであり、「戦争指導」に関する固有の輔翼《ほよく》・輔弼《ほひつ》の機関はなかった。法制上のどこにも規定されておらず、また慣行的にもどこにも存在していなかった。

日華事変から大東亜戦争へと、日本は当時の流行語に従えば全体戦《トータル・ウォー》に突入した。戦うのは戦場の軍人だけではない。銃後を守る婦人も工場の工員もみんな戦っているのだ、というのが全体戦である。女工員も産業戦士などと言われた。まさに全体戦の時代であるからこそ、政略と戦略を統合調整する戦争指導が必要なのに、それをやる人は名目上は天皇になっているだけで、実は誰もいなかったのである。

大臣一人がごねただけで内閣が潰《つぶ》れるような制度において、首相にそんな大それたことができるわけはない。軍人がいくら威張《いば》っても国家戦略には外交も内政も産業政策もある。それなのに日本は政略と戦略の統合者はいなかった。それどころか、戦略の中でも、陸軍と海軍の意見をまとめうる人もいなかった。

こんな国がずるずると大戦にすべり込んで行った場合、どうなるか。何らの法的根拠のない便宜的な機関でも作るより仕方がない。こうしてできたのが「大本営政府連絡会議」（大本営と同時に設置）である。

最大の悲劇——命令系統なき戦争指導

実体のない組織だから、連絡会議なのである。その連絡するための会議が、日本の戦争指導に当たることになったのだから〝禍《わざわい》なるかな〟と言うべきであった。

明治の頃は憲法を作った当人たちが元気で生きていたから、政府が戦争指導の実権を握っていることに疑念はなく、軍人は戦略に、つまり用兵作戦に専心すればよかった。これは日清・日露の両役、第一次世界大戦、シベリア出兵までは問題がなかった。

しかし、昭和五年（一九三〇）統帥権干犯問題が出てからは、戦略の担当者は政略の担当者とまったく同権、あるいはそれ以上と思いこむようになった。同権な機関の間には命令系統は成立しえず、したがって連絡し合う、つまり根廻しをしたり、談合をするより仕方がないのである。命令系統のない戦争指導――これこそ、昭和が体験した最大の悲劇なのである。

では「大本営政府連絡会議」は、どのような構成メンバーであったろうか。瀬島龍三氏の回顧（前掲書六ページ）によれば、次のとおりである。

政府側――首相、外相、陸相、海相が不動メンバーで、時により蔵相、企画院（経済統制の推進機関）総裁、副総理格の無任所大臣が加わることがある。

大本営側――参謀総長、軍令部総長が不動メンバーで、時に参謀次長、軍令部次長がこれに加わった。

この連絡会議の事務局では内閣書記官長、陸軍省軍務局長、海軍省軍務局長の三人が幹事であったが、戦争末期には総合計画局長官がこれに加わり、幹事は四名となった。この幹事は、つねに連絡会議に出席した。この幹事の補佐には当然のことながら内閣官房、陸・海軍省、参謀本部、軍令部、それに必要とあれば、外務省の戦争指導事務担当者が当たった。

この大本営政府連絡会議は、最初できた頃は必要に応じて開かれただけであった。これによって定められた主なる決定は、次のようなものである。

昭和十三年(一九三八)一月十一日

シナ事変処理の根本方針を決めた。この決定の中には、蔣介石《しょうかいせき》の国民政府が和を求めてこない場合は、以後これを相手にせず、新政権の成立を助けるという超重大な事項が含まれていた。これがいわゆる「蔣介石を相手にせず」という同年一月十六日の近衛《このえ》声明に連《つら》なるのである。参謀本部はその前日の一月十五日の連絡会議では、この和平交渉打切り案に反対だったという。

昭和十三年(一九三八)六月十五日

武漢《ぶかん》作戦、広東《カントン》作戦を行なうことにした。これで事変の規模はシナ全土に及《およ》ぶことになった。

有名無実の「大本営」

大本営は実際、形式的なものにすぎず、むしろ国民を安心させるための道具でしかなかった。ここに「昭和の悲劇」の本質がある。

昭和十五年（一九四〇）七月二十七日
世界の情勢を考えて武力行使を含む南方進出政策を決定した。これは欧米の植民地に直接かかわる問題である。
昭和十五年（一九四〇）九月十九日
日独伊三国同盟を決定（同月二十七日調印）。これによって日本はヒトラーとムッソリーニの味方となり、英米仏を敵とすることになった。

このようにシナ事変は局地の事変でなく、第二次欧州大戦に連なる様相を呈してきた。このため、昭和十五年（一九四〇）十一月以降、大本営政府連絡会議は、毎週一、二回開かれるようになった。このように恒例的になったはじめの頃は、手軽に開くという意味を強調するため、会議という言葉を使わず、翌年の中頃まで懇談会と言った。

つまり、一時は「大本営政府連絡懇談会」になったのである。それがふたたび「連絡会議」にもどり、さらに小磯内閣は昭和十九年（一九四四）八月五日、これを「最高戦争指導会議」と改称した。しかし、実質的内容はその名称の度重《たびかさ》なる変更にもかかわらず、ずっと同じであった。

名は何と呼ぼうと、バラはバラの香りがすると言ったのはシェイクスピアであるが、実質の変更ができないから、せめて名前でも変えてみようということだったのだろうか。ついでながら言っておけば、右に挙《あ》げた重要な決定は、すべて近衛内閣の時代のものであったことも注目に値《あたい》する。

有名無実化した内閣の機能

このように大本営政府連絡会議が国家の最高意思決定機関であるとすれば、内閣との関係はどうなるか。明治以来、政略の最高意思決定が政府であることは明らかであり、法令や詔勅はすべて国務大臣の副署を必要とする（明治憲法第五十五条）。つまり、法律や勅令の形になるものはすべて閣議決定を必要とする。

閣議がこの連絡会議の決定に反対したらどうなるか。大臣は明治憲法に明記された地位と権限を持ち、天皇を輔弼《ほひつ》することになっている。連絡会議などというものは憲法のどこにも書いてないし、法律のどこにも規定されてない。そんな得体《えたい》の知れない連絡会議の決定に従うのはいやだ、と言う大臣が出たらどうなるか。

理論的には内閣が潰《つぶ》れる。しかし、連絡会議のメンバーでない閣僚の単独辞職で内閣を潰した例はなく、かえって皮肉なことには、メンバーの陸軍大臣の辞職で内閣が潰れたことが一度あった。この例外を除けば、連絡会議の決定事項は、統帥に関するものを除いて、もう一度、閣議決定のための別個の議案が作成された。これは、まったく形式的なものであり、単なる手続きにすぎず、反対する大臣は一人もいなかったのである。

つまり、昭和十二年（一九三七）十一月に「大本営政府連絡会議」ができてから、戦争に関しては閣議の決定は実質上は何もなかったことになる。

しかも、大本営政府連絡会議ができ、政府と統帥部との話し合いが定期的に行なわれるようになっていたのに、しかも、日華事変の最中であったのに、いま触《ふ》れたように陸軍大臣の単独辞職によって内閣が潰れるということがあった。

それは昭和十五年（一九四〇）の七月のことである。時の首相は海軍大将米内光政《よないみつまさ》であった。

米内は連合艦隊司令長官を経《へ》て林内閣、第一次近衛内閣、平沼《ひらぬま》内閣と三代の内閣にわたって海軍大臣を務めた。その時の海軍次官が山本五十六《やまもといそろく》であり、米内・山本のコンビは日独伊防共協定（昭和十二年十一月成立）に反対であった。

防共協定は共産インターナショナルに反対する協定で、それ自体の趣旨は理解できるものである。しかし、組む相手が悪い。ドイツはヒトラーが政権をにぎり、ロカルノ条約を廃棄してラインラントに進駐し、ヴェルサイユ体制に公然と敵対しはじめていたし、イタリアのムッソリーニはエチオピアを侵略して世界の顰蹙《ひんしゆく》を買っていた。

つまり、ドイツもイタリアも反英米になり国際的孤立化に向かっていた。日本がこの反英米勢力と防共協定を結ぶことは、ひいては軍事同盟に及ぶおそれがあり（事実、三年後の昭和十五年九月には日独伊三国同盟が調印されることになる）、海軍としては英米を敵に廻すようなことはしたくなかったのである。

この反独伊・親英米派と見られた米内が、これまた親英米派と見なされていた湯浅倉平《ゆあさくらへい》内大臣らに推《お》されて、内閣総理大臣になったのは、陸軍としてははなはだ面白くない。また、今までの政党を解散して新体制運動をやろうという動きにも米内首相は乗り気でなかった。これも陸軍の意向に反するものであった。

それで陸軍大臣畑俊六《はたしゆんろく》大将は、当時のヨーロッパの状況を見て、自分が陸相を務める米内内閣を倒す必要があると感じたのである。

当時ヒトラーはオランダ、ベルギー、ルクセンブルク、ノールウェーを占領するとともに、北フランスのセダン付近でマジノ線を突破し、イギリス軍をダンケルクの海に追い落とし、パリに無血入城し、間もなくフランスは降伏した。それは疾風が枯野《かれの》に木の葉を捲《ま》くような勢いであった。

第一次大戦ではついに占領できなかったパリを、西部戦線の作戦開始後わずかに一カ月半で無血占領した強さは日本の陸軍に深い感銘を与え、「バスに乗り遅れるな」という流行語を生んだ。

ところが、米内内閣はヨーロッパの戦争には関与せず、英米、特に米国とは協調し、ドイツ・イタリアとは親密にしても軍事同盟は結ばないという方針だったから、「バスには乗らない」ということである。それで、陸軍の統帥部から激しい米内批判が起こり、畑陸相はその意を受けて単独辞職した。

上原勇作が西園寺内閣を倒したと同じ手が使われたのである（四九―五〇ページ参照）。そして、同じ憲法上の理由から、米内内閣は総辞職せざるをえなかった。西園寺の場合は、上原陸相の単独辞職は激烈な護憲運動に連《つら》なり、軍を抑《おさ》える方向に日本の政治は動いた。しかし、昭和十五年頃になると議会にそれだけの力はなくなっていた。

「反軍」斎藤隆夫への国民の支持

昭和十一年（一九三六）の二・二六事件後に、彼《か》の有名な陸軍批判演説をした斎藤隆夫《さいとうたかお》（一二二ページ参照）が、ふたたび昭和十五年（一九四〇）二月二日、第七十五帝国議会において民政党を代表し、「支那事変処理を中心とした質問演説」を行なって、政府および陸軍のやり方を激しく非難した。

特に斎藤がここで批判したのは、昭和十三年（一九三八）十二月二十二日の第三次近衛声明に関するもので、陸軍が推進していた汪兆銘《おうちょうめい》政権を樹立することによって、日華事変を解決しようという方針であった。

斎藤は支那事変を「聖戦の美名にかくれて国家百年の大計を誤《あやま》るもの」と呼んだのである。

これは「反軍」演説と烙印《らくいん》を押された。統帥権に関することを議員が非難するのは、聖戦に対する冒瀆《ぼうとく》行為だというのである。そして、陸軍の指導を受けていたという代議士たちによって除名が提案され、賛成二九六、反対七によって可決されてしまった。

もっとも、投票に参加しないことによって斎藤への同情を示した者は多かったが、ともかく斎藤隆夫が絶対多数で衆議院から除名されたことに間違いない。斎藤除名に熱心だった代議士たちは聖戦貫徹議員連盟を作り近衛新体制運動をすすめ、ついにこの年の七月に政友会が、八月には民政党がそれぞれ解党し、日本の政党政治は終わった。そしてこの年の秋十月、大政翼賛会が創立されたのである。

護憲運動が起こるどころではない、政党そのものが消えてしまったのである。統帥権独立の論理を推《お》し進めれば、戦時中の議会は、軍事内閣の提案に賛成するだけの機関になることは論理的帰結である。

ただ、斎藤のために言っておけば、昭和十七年（一九四二）四月に行なわれた大戦中の第二十一回総選挙、いわゆる翼賛選挙において、彼は非推薦候補として出馬しながら最高当選を果たしたことである。これは東京初空襲から約二週間後という時期においても、選挙する国民は議会制民主主義の英雄に票を投じ続けたことを意味する。

当時は、陸軍に反するものは暗殺される覚悟が必要であった。斎藤隆夫もその決心があったに違いない。軍人の政治介入を批判する点で最も勇敢だった「福岡日日新聞《ふくおかにちにち》」主筆の菊竹《きくたけ》淳《すなお》は、毎朝家を出る時は洗濯した新しい下着を身につけ、何時殺されても恥ずかしくないように心掛けていたという話さえ残っている。

それどころか、米内光政に対する暗殺計画があったり、山本五十六《やまもといそろく》も危なかったという。山本が連合艦隊司令長官に任命されたのは、彼が海軍次官の頃に日独伊三国同盟に反対していたため、陸軍あるいはその味方のテロリストに狙《ねら》われ、陸上に置いては危ないので海上に出すという意図もあった、と伝えられているくらいである。陸軍のやりたいことはすべて統帥権の発現であり、その邪魔をする者はこの大権の干犯者ということになり、これは暗殺してもよいという論理が出来上がってしまった。

陸軍の意向に反すれば、海軍大将を首班とする内閣も簡単に倒され、命さえ狙われる時代だったのである。斎藤隆夫の名演説も議会の内外に憲政擁護運動を起こすことはすでにできなくなっていた。斎藤が殺されずに終戦を迎え、戦後は吉田・片山両内閣の国務大臣になり、勲一等を授《さず》けられ八〇歳の天寿を全《まっと》うしたことに、われわれはわずかに慰めを見出《みいだ》すのみである。

統帥権に〝復讐〟された軍部

大本営政府連絡会議は、それが名称を最高戦争指導会議と変える前も後も、実体は同じであるから、指導力はいっこうになかった。

たとえば、昭和十八年（一九四三）の二月にはガダルカナル島からの撤退があり、四月中旬には連合艦隊司令長官山本五十六大将がブーゲンビル島上空で戦死ということがあり、この年の後半から急に日本の危機が感じられるようになった。

戦局の展開がソロモン群島上空の日米航空決戦によって決まるということは軍首脳の誰にも分かってきた。そして、傾いてきた日本の態勢を立て直す唯一の方法とは、零戦《ゼロせん》を中心とした海軍航空隊に全資材を集中し、反攻してくるアメリカ軍を押し返すことができるほど強化することであった。

これを実行に移すため、翌昭和十九年（一九四四）の一月に陸軍大臣、海軍大臣、参謀総長、軍令部総長の四者会談となったが、陸軍と海軍は航空機生産のための資材の配分比率をお互いに譲《ゆず》ろうとせず、結局、それまでどおりの山分けに終わった。

資材は同量でも海軍機の方が平均的に重いので、機数から言えば、陸軍機二万六四〇〇機、海軍機二万四四〇〇機と、海軍機のほうが二〇〇〇機も少ない勘定になったからおかしい。陸軍と海軍が対立したら、それをまとめるリーダーはいないのである。

昭和十九年の段階において、陸軍機の出る幕はほとんどなくなっていた。アメリカ軍はすでにマーシャル群島から、さらにトラック、パラオなど内南洋《うちなんよう》諸島の攻撃に移っていた。六月にはサイパンの守備隊が玉砕《ぎょくさい》し、マリアナ沖海戦では海軍は航空部隊の大部分を失った。しかし、そうなる危険は一年ぐらい前から予想されていたのである。それなのに、対策を立てることができなかった。陸軍と海軍が軍需資材の配分で争う時に、誰がそれを調停し、緊急度のランク付けをすることができたであろうか。

政府と軍が対立した時は、統帥権を持ち出せば軍が勝った。特に陸軍はそうして一種のリーダーシップを発揮してきた感があった。しかし、陸軍と海軍が対立した時はどうなるか。両方とも統帥権を持っているわけだから、陸軍も海軍に対しては、政府に対するようには文句は言えない。せいぜい「今までどおりにしましょう」と言えるぐらいのものである。戦場がマーシャル群島に及んだ時点でもそんな具合だったのである。

統帥権干犯問題によって、陸軍は政府からリーダーシップを奪ったが、何とその問題は陸軍からもリーダーシップを奪っていたのだった。軍といっても陸軍と海軍があり、いずれも対等ということになっていて、共通の長を持たなかったからである。当時の首相は陸軍大将東条英機《とうじようひでき》であり、彼は陸軍大臣も兼ねていた。その彼も海軍に命令することはできない。

しかし、航空機の資材配分問題の後、東条首相はいくらかでもリーダーシップの一元化をしようと努力した。その結果、昭和十九年（一九四四）二月二十一日、東条首相は参謀総長杉山元《すぎやまはじめ》を辞《や》めさせて、自分がその職を兼ねた。つまり、首相、兼陸軍大臣、兼参謀総長となった。

そして、海軍の方も嶋田繁太郎《しまだしげたろう》海軍大臣が永野修身《ながのおさみ》軍令部総長の後を受けて、軍令部総長を兼任した。このように軍政と統帥は陸軍でも海軍でも完全に一人になった。しかし、根本的問題は解決されなかった。東条首相は、このほかに内務大臣や軍需大臣や文部大臣や外務大臣や商工大臣をも兼ねたりしたが、海軍大臣と軍令部総長だけは兼任できない。

現役《げんえき》の陸軍大将は、どうしても海軍大臣や軍令部総長にはなれないのである。かくして統帥権問題は陸軍大将で陸相と参謀総長を兼ねた首相をも、リーダーシップでつまずかせたのだ。

サイパン島陥落の約一〇日後に東条内閣が総辞職した時（昭和十九年七月十八日）、組閣の大命は朝鮮総督であった小磯国昭《こいそくにあき》陸軍大将に下った。当時の新聞は小磯・米内《よない》連立内閣と言っていたと思う。「必ずしも関係が円滑に行なわれていない陸軍と海軍の協力を一層緊密にするため、小磯陸軍大将に米内光政《よないみつまさ》海軍大将と協力して組閣するようにとの大命が下った」という趣旨の解説がなされていた。

陸軍と海軍の対立関係などについて何も知らない中学生だった私は、こうした新聞の解説から一寸《ちょっと》奇異な印象を受けた記憶がある。そして陸軍大臣は杉山元、海軍大臣は米内光政、参謀総長は梅津美治郎《うめづよしじろう》、軍令部総長は及川古志郎《おいかわこしろう》となったが、本質的にリーダーシップはどこにもない、という点においては同じことである。

そして小磯内閣は、フィリピンで敗れ、硫黄《いおう》島を玉砕させ、東京を焼かれ、沖縄戦のさなかに倒れ、海軍大将鈴木貫太郎《すずきかんたろう》に組閣の大命が下った（昭和二十年四月）。海軍大臣は米内光政が留任し、軍令部総長は豊田副武《とよだそえむ》になり、陸軍大臣は阿南惟幾《あなみこれちか》、参謀総長は梅津が留任した。しかし事態は少しも変わらなかった。

問題は人にあるのでなく、リーダーシップは誰にも発揮できなくなったという国の体制そのものにあったのだから。大帝国を造《つく》ったローマ人の格言に principia, non homines《プリンシピア・ノン・ホミネス》（大切なのは原則であって、人ではない）というのがある。原則が確立していなければ、どんな人物が出てきてもどうしようもないのである。

ここに名前の出たような人たちは、いずれも愛国心においても、統率力においても、立派な人たちであった。しかし、意見の対立があったら調整・統合する人が制度的に存在しないことになっている政府で、何ができたことであろう。

配給米の問題しか議論できぬ「最高戦争指導会議」

このような状況が続けば、誰でも無気力になるであろう。この頃の日本の首脳たちの姿を、怒りをこめて書いた文書がある。

「作戦指導の思想的食い違いがあった上《うえ》に、統帥首脳の日々の仕事ぶりはまた、後世までの笑い草であった。毎朝毎朝、長々しい事務的戦況報告や、形式的会議に貴重の時間を空費しながら、春風駘蕩《しゅんぷうたいとう》、あたかも外国の戦況でも研究している姿であった。いわゆる国務と統帥の具体的な調節、陸海軍の兵力、戦場、時機、方針の決定等について根本的な焦《しょう》眉《び》の大問題が山と積もるほど積もっていた。ところがサイパンが取られても、レイテが駄目になっても、マニラに米軍が入城しても、沖縄が怪しくなってきても、わが大本営の最高首脳たちは何の反応も示さなかった。最高戦争指導会議の諸公は、艀人夫《はしけにんぷ》の加配米の量を研究したり、関釜《かんぷ》（下関と釜山《ふざん》）連絡船に貨車積みができるかどうかを検討したりして日々を送っていた。沖縄にわが最後の運命をかけるかどうかというようなことも、参謀本部、陸軍省、軍令部あたりの逆上した下僚たちによって方向づけられ、本土決戦、沖縄放棄の声は、滔々《とうとう》と勢をなして防ぎとむるすべもなかった」（高木惣吉《たかぎそうきち》『終戦覚書』弘文堂アテネ文庫12・昭和二十三年・三二ページ）

この小著に示された高木海軍少将の憤《いきどお》りは激しい。元来、敗戦後間もなく雑誌『世界』に書いた追想記に手を入れたものとのことであるが、敗戦からまだ時間があまり経《た》っておらず、記憶が生々しい間に書かれただけに、そのこみあげるような痛憤の念が読む者にも伝わる。

しかし、最高戦争指導会議のメンバーは何も艀人夫の配給米の量や、関釜連絡船に貨車が積めるかどうかなどという末梢的なことを議論したかったわけではないであろう。しかし、重大なことで何の議論ができたであろうか。

陸軍と海軍では作戦に対する考え方が違っていた。二つの統帥部の考えの違うことは、議論しても無駄だし、誰もリードできない。真剣に議論に参加できるのは艀人夫に米をどれぐらい多く配給してやるかぐらいのことになる。

毎日のように特攻隊が飛び立ち、戦艦大和《やまと》まで、援護する戦闘機もなく出撃し、日本の都市が焼土化しつつある苛烈な戦局の時に、最高戦争指導会議のメンバーたちが、隣組の常会か、老人クラブのお茶飲み話程度の話しかしていなかったのは、まさにそれ以上のことはできなかったからである。

昭和五年に出てきた統帥権干犯《とうすいけんかんぱん》問題は、あたかもひろがりゆく癌《がん》細胞のごとく、日本の政治機構を確実に侵《おか》してきて、ついに統帥部そのものまで動かなくしてしまったのである。いわば、国家の統治機構が骨がらみになったのだ。

これを治癒《ちゆ》させるには強力な放射線治療しかない。日本国民にとって、特に広島や長崎の人々にとって、まことに不幸なことであったが、まさに、その強力な放射線は原子爆弾によって与えられたのである。

最初で最後の、天皇による大権行使

ところで、大本営政府連絡会議のうち、特に重要な方針を決めるものは、宮中において天皇陛下のご出席を得て開かれた。これを「御前会議」と称していたのであるが、これは天皇の出席された大本営政府連絡会議であって、天皇が召集したり主宰した会議という意味ではない。

したがって、明治時代の御前会議とは違ったものになっている。

御前会議が正式に制定されたのは憲法発布《はっぷ》に先立つ約一年前の明治二十一年（一八八八）四月三十日、枢密院が伊藤博文《いとうひろぶみ》を議長として開設された時にさかのぼる。このようにして制

定された御前会議の最初の議題は、伊藤博文の憲法草案であったという。枢密院の会議はいわば常設の御前会議であり、臨時の御前会議は戦争の場合に開かれた。日清戦争も日露戦争も御前会議で決まった。

ところが、昭和十二年に連絡会議ができてから敗戦まで、御前会議は何と一五回もあった。

このように昭和の御前会議は、実質的に大本営政府連絡会議であるが、天皇陛下がご臨席なさるというので、いつもの連絡会議とは異《こと》なった手続き——根廻し——があった。つまり、事前に議題についての話は詰めておいて、御前会議では変更するようなことがないようにしてあったのである。

御前会議における議事の進行係は首相であり、議案の提出理由や説明も、すべて関係者の間で話がすっかりついて、文章化されたものを読むのと同じことであった。要は、天皇に会議の形式によって報告するというのが趣旨である。議事も決定もすべてが形式だけであり、御前会議で新しいことが決まるということはなかった。

もう一つ、御前会議がいつもの連絡会議と異なる点は、枢密院議長の原嘉道《はらよしみち》が同席したことである。御前会議は元来が枢密院の特徴をなすものであったので、実質上は連絡会議であった御前会議にも特に出席させようという、天皇陛下のお気持ちであったろうと思われる。

この原枢密院議長には連絡会議の根廻しが及ばなかったとみえて、予定に入ってなかった質問を活発に行なったり、自分の意見や希望をよく述べたと伝えられている。枢密院議長は天皇陛下ご臨席の会議に慣れているということもあったのか、臆《おく》することなく発言したものと思われる。

しかし、国家の最高意思決定は、連絡会議の予備交渉（根廻し交渉）において、すでになされていたわけであるから、議事事項の決定には何らの影響はなかった。また、天皇はただ会議を聞いておられるだけであった。すべてが形式である。

例外となったのは、ポツダム宣言を受諾して降伏することを決定した昭和二十年（一九四五）八月九日と八月十四日の御前会議である。

この二回だけは天皇はご自分の意志を表明なされた。というのも、原爆が投下されてからの戦争継続については、大本営政府連絡会議といえども意見が割れたまま結論が出ず、会議の進行役の首相が直接、天皇のご判断——当時の言葉では聖断——を仰《あお》いだからである。

これは、明治憲法による国家の運営がまったくできなくなったことを、首相も統帥部も認めたことに等《ひと》しい。

明治憲法は、国のリーダーの規定に致命的欠陥があり、それが昭和五年の統帥権干犯問題以来、ますます大きく傷口をあけ、最高戦争指導会議が八岐大蛇《やまたのおろち》ならざる五岐《いつまた》あるいは六岐《むまた》の大蛇《おろち》みたいに頭がいくつにも分かれて、人類史上最大の戦争に突入したのであったが、これまた人類史上最初の原子爆弾がわが国の上空で二度も炸裂《さくれつ》した時、頭がいくつもある八岐大蛇状態では身動きが取れず、ついに、天皇輔弼《ほひつ》（政略）の責任者も、輔翼《ほよく》（軍事）の責任者も、みんな責任を投げ出した恰好になった。

この時にはじめて日本帝国の真の、そして唯一の大権所有者たる天皇は大権を行使された。ポツダム宣言受諾のご決断がそれである。

「占領軍」を「解放軍」と受け取った敗戦後の日本人

これによって日本は救われた。この決断がなければ日本全土が沖縄のような地上戦闘の場になったであろう。聖断が下《くだ》ってからも、それを国民に伝えるための苦心があった。天皇が国民に放送するための音盤を陸軍将校たちが奪おうとする試みもあり、放送局も一部の陸軍部隊に一時占領されていたが、なんとか無事に八月十五日正午に玉音《ぎよくおん》放送がなされた。天皇の真の意志が国民に公《おおやけ》にされてしまうと、本土決戦の過激派も力を失ったのである。

国民が無理な命令にも従ってきたのは、その命令者が、天皇の意志の代理であるとみなしたからである。天皇が平和を求められていることが、政府や軍隊の命令系統を超えて、直接万人に明らかになった以上、統帥の名によって国民に無益な戦いを命令し続けた機構は、その権威を失った。

この八月十五日の玉音放送を私は学校工場で聞いた。ラジオはガーガーピーピーして、すこぶる聞き取りにくかったが——当時ラジオはどこも電波管制のせいか聞き取りにくかった——「米英支蘇（米英中ソ）の共同宣言を受諾する」というところは聞き取れた。東北の田舎の中学校であったが、みんなそれで降伏ということが分かったのだから、今から考えると旧制中学というのは大したものだったと思う。

私の姉の勤務していた村役場では、どうもよく分からないので、「きっと頑張《がんば》れということだろう」と解釈して、萬歳《ばんざい》を三唱したということだった。この放送の後、次から次へと偉《えら》い学者などがラジオで、詔勅が出たのだから従わなければならない、という説教をしていたことが記憶に残る。

また、田舎では「あれは天皇の真意ではない」というデマも飛んだ。双発の飛行機が低空で飛んできて、そういう趣旨のビラを撒《ま》いたことがあった。われわれは大戦末期に日本の飛行機を見た記憶がないのに、どこからともなく大型機が一機飛んできたのに驚いた。どこの基地から誰が操縦してきたものか、われわれには分からなかった。

「外国では上の人たちが戦おうというのに、下の者たちがいやがって敗けたという。日本は反対でわれわれ下の者は戦う気があるのに、上の方が戦いたがらない」

というような話が、近所で取りかわされていた。

これは「第一次大戦でドイツが敗《やぶ》れたのは、戦場ではなく銃後の民衆の不満のためであった」ということが、よく教えこまれていたことを示すものである。その時は知らなかったが、ルーデンドルフの話がずいぶん、日本の草の根まで浸透していたことになる。

第一次大戦の末期にドイツ軍の全体を指揮する立場にあったルーデンドルフ将軍は、敗戦後に、「われわれはどの戦線も破られておらないのに、後ろからナイフで刺されたから敗れたのである」と説《と》いて廻った。戦場の軍隊はしっかりしているのに、銃後の国民の間に厭戦《えんせん》分子や反戦分子が出ると、勝った戦《いくさ》も敗けてしまう、ということである。

ルーデンドルフは、銃後も軍隊と同様にしっかりしなければならないという教訓をドイツ人に言ったのだが、それが日本にも伝わったのである。日本は第一次大戦のドイツのように銃後の国民から崩《くず》れてはならない、ということで思想の統制や国民精神総動員運動が行なわれ、それが田舎の一般の人々にまで浸透していたのだということが、今から考えるとよく分かるのである。

それほど徹底した思想教育はその反動も大きかった。戦争の実態が「真相箱」というラジオ放送や、活字による曝露《ばくろ》記事で公にされると、敗戦前の日本の指導者や軍に対する不信感と嫌悪感ははなはだしく大きくなった。こうした反動として、あるいはその対照的なものとしてアメリカ軍とその文化が賛美された。

本来ならば憎まれるべき占領軍が、信じられないほど一般民衆の温かい歓迎を受けたのは、日本国民を解放してくれた者という実感があったからであろう。八月十五日の玉音放送で国民の憑《つ》きものが落ちたようなものだった。憑きものが落ちてみると、日本国を占領し、日本国民を征服していたのは日本軍だったのではなかったか、というような感じさえ、一部では生じたのである。

なぜ、日本は「バカの集団」になったか

「わが民族の能力の限界を見せつけられたような気がして憂鬱《ゆううつ》にたえません」と、海軍の中枢部に昭和十九年（一九四四）頃にいた一中佐が高木惣吉《たかぎそうきち》に語ったと言う（高木惣吉『自伝的日本海軍始末記』光人社・昭和四十六年・二四四ページ）。高木のものをはじめとし、この前の戦争や日本軍の内幕物を読むたびに、読む方も日本民族の能力の限界を見せつけられたような気がしてくる。

私の畏友《いゆう》の中にも日本人は大戦争をやる能力がなかった、という人がいる。日本人は戦争が下手なのだという説もかなり強い。最近（昭和六十三年秋）もある月刊誌（『This is』九月号・二八ページ）に対談が載《の》っていた。対談者は二人とも私のよく知っている方である。A氏は戦場を知らぬ世代であり、B氏は戦場の体験がある。

A お話をうかがっていると、日本人というのは無自覚なバカの集団みたいに見えてきて、なんとも情けなくなってくる面がありますね。

B 日露戦争のときはそうではなかった。日本は双方の国力の差をひじょうによく知っていて、どこでうまく切り上げようかと、そればかり考えているわけです。それが太平洋戦争になってどうしてこんなふうになってしまったかというのが、ひとつの謎ですね。

A 日本人の慢心があるでしょう。

B それはあります。だが、劣等感の裏返しからくる自己陶酔でしょう。

A もうひとつは、近代化のある時期に訪れる不適応現象からくる、伝統思想と不合理な感情とが結合するような、いまのイランのような状態でしょう。つまり、反西欧主義と伝統的非合理主義が結びついた排外主義で、そうなると、もう目が見えなくなります。たぶん、それは間違いなくあったと思います。

これは、戦後いたるところで無数に繰り返されてきた典型的な対話である。この前の戦史を見れば、日本人はバカの集団みたいに見えて情けなくなる。それこそ民族の限界を感じざるをえない。ところが、日露戦争に勝ったという厳たる事実も想起される。

奉天《ほうてん》会戦はそれまでの世界最大の陸戦であり、それに日本は勝っている。奉天だけでなく全戦闘に勝っている。海上では日本海海戦の偉業は言うまでもない。日露戦争では、あれほどすぐれた日本軍が、どうして三五年後には「バカの集団」みたいになってしまったのか。「ひとつの謎」であり、その説明として日露戦争の慢心やら自己陶酔やら、あるいはもっとこみ入った説明も可能である。

しかし、私はもっと具体的な理由をあげたい。それは、すでに何度も実例をもって述べたように、統帥権干犯問題である。これを持ち出されてからは、日本の政治に、そして後には軍部の中にも、リーダーシップは不可能になった。それ以前はワシントン会議でも日本は充分に賢明であったし、国家のリーダーシップもよく取れていた。日本が二重政権《ダブル・ガバメント》になるのは、ロンドン条約とともに統帥権干犯問題が起こったからである。

さらに、どうしてこんな問題が起こったかと言えば、明治憲法の規定に首相が出てこないなど、重大な欠陥があったからである。その欠陥を明治憲法制定のプロセスを記録した書類が公表されておれば回避されたであろう。

日本の明治憲法は、その制定のプロセスをよく知っていて、条文規定の精神について、つまり解釈の仕方について疑念を持ってなかった元勲が健在だった間は——たとえば日露戦争の頃——なんら支障なく機能した。

元勲が亡《な》くなり、憲法制定過程を念頭におかないで、条文だけ独立して解釈されるようになると、統帥権干犯問題という命取りの欠陥が出てきた。これによって昭和の日本人は「バカの集団」と化したのである。

2章

世界史から見た「大東《だい》亜《とう》戦争《あ》」

——三つの外的条件が、日本の暴走を決定づけた

(1) 反米感情の〝引き金〟は何か

英国より平和的な昭和初期の外交

現在のような世界が昭和の初め頃に存在していたならば、日本が満州事変を起こすこともなかったろうし、いわんや大東亜戦争を始めることなど絶対なかったであろう。このことは日本人にも、世界の人々にも、ぜひ知っておいてもらわなければならないことである。

今の日本は最も戦争しそうにない国の一つである。徴兵制は導入されそうにない。外国に攻《せ》めてゆく可能性なども誰も考えていないと言ってよいであろう。日本が最悪の軍国主義と侵略主義の国として断罪されたのは約四〇年前である。この四〇年間、日本は戦争を始めるような気配は、毛ほども示したことはない。

国民性は、そんなに簡単に変わるものだろうか。それとも平和憲法の力がそんなにも強いのだろうか。原爆の体験がそれほど深刻だったのだろうか。これらは平和主義的な現在の日本を、ある程度は説明してくれる。特に原爆が強烈な抑止力であることは各国共通である。だが、戦後日本の場合、平和主義の最大の理由は、戦争の必要がまったくなくなったことである。

前章でも述べたように、大正デモクラシーの時は、日本でも平和主義が盛《さか》んであって、多くもない師団をさらに削減《さくげん》し、せっかく造った軍艦を廃棄していたのであった。それは昭和に入ってからも最初のうちはそうだったのである。

世界大戦においては、いつも「正義」の側にあったイギリスよりも平和主義であった。日本は侵略者として烙印《らくいん》を押されていたシナ大陸においてさえ、イギリスよりも平和主義的であり、イギリスよりもはるかにジェントルマン的（「穏和な人」という意味）であった。一例だけ挙《あ》げてみよう。

幣原《しではら》外交を不可能にした外的圧力とは

昭和二年（一九二七）の正月四日、漢口《ハンカオ》のイギリス租界《そかい》で、中国人とイギリス義勇隊の間に争いが起こった。「租界」というのは今でこそなじみがなくなったが、戦前は中国のたいていの大都会にあった先進諸国の治外法権《ちがいほうけん》地域であり、そこには中国政府の権力がまったく及ばなかった。もちろん、武漢《ぶかん》の主要都市たる漢口にもイギリス租界があった。

この事件の前の年の夏以来、蔣介石《しょうかいせき》の軍隊は北京《ペキン》にいる張作霖《ちょうさくりん》らの軍隊をいたるところで破って、中国統一を大きく進めていた。このいわゆる北伐《ほくばつ》の成功を祝う祝賀会が盛り上がったあまり、租界を守っているイギリス義勇軍と国民政府宣伝隊が小競《こぜ》り合いを起こし、それに民衆が加わり、死者一名を含む数十人の負傷者を出した。翌日、一度、話し合いはついたのだが、暴徒化した群衆は租界に侵入した。イギリスの軍艦は揚子江《ようすこう》の中流にいたため、その陸戦隊は間に合わず、群衆は暴れ放題であった。これに乗じて国民政府は一月五日、漢口のイギリス租界を実力で奪回し、ついで近くの九江《きゅうこう》の租界をも実力奪回した。

今の目から見れば、租界の存在そのものが怪《け》しからんということになるが、当時は正式に政府間の取りきめで決まったことであるから、イギリス政府が怒ったのも無理はない（この頃の中国人は国際的条約で決まったことを勝手に破ることを国威宣揚《せんよう》と考えていたふしがある）。

これに対処するため、イギリスは極東艦隊を南京《ナンキン》に集結し、一月二十二日には二万三五〇〇人の陸海軍将兵を動員した。これに先だち、イギリス政府は、日本やアメリカやその他、租界を持つ国々に共同出兵するよう要請していた。日本は明治三十三年（一九〇〇）の義和《ぎわ》団《だん》事件（北清《ほくしん》事変）以来、イギリスなどには歩調を合わせて中国の暴徒を鎮圧するため戦ってきたのだし、日本も租界を持っているのだから、当然日本も同調してくれるだろうとイギリスは思ったのである。

当時の日本は加藤首相の病死（九九ページ参照）のあとを受けた若槻礼次郎《わかつきれいじろう》の第一次憲政会内閣で外務大臣は幣原喜重郎《しではらきじゅうろう》であった。幣原外相は駐日イギリス大使ティレーにいくら協力を頼まれてもイエスと言わず、中国への出兵を断乎《だんこ》拒否し続けた。

当時の日本の外交の首脳は、租界が時代遅れであることを他の国々よりも先に認識していたのである！　中国にいる日本人の生命財産を租界などを作って保護することは時代に合わないから、危険が生じたら危険でない所に移動させればよいという考えだった。

昭和二年（昭和元年は六日しかないから実質的には昭和のはじめの年）における日本の外交政策は、イギリスなどよりもはるかに非侵略的、かつ平和主義的、かつシナに対して権利尊重主義であった。幣原外交は、当時の世界で最も平和的で人道的なものであったのである。

では幣原外交の継続を不可能にしたものは何か。それはまず、国内的には明治憲法の欠陥が統帥権干犯《とうすいけんかんぱん》という形で噴出したことによる。では、何が統帥権干犯問題を噴出させ、幣原外交のみならず、日本の文民統制を不可能にしたのか。明治憲法に欠陥があると言っても、外から非道《ひどう》な圧力が加わらなかったら、それは表に出ないですんだのである。事実、幣原外交がそれまでは可能だったのだから。

そこでふたたび同じ問題にもどる――幣原外交の継続を不可能にしたものは何か。

それは三つある。しかも、この三つが同じ頃にかたまって悪化した。
第一はアメリカの人種差別政策であり、
第二はホーリイ・スムート法（米国で一九三〇年に成立した超保護主義的関税法）による大不況と、それに続く経済ブロック化の傾向であり、
第三はシナ大陸の排日・侮日《ぶにち》問題である。

歴史の本質を隠す「太平洋戦争」の呼称

戦後のことしか知らない人たちが、大東亜《だいとうあ》戦争の勃発《ぼっぱつ》について書かれた本を読む時は、注意しなければならない。

ここでついでに言っておけば、「大東亜戦争」という名称は戦後、連合軍総司令官マッカーサー元帥《げんすい》の通達によって禁止され、「太平洋戦争」と呼ぶようになった（昭和二十年九月十日発令のプレスコードなど）。

しかし日本にしてみれば、一〇〇万以上の大軍がシナ大陸に、あるいはビルマに戦っていたのであり、太平洋戦争という名称はふさわしくない。アメリカ人から見れば対日戦争は太平洋に限られていたと言ってもよいと思うが、日本の場合はそうではない。

日本人としてはむしろ、昭和十六年（一九四一）十二月十二日の閣議決定のように、戦争の名前をシナ事変を含めて大東亜戦争とする、というほうが実感としても正しいと思う。この場合の「大東亜」とは地理的概念である。だいたい、西の方の限界は北方のバイカル湖以東、南方のビルマ以東のアジア大陸およびそれに附随する諸島（蘭印、つまり今のインドネシアやフィリピンを含む）、太平洋方面では日本の委任統治領であった内南洋《うちなんよう》のマーシャル群島以西、つまり、東経一八〇度以西の西太平洋である。これが「大東亜戦争」という命名が行なわれた時の日本が考えていた作戦領域であった（瀬島『一九三〇年代より大東亜戦争開戦までの間の日本が歩んだ途の回顧』一九七二年・一二ページ参照）。

したがって、インドやオーストラリアやニュージーランドは含まれていない。ただ、対アメリカ戦だけに限って言えば、太平洋が主戦場であったので、太平洋戦争という名称の方が分かりやすい場合が多いだけの話である。

戦争の名称は、その当事者の意識によるものであるから、同じ戦争に対してそれぞれの立場から別の名前がついてもおかしくない。昭和十六年十二月八日以前のシナ大陸の軍事行動を、日本側がシナ事変と呼んだのは、「戦争」と呼びたくない意識が日本側にあったことを示す重要な歴史的事実である。

対手側が「中日戦争」と呼ぶのは「戦争」と考えていたからである。戦争の名称を後世の人が勝手に変えるのは、その時代の歴史のニュアンスを消す危険がある。

たとえば「アメリカ独立戦争」（一七七五年）も、同時代のイギリスにおいては「アメリカ革命（American Revolution）」と呼ばれていた。アメリカの植民地の人から見れば「独立戦争」かもしれないが、イギリス人から見れば植民地における「革命騒ぎ」であったことを示している。当時のイギリス人の意識を知るためには、このほうが示唆《しさ》するところが多い。

同じように、昭和十六年十二月八日までの大陸における日本軍の軍事行動は「シナ（日華）事変」と言ったほうがよく、対米戦勃発以来の戦争は「大東亜戦争」と言ったほうが、日本人の歴史がよく分かると思う。

なぜ、日本人は日米開戦を「痛快」と感じたか

そこで、話はもどって、戦後に出た大東亜戦争の回顧録を読むと、真珠湾攻撃の報道を聞いて、たいていの人は「これは大変なことになるぞと思った」というようなことが書いてある。それは嘘ではなく、日本人なら誰でも「これは大変なことになるぞ」と身震《みぶる》いするような興奮をしたことは確かである。しかし、それだけでは真実でない。

それと同時に、「これでスッキリしました」とか「モヤモヤが取れました」という有名人の発言が、その頃の新聞や雑誌の紙面を埋《う》めたのである。

シナ事変には反対だったと言われる岩波書店創立者の岩波茂雄《いわなみしげお》も「これでサッパリ」派だったというし、長与善郎《ながよよしろう》（白樺《しらかば》派の作家、代表作『青銅の基督《キリスト》』）のような好戦的とは言えない作家も「痛快」と言っている。この面を忘れて、真珠湾攻撃を聞いて「これは大変なことになるぞ」という感じばかりのほうを書き記《しる》すのは、歴史をゆがめるものであろう。

実はこのことに気がついたのは、昭和五十一年（一九七六）の秋頃、東洋史家の岡田《おかだ》英弘《ひでひろ》氏と、ある月刊誌の対談をやっていた時だったと思う。話がたまたま昭和十六年十二月八日に及んだ時、私はこんなことを言った。

「十二月八日の感想を一口で言えば、すっとした気分ということになりますね」

これに対し、岡田氏は、

「まったく長い間、胸につかえていたのが取れたようないい気分でしたなァ」

というような相槌《あいづち》を打った。

二人のこんな会話を聞いていた二人の編集部の人はびっくりした。編集部の人たちは戦記物などをよく読んでいるわけであるが、そういう人たちでさえ、われわれより少し年の若い場合は、十二月八日のすっとした気分のことを知らないことを、あらためて知った。こんなところにも認識の断絶があるのである（ちなみに岡田氏も私も真珠湾攻撃の

――時は小学五年生頃だった）。

戦後のアメリカしか知らない人は、アメリカを理想を求める自由の国として教えられた。事実、終戦直後においても、われわれの先入観にあったアメリカ人と、占領軍として来たアメリカ人の差の大きいことにびっくりした。弾圧的な日本軍にくらべると、アメリカ人は明るく親切で、本当に日本人のための「解放軍」のようにさえ思われたのである。アメリカ人がこのようなものであったら、どうしてわれわれ日本人はアメリカと戦争なんか始めたのだろう、とたいていの日本人は考えた。

しかし、国としてのアメリカは別の面を戦前には持っていたのである。

今日、南アフリカ共和国のアパルトヘイト（人種隔離政策）が世界中の批判を受けていて、そこのスポーツ選手はオリンピックにも出してもらえないほど、激しい差別を他の国々から受けている。しかし、大東亜戦争以前の白人の社会、つまり欧米先進国はすべて今の南アフリカ共和国に劣《おと》らぬ、いな、それ以上のきびしい人種差別をやっていたのだ、ということを忘れてはならない。

「日本人との結婚は人類の進化に逆行する」

ハーマン・ウォーク（米国の小説家）のベストセラーに『戦争と追憶《ウォー・アンド・リメンバランス》』（邦訳未刊）がある。これはテレビでも人気番組になった彼の『戦争の嵐《ザ・ウインズ・オブ・ウォー》』（早川書房刊）の続編で、主として太平洋での戦争を扱っている。その第六章は開戦少し前のシンガポールの状況を扱っている。

マレー放送会社《ブロードカステング・システム》の社長のジェフ・マクマーアンは、訪ねてきたイギリス娘パメラをタングリン・クラブに車で連れて行ってその前でおろす。そのイギリス人はマクマーアン夫妻に一緒にクラブに入るように誘う。するとマクマーアンは、「私はエルザと結婚した時にこのクラブは辞《や》めたのだ」と言う。パメラはその意味が分からない。するとエルザ・マクマーアンは「私の母はビルマ人でした」と言う。

放送会社の社長というシンガポールの代表的なイギリス人実業家でも、イギリス人とビルマ人の混血児を妻にすると、名門クラブのパーティには出るわけにはいかないのだ。正式に結婚していなければ、問題はないであろうが、有色人種の血の混じった女を妻として同伴してはいけないのである。

私は日本でも似たような例を知っている。

明治時代に日本に来た有名なイギリス人は、相当いい家の日本人の女性と一緒になった。

生まれた男の子はイギリスの学校に入れて立派に教育した。財産も相当遺《のこ》してやった。しかし彼のイギリスで出た伝記を見ると独身だったことになっている。伝記を書いた人は彼のためを思って書かなかったのであろう。有色人種（wog）と結婚することは、イギリス人にとってそのようなものであった。南アフリカ共和国は今の世界では例外であるが、大東亜戦争までは、世界中が今の南アフリカ共和国と同じだった、いな、ずっと悪かったと思ってもよいであろう。

その事情はアメリカにおいても同じようなものであった。白人が有色人種と結婚するのは下級動物と結婚するのと同じようなもので、そこから生まれた子どもは必然的に人類の進化に反するというような、すさまじい考え方があったのである。

アメリカの代表的な言語学者エドワード・サピア（一八八四―一九三九）はその名著『言語』の脚注の中で「屈折語《くっせつご》を話す婦人が膠着語《こうちゃくご》を話す男と結婚することは一種の犯罪である」と考えている有名な学者がいることを報じている。

当時一般に用いられていた言語の分類法によれば、世界の諸言語は大雑把《おおざっぱ》に三分して孤立語（シナ語）、膠着語（日本語）、屈折語（印欧語）になるのであった。そしてこの分け方が進化論と合体して、これが言語の進化の三段階とされていたのである。

すなわち、孤立語を話すシナ人よりは膠着語を話す日本人の方が進化しており、膠着語である日本語を話す日本人よりは、屈折語を話す白人がより進化しているという論法であった。

つまり、進化の最上段階にある屈折語を話す白人女性が、進化の程度が低い言語を話す男と結婚すれば、生まれる子どもの人間としての進化度が下がることになるから、一種の犯罪だというのだから、すさまじいではないか。ここで「膠着語を話す男」というのは明らかに日本人移民を指しているのだから、戦前の白人アメリカ人の日本人移民に対する偏見はまことに恐るべきものがあった。そして、日本語よりも進化の程度が低いとされるシナ語を話すシナ人の移民は、日本人よりもひどい目にあったのである。

戦前のアメリカの人種差別については、いろいろの研究書も出ていて（たとえば若槻泰雄《わかつきやすお》『排日の歴史』中公新書、吉田忠雄《よしだただお》『国辱――虚実の「排日」移民法の軌跡』経済往来社など）、今さらここに述《の》べるまでもないようであるが、これが大東亜戦争と直結しているのだから、大筋だけはたどっておく必要があるだろう。

白人より秀《すぐ》れていたシナ人労働者

「光濃《こ》きところ影また濃し」と言う。

アメリカ合衆国の建国は、その独立宣言が示すように、人間の平等と自由の実現した画期的なものであったことについては、誰も異存のないことであろう。新大陸は人類の希望になった。

しかし、アメリカは同時に恐ろしい人種差別の場であった。アメリカ独立宣言の時の人間という観念は、ヨーロッパから移民してくる白人だけであった。原住民であるインディアンは土地を奪われ、抵抗したものは西部劇で見るように滅《ほろ》ぼされたのである。

侵略する者が善玉で、侵略される方が悪玉であるという話が、これほど壮大に宣伝されたことはない。それにアフリカからの奴隷船が、いかに非人間的なものであったかは今さら言う必要もない。ただ重《かさ》ねて指摘してよいのは、その非人道的行為のスケールの大きさである。アメリカ・インディアンと共存共栄の事業をやろう、という試みはないに等《ひと》しかったし、黒人は単に労働者とか召使いというのではなく、奴隷だったのである。

しかし、日本人にとってこのことは直接関係なかった。関係が出るのは太平洋から東洋人の移民が来た時からである。

アフリカからの黒人奴隷に対しては反対運動も高まり、一八六一年から六五年までの南北戦争の後は奴隷州もなくなった。その頃はまだ日本は幕末の騒動の頃で鎖国のままであったから、まったく関係がなかったが、十九世紀の半《なか》ばにゴールド・ラッシュがはじまり、カリフォルニアに白人移民が押しかけ、西海岸の開発がはじまると、シナ人のクーリー（苦力＝

下層低賃金労働者）が新しい奴隷として使われるようになった。その頃は奴隷とは言わず、契約移民という婉曲《えんきょく》表現が用いられたようであるが、クーリーを傭《やと》ったほうでは奴隷のつもりだった。

クーリーたちは奴隷船同様の船に乗せられて、太平洋を渡ってきた。外見上はアフリカからの黒人や土着のインディアンのごとく有色人種であり、文字どおり裸一貫《はだかいっかん》であった。しかし、シナ人クーリーは黒人やインディアンとは実質がまったく違っていた。

ゴールド・ラッシュが終わり、単純労働の必要がなくなると、シナ人クーリーたちは他の業種に進出しだした。彼らは裸一貫で有色人種であるところは、黒人奴隷と同じように見えたが、彼らは生まれた国で文明を見ていた。勤勉で困苦に耐え、貯金して商売をやることも知っていた。彼らの本国の清国《しんこく》政府はアメリカに行ったクーリーを棄民《きみん》扱いにしていたから、どんな虐待を受け、低賃金で働かされても、彼らの人権の擁護に本国政府は口を出さなかった。傭い主から見れば、シナ人労働者は理想的な低廉《ていれん》良質な労働力であったことになる。

そして明治元年（一八六八）頃になると、サンフランシスコの製造業に従事するシナ人は全労働者の半数に近く、中にはすでに小金を貯《た》めてレストランやクリーニング店などの独立営業をやる者も現われ、金鉱採掘権を得る者も出た。

白人にしてみれば、東海岸では黒人奴隷を使ったが、西海岸では黄色奴隷を使うつもりだった。ところが、黄色奴隷は白人移民者の予想を裏切って、むしろ自分たちよりも仕事や商売が秀《すぐ》れているくらいだということを、またたく間に証明したのである。

明治二年（一八六九）に大陸横断鉄道が完成してからは、白人移民者がどっと西海岸にやってきた。彼らはここで一旗揚《ひとはたあ》げる夢を抱《いだ》いてきたのであるが、そこにはシナ人移民たちが住み、すでに商売をやったり財産を持ったりしていた。その頃、東欧やアイルランドやスコットランドからやってきた移民よりは、シナ人移民のほうが、むしろ文明国の仕事には適していたであろう。

「十字軍」によるシナ人大虐殺

あてがはずれた白人移民たちは、かつての東部や西部へ移民した連中がインディアンを虐殺し、その土地を奪ったように、シナ人居住地を襲撃し、虐殺し、追い払い、財産を強奪した。ゴールド・ラッシュのあと数年にして、カリフォルニアで白人に殺されたシナ人の数はインディアンの数をはるかに上回るようになった。シナ人狩りは年とともにますます組織的になり、シナ人部落は次から次へと焼き打ちされ、虐殺が続く。

そしてシナ人移民者を迫害した白人たちは、自分たちは善玉、つまり「正義」であり、シナ人狩りする連中は自分たちを「十字軍」だと称した。この十字軍を起こしたデニス・カーネイはアイルランド移民で乞食《こじき》同様の状態でカリフォルニアに流れてきた人間であった。だが、そのカリフォルニアには奴隷であると思っていた黄色い人種が、すでに自分よりもいい暮らしをし、定職を持ったり独立した店を持ったりしているのを見た時、我慢《がまん》ならなかった。荒野の果てに入植地を求めてやってきたのだから、自分の生涯の夢は破れたと感じたのである。貧窮して流れこんできた同じ思いの白人は他にいくらでもいたから、シナ人襲撃の十字軍は兵士になる人間に事欠くことはなかった。

たとえば、ワイオーミング州のあるシナ人村が襲《おそ》われた時、殴《なぐ》り殺されたシナ人死体は一六、さらに焼跡からは死体五、六〇が見つかり、そのほか発掘できない死体は無数と報告していた公文書もあるという（若槻・前掲書二二ページ）。これはユダヤ人を虐殺し、その私財を没収することを教えたナチスみたいなものである。

シナ人排斥・虐待運動は白人の利益に連《つら》なったため、最初は私的な十字軍だったのが、まもなく地方自治体が先頭に立って、それを行なうようになった。さすがにワシントンの連邦政府はそれに反対であり、大統領はシナ人移民制限法に反対し続けたが、地方議会レベルにおけるシナ人排斥は猛烈かつ執拗《しつよう》であったため、ついに明治三十五年（一九〇二）、完全にシナ人移民を禁止する法律が成立した。第二十六代セオドー・ルーズベルト大統領（一八五八―一九一九）の時代である。

建国一三〇年、つねに移民に開かれた国であることを国是《こくぜ》として、ニューヨーク港に「自由の女神」まで持つアメリカは、それは白人移民だけ歓迎する国であることを、法律をもって示したのである。大西洋を渡ってくる移民にくらべれば、太平洋を渡ってくるシナ人移民の数などは取るに足りないものであったが、有色人種の移民は許さないという方針を天下に示した。

このルーズベルト大統領は、その四年後にノーベル平和賞を与えられたが、当時のノーベル賞の委員会の人々にとっても人種差別問題などは当然のことであったから、黄色人種に対する人種差別を明らかにした立法のことなど、問題にならなかった。

黄色人種への本能的恐怖

このようにシナ移民が禁止された頃から、日本人のアメリカ移民は本格的になりはじめた。

アメリカは日露戦争の時は日本に対して友好的であったし、また日本はイギリスと対等の日英同盟条約（明治三十五年＝一九〇二年締結）を結び、先進国の仲間入りをしていたうえに、世界最大の白人の陸軍大国ロシアを陸戦で連破し、その大海軍をも全滅させていた。当時の文明国の物指《ものさ》しは近代的軍事力であったから、日本人は白人先進国待遇を受ける権利があると考えたのも当然であった。

ロシアに押さえられているポーランドや、イギリスに押さえられているアイルランドからのアメリカ移民は自由であるのに、そのロシアを敗《ま》かし、イギリスと対等の同盟国である日本からの移民ができない理屈はない。しかし、当時のアメリカの人種差別論者の前には、こういう理屈も通らなかったのである。

ここでもう一度、繰り返して第二次世界大戦前の世界の状況を想起していただきたい。

一四九二年のコロンブスの新大陸の発見以来、世界は白人による有色人種の支配体制の拡大と強化一筋《ひとすじ》の展開をしてきていたのである。「新大陸の発見」ということ自体、白人の視点から行なわれている。いわゆる「新大陸」には太古から住民が住んでおり、残された遺跡に関する限りでは、古代ギリシャに劣《おと》らぬ、いやそれをはるかに凌《しの》ぐ規模の文明があったのであって、コロンブスたちが来る前からの住民にとっては、「新発見」などと言われる筋合《すじあ》いはなかった。

しかし、その後の世界歴史は白人の版図《はんと》の拡大史であった。特にアメリカ合衆国は、有色人であるアメリカ・インディアンの土地を奪い、有色人である黒人を奴隷に使うことが国家成立の前提になっていた。

ヨーロッパの諸国は有色人種の棲息地《せいそくち》（?）を侵《おか》し続けたが、自国内には社会問題になるほどの有色人種を当時は抱《かか》えこんでいなかったから、有色人種国の日本が近代化し、国際勢力として擡頭《たいとう》するのを、多少の余裕をもって見ることができた。

しかし、アメリカは違う。元来が有色人種だけしか住んでいなかった所に最近、白人が入りこんでできた国であるうえに、大量の黒人奴隷を輸入して、当時の基幹産業である大農場経営をやっていた。こんなところに、白人と有色人種との平等思想が入りこんだら社会が成り立たない。多くのアメリカ人たちは本能的にそう感じた。

二十世紀になると、武力抵抗を止めたインディアンは、すでに「敵」ではなくなっていた。黒人に対しては、それが将来の問題になるであろうという懸念を意識の底に持っていた人もいたであろうが、当面の心配はなかった。完全に差別され、その差別された状態を受け容《い》れていたからである。

東から来たシナ人は、はじめは黒人なみに奴隷扱いしたが、意外に頭がよく、能力があって、商売などで成功する者も出てきた。しかし、彼らは必要に応じて弾圧したり殺戮《さつりく》すればよかった。シナ人のクーリーやその子孫たちは概して柔順であり、抵抗はほとんどなかった。彼らの本国の清朝は海外で自分の国民がいかに虐待されようと、ほとんど関心を示さなかった。

しかし、新しく移民してきた日本人は、それとまるで異《こと》なるのだ。

日本人は、アメリカよりも強大な陸軍国である白人のロシア帝国の大陸軍に連戦連勝した。難攻不落といわれた旅順《りょじゅん》の要塞も陥落せしめた。アメリカの海軍全体にも相当するほどのロシアの大海軍を文字どおり撃滅した。ナポレオン軍を完膚《かんぷ》なきまでに破ったコサック騎兵も、日本の騎兵には一度も勝てなかったのだ。日露戦争後の日本人はアメリカ人の目には、まったく恐るべき有色人種として現われてきたのである。

黄禍論《こうか》（黄色人種が白色人種の社会・文化に脅威を与えるという主張）を言い出したのはドイツのヴィルヘルム二世（ドイツ皇帝。在位一八八八―一九一八）であるが、ドイツの場合、問題は切実でない。だが、アメリカの白人にとっては、自分の国内で新型の人種問題が起こることを意味した。

アメリカに来た日本移民は、貧しいという点や、顔付きや皮膚の色ではシナ人のクーリーと区別がつきにくかったと思われる。しかし、クーリーと日本移民は、まったく異なる人たちだったのだ。どこが違うかと言えば、外側ではなく頭の中である。

なぜ「日本軍上陸」の虚報が信じられたか

アメリカに移民した日本人たちは、自分たちは白人に劣るものでないという確信を持っていた。当時は民族の優劣は武力で見るのが普通であったから、日露戦争以後の日本人としては当然の考え方である。それに日本の国体を尊崇《そんすう》する気持ちが強かった。これは戦後でも一世の人たちの間に強く認められていたようである。

このような新型の有色人種に対して白人の反感――その背後には恐怖感――が募《つの》ったということも、よく分かる。黄禍論は彼らの実感となった。ところが、特に日露戦争後に、白人の米国人が持った恐怖感については、日本人はまったく鈍感であった。

というのは、日露戦争はアメリカ大統領（セオドー・ルーズベルト）の友好的仲介によって終結したことを日本人は知っていたので、親米感情やアメリカを憧《あこが》れる感情がひじょうに強かったからである。日本の艦隊が太平洋を渡ってメキシコ湾に上陸したり、カリフォルニアを武力攻撃することなどは、どんな日本人でも考えていなかったはずである。

ところが、アメリカ人の方はそうでなかった。日露戦争が終わってみると突然気がついたのである――太平洋の向こう側には、バルチック艦隊をパーフェクト・ゲームで葬《ほうむ》り去った強力な日本艦隊がいることに。そして、自分たちの方にはそれに対抗するような艦隊が太平洋にいないことに。

それで日露戦争の翌年には、旅団編成の日本軍がハワイに上陸しているという報道がアメリカに流れた。日本が最後通牒《さいごつうちょう》を送ったという記事が東部の新聞にまで出たというのだか

日本人移民が与えた「恐怖感」

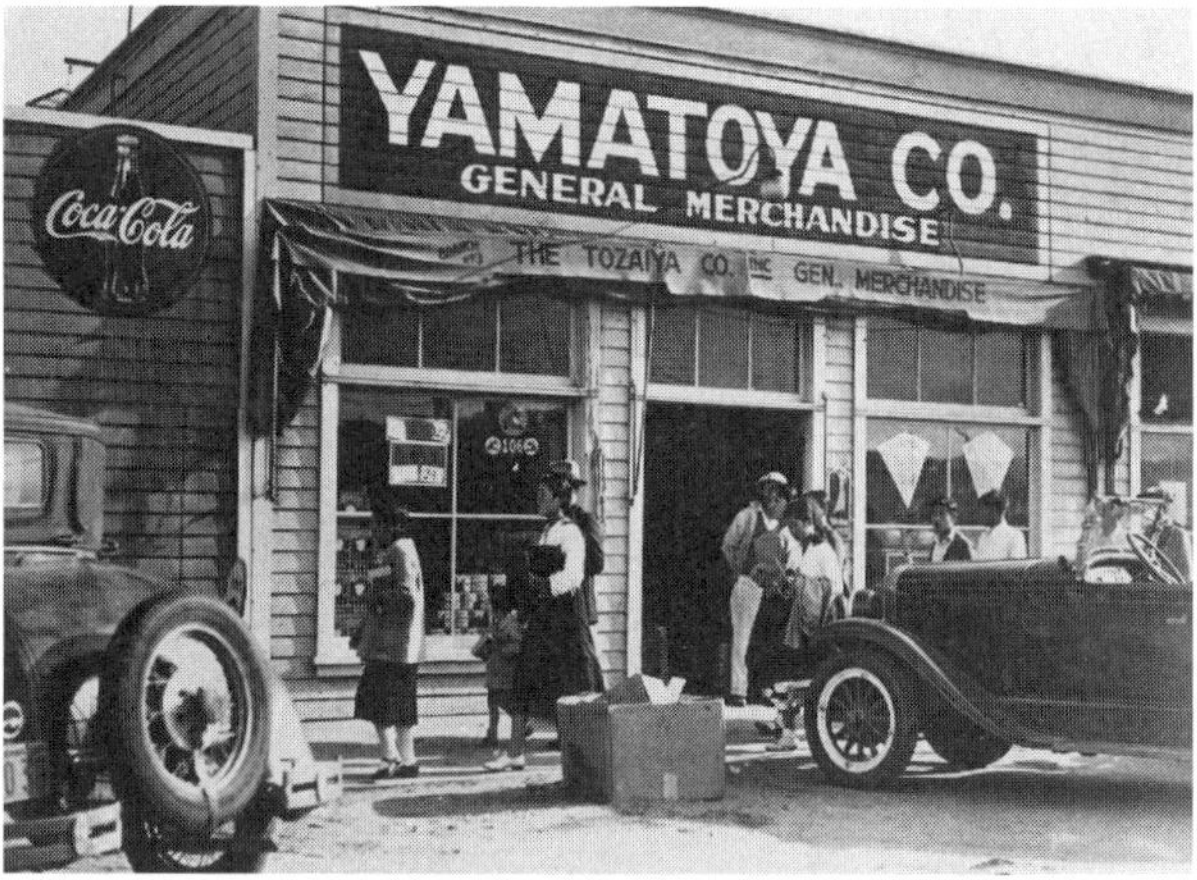

アメリカに移住した日本人たちの多くは、短期間に成功者となった。それは白人たちに潜在的恐怖を惹き起こさせた。

ら、啞然《あぜん》とするより仕方がない。そして日本軍襲来という報道が排日運動と呼応するかのごとく、繰り返して流された。

日本軍がメキシコに海軍基地を持ったとか、すでに日本軍がアリゾナ州に入ってきたとかいう、日本人の誰の頭の中にも夢としてさえ存在しなかったようなことが、根強く繰り返して報道されたということは、一体何を意味するのであろうか。

これは自《みずか》らの心情を相手に投影して、その自らの投じた実体のない影に怯《おび》え、そして怯えたという事実に腹を立てることによって、さらに相手を憎む、そしてその憎しみはさらに相手に投影され……という具合に、どんどん悪くなったのであろう。当時のアメリカの排日運動は、政治問題よりも臨床心理学などによって説明される部分が大きいと思われる。

だから正しい情報を持っているアメリカの中央政府は、きわめて冷静で、少しも反日的でない。カリファルニア州の反日運動に対しては、断乎《だんこ》として日本を弁護し、公平に扱うように勧告しているのである。

一方、日露戦争以後、アメリカで突然に起きた日米戦争の報道を見た日本はどうであったか、と言えば、まことに静かであった。それは日米戦争の報道が、当時の状況ではローカルな段階に留《とど》まったものが多く、日本まであまり届かなかったということもあろうし、そのような記事を読んだ在米日本人外交官も、ナンセンスな報道として扱ったからであろう。それにしても、多少は日本にも伝わったはずである。日本政府が冷静だったのはよく分かるとしても、元来は多分に煽情的な日本の新聞がアメリカの反日報道に呼応して、腹を立てなかったのは、なぜだったろうか。

おそらく、これは日本では政府にも民衆にも反米感情がゼロであったので、「日米開戦近し」とか、すでに日米間の戦闘が始まったというアメリカの反日・排日報道の存在を聞かされたとしても、何かしら理解を超《こ》えたものとして、反感をもって対応しなかったということだったのであろう。

日本人のアメリカに対するこれほどの絶対的親愛感と信頼感に対し、カリフォルニア州をはじめとする諸州は、相次《あいつ》ぐ排日的法案をもって酬《むく》いたのであった。

恩を仇《あだ》で返した日本人学童の隔離

アメリカの排日移民の動きはシナ移民の排斥に引き続き、一八八〇年代からあったのであるが、政府間でも民衆レベルでも大きな問題になっていなかった。それが急に注目をあびるようになったのは、奇《く》しくも日露戦争の翌年（一九〇六）の二つの事件によってである。それは一つには四月十八日のサンフランシスコ大地震であり、もう一つは、その年の十月十一日にサンフランシスコ市教育委員会が、日本人と韓国人の児童を白人から隔離することを決定したことである。

この地震の時に、日本政府は日露戦争後の苦しい財政の中から、五〇万円をサンフランシスコ市に、五万円を在留邦人に見舞金として送った。この時の日本の国家総予算は約五億であったから、その一〇〇〇分の一以上をサンフランシスコ市に、一万分の一以上を在留邦人に送ったことになる。今の日本の国家予算を約五〇兆円とすると、この割合からいけば、約五〇〇億円をサンフランシスコ市に、約五〇億円を約六〇〇〇人の同胞に見舞金として送ったことに相当するわけだから、日本政府のアメリカと、そこにいる同胞移民に対する関心が、いかに強かったかよく分かる。

これほど多額の見舞金を出した理由は、日露戦争の際のアメリカの好意に対するお礼の意味も込められていたと思うが、主なる理由は、そこに同胞が住んでいて差別されているので、その状態をいくらかでもよくしてもらおう、という悲願が込められていたのであった。

しかし地元のカリフォルニアの白人は、有色人種のこんな悲願が通ずるような相手ではなかった。まさにこの時の地震が引き金になって、日本人・韓国人の児童の差別が実行されたのである。

サンフランシスコ市は地震で学校が壊《こわ》れたり焼失したりして、公立学校が狭くなったという理由から、黄色人種の子どもたちは公立学校から追い出され、近くに人家のなくなった焼け野原にぽつんと建っていて、子どもの通学に不適当な学校に移されることになった。しかし、当時のサンフランシスコ市の学童数は約二万五〇〇〇人で、日本人児童は一〇〇人にも充《み》たなかったのだから、まったく理由にならない理由である。

領事は市当局に抗議したが埒《らち》があかず、ワシントンでの外交問題にまで発展した（翌年に条件付きで撤回）。日本の上野《うえの》（専一《せんいち》）領事が市の学務局に出した抗議文の中にも、日本人学童をこのように隔離することは、日本人を白人より劣等な人種であることを宣伝するに等《ひと》しく、日本人の名誉をはなはだしく傷つけるという趣旨のことが盛りこまれていた。

日本人より前に来た清朝のクーリーたちは、そういう差別に抗議もろくにせず服した。しかし、日本人児童が伝染病患者やクーリーの子どものように隔離されることを容認することは、とりもなおさず日露戦争が無駄だったということになるから、日本としては引くに引けないところなのであった。

しかし、一般の白人たちには、日本人とシナ人の区別がつかなかったのであろう。同じ顔付きをしているのに生意気《なまいき》だ、ということになる。しかも、近代的武力も持っているらしい、ということで日本に対しては恐怖心もある。これがまた憎しみを煽《あお》ることは前に述べたとおりである。

ワシントンでは、ルーズベルトがカリフォルニア州のやり方が悪いことを認めていた。セオドー・ルーズベルト大統領は、議会に対しても、日本が長い間、アメリカの友好国であり、すでに欧米の一等国と同一水準であること、またサンフランシスコ地震には多大の見舞金をもらっていることを指摘して、日本人を公平に扱う必要があることを訴えている。そのカリフォルニア州をたしなめる調子は実に厳しい。アメリカ中央政府の対日協力については文句の言いようがなかった。

しかし、地元はますます強硬になった。日本としては大統領の努力と誠意を認め、実質的な日本移民の禁止になるような条件を受け容《い》れて妥協し、その代わり、日本人学童の隔離などという人種の劣等性を公示するような恥は避けることができ、辛《かろ》うじてメンツを保《たも》った。

禁止された日本人の土地所有

さすがに学童隔離などという事件は、本国にいる日本人の注意を惹《ひ》く。しかし、日本政府もアメリカの立場を充分理解する態度を取った。日本移民のいろいろな習慣が米国人と異なり、それが不快感を与えることも知っていたし、また、白人の有色人種に対する感情もよく知っていたから、無理に移民を受け容れ続けてくれ、などという要求は一切しなかった。要するに、日本政府がこだわったのはメンツのみであり、アメリカ政府もそれは充分理解していた。

そして翌明治四十年（一九〇七）から四十一年にかけて、いわゆる「日米紳士協約」が協議され、成立した。簡単に言えば、日本はアメリカに実質上、移民を入れないようにする し、アメリカを差別するような表現を持つ移民法を作らない、というものであった。これでアメリカは実質を得、日本は面目を保ちえて、一件落着になってもよいところであったが、そこでおさまらないところが悲劇のもととなった。

カリフォルニア——そしてカナダでも——排日運動が少しも下火にならなかった。さすがに親米一辺倒であった日本人も、自分たちがアメリカ人に憎まれていることを、だんだん気づかされるような一連の事件が起こる。

そしてついに大正二年（一九一三）、カリフォルニア州が排日的な土地法を成立させた。一般的に「排日土地法」と呼ばれているものであるが、この法律自体には、もちろん日本の名前はついておらず、一般に（アメリカ人から見た）外人の土地所有を禁ずる法律になっているので、「排日土地法」というのは当たらないという日本人の識者もいる。しかし、この「外人」とは「帰化権なき外人」あるいは「帰化不能の外人」であることは、法案の中にも書かれており、こういう外人がとりもなおさず日本人移民であることは、当時のカリフォルニアの立法者にも、この法律を適用される日本人移民にも、また、両国の政府にも自明だったのであるから、「排日土地法」という名称は使ってもよいと思う。

珍田《ちんだ》（捨巳《すてみ》）駐米大使は、この法律の成立防止のため努力をしたが、この時に四つの点を力説している（鹿島守之助《かじまもりのすけ》『日本外交史』第十三巻二六八ページ）。要旨は次のとおりである。

(1)日本政府は以前よりカリフォルニア州における排日感情の緩和に努力してきた。日本国内の事情からすれば少なからず困難であったが、これを忍《しの》んで移民禁止を断行し、これを継続してきたため、在留日本人の数は著《いちじる》しく減少している。

(2)日本移民は出稼《でかせ》ぎ的だという批判を受けていたが、今では永住的生業に努力した結果、在留している地方の繁栄に少なからず貢献している。

(3)低賃金が問題にされたこともあったが、今ではほとんど白人と同じである。したがって低賃金労働者として排斥される理由がなくなった。

(4)日本人のやっている農業の発展は、主として白人の不得意な種類のものであって、白人の生業に対し直接競争するものではない。

一国の大使の抗議であるから、出鱈目《でたらめ》を言っているのではない。日本移民に対する苦情は確実にクリアされつつあったのである。

しかし出稼ぎ的根性が悪いと言われて定着し、土地を買えば、それもまたよくないと文句を言われている点が注目に値《あたい》する。要するに、日本人移民であること自体が法律に触《ふ》れるのだ、と言わんばかりであった。日本政府が大使を通じてブライアン国務長官に手交《しゅこう》した抗議書の大意は、次のごとくである。

「日本政府としては、このカリフォルニア土地法は、米国と相互待遇を持つ日本人の地位を、無条約国の国民以下に貶《おとし》めるものと認識せざるをえません。また差別待遇のはなはだしいものであって、人種的偏見に基《もと》づくものであると認め、単に経済的理由に基づくものであると考えることはできません」

もちろん日本政府としては、ワシントンの連邦政府（ウィルソン大統領）にこういう抗議をする。連邦政府は日本の言うとおりだと思っている。問題は州政府なのである。そして、こういう法案は過去に三度も大統領の圧力で成立しなかった。それが、ついにジョンソン知事の下で成立し、カリフォルニアの白人たちはその勝利を喜んだ。

この排日法は日本人にも相当のショックを与えたが、まだ国論が沸《わ》くというほどでもなかった。そのうち翌大正三年（一九一四）には第一次世界大戦が勃発《ぼっぱつ》し、国民の関心はそっちに向いた。そして日本もアメリカも連合国側に属し、共同の敵である、かの黄禍論の唱道者ヴィルヘルム二世のドイツと戦うことになったのである。移民問題はいちおう休止状態に入った。

否決された「人種平等」条項

第一次世界大戦は大正七年（一九一八）十一月に連合国の勝利で終わり、翌大正八年（一九一九）六月にヴェルサイユ（パリ）講和条約が調印された。その翌年の大正九年（一九二〇）一月十日にヴェルサイユ講和条約が発効するとともに国際連盟が成立した。

講和会議に集まった連合国は二八カ国もあったが、そこで実質的な問題を決めたのは日本、イギリス、アメリカ、フランス、イタリアの、いわゆる五大国である。有色人種の国が国際会議に主要国として出席するのは、近代史ではこの時の日本が初めてである。

この国際連盟委員会において日本の牧野《まきの》（伸顕《のぶあき》）全権委員は注目すべき提案をした。それは国際連盟規約第二十一条の「宗教の自由」の規定の後に、次の一項をつけ加えよ、というものであった。

「国民平等の主義は国際連盟の基本的綱領なるにかんがみ、締盟国は連盟員たるすべての国家の人民に対し、その人権及《およ》び国籍の如何《いかん》に依《よ》り法律上、または事実上何らの区別を設《もう》くることなく、一切の点において均等公平の待遇を与うべきことを約す」

要するに人種差別を止めよう、ということなのである。コロンブス以来、白人から差別され続けてきた有色人種代表という形で、日本が国際連盟規約の中に、人種の平等を盛りこむ要求をしたという点で、まさに画期的なものであった。

そしてこの提案の背景には、アメリカにおける日本人移民差別に苦労し続けた日本政府の苦《にが》い体験があったものと考えられる。

しかも日本の提案の仕方は穏当なものであって、「これをすぐ実行せよ」と言うのではなく、各国がそれぞれの国情に応じ、世論の動きを見ながら努力してほしいというのにすぎなかった。

しかし、この日本の提案は否決されてしまったのである。

パリの新聞「ラ・ヴィクトアール」紙は「連盟規約にアメリカのモンロー主義（一八二三年、モンロー米大統領が提唱した孤立主義的外交方針）の一項が加えられたにもかかわらず、日本の平等待遇を要求した修正案が否決されたことは不都合である」と述べ、「ル・タン」紙は「日本の要求に対し深甚な同情を表わすとともに、いつの日にか日本の正当な主張を尊重しなければならないような解決に至るであろうことを疑わない」と論評した（鹿島・前掲書・十二巻一九二ページ。傍点渡部）。

パリの新聞が「日本の正当な主張」と言ってくれたことが、第二次世界大戦における日本の敗戦とともに実現したことは、なんと不幸な、また残念なことであろうか。

今、ニューヨークの国連ビルでは、国家の態《てい》をなしていないような国の代表も大きな顔をして発言している。その人たちが今から七十数年前の日本の孤軍奮闘ぶりを想《おも》い起こしてくれることがあるだろうか。

アメリカの大統領夫人であったエレナ・ルーズベルト（一九四五—五二年の国連米国代表）などの努力により、第二次世界大戦後間もない昭和二十三年（一九四八）に作られた世界人権宣言は、人種差別の撤廃を高らかに謳《うた》っている。しかし、この宣言が、そのたった二八年前のパリ会議において、日本人の提案した人種差別撤廃を葬《ほうむ》ったまさにその国々によって、主として作成、支持されたと思うと、まことに歴史の皮肉《アイロニー》を感ぜざるをえない。いかにも残念である。

この章のはじめにおいて（一五八ページ参照）、私は「現在のような世界が昭和の初め頃に存在していたならば、日本が満州事変を起こすこともなかったろうし、いわんや大東亜戦争を始めることなど絶対なかったであろう」と述べたが、その意味の一端がお分かりいただけたのではないだろうか。

日本の主張は有識者には「もっともだ」と言われながらも、国際連盟の舞台で葬られてしまった。移民問題のモラル・サポートとして期待されたこの提案も、結局無駄であった。それどころか、アメリカやオーストラリアではこれを日本の陰謀と受け取ったようであり、さらに排日的な態度を示すようになったのである。結果論的に言えば、逆効果だった。

日本という有色人種の近代国家の存在自体が、そして日本人の抱《いだ》く民族平等という思想自体が、白人の世界支配体制にとっては、きわめて大きな脅威であり、かつ危険思想であることが、さらにはっきりと理解されたように思われる。

憲法修正まで提案した排日運動

事実、国際連盟が成立した一九二〇年以後、アメリカの日本人移民問題はさらに急速に険悪の度を増したのである（以下の記述は若槻・前掲書一六九―一八六ページ、および吉田・前掲書一五二―二〇七ページ参照）。

まず、それはカリフォルニア州において、日本人の帰化権剥奪《はくだつ》の訴訟を起こされたことからはじまった。そして大正十一年（一九二二）に米国の最高裁判所は、黄色人種（この場合に問題になっているのは日本人）は帰化不能外国人であって、帰化権はないとされてしまったのである。驚いたことには、この判決はその適用を過去に遡《さかのぼ》らせるという非近代的なものであった。
つまり、それまで帰化権を得て米国人になっていた人も、日系ということでその権利を剝奪された。特にひどい例は、第一次世界大戦にアメリカ軍の兵士として兵役に服し、復員後、帰化権を得てアメリカ市民になった五〇〇人以上の日本人も、その帰化権を剝奪された。

さらにジョンソン下院議員（ワシントン州・共和党）は日本人移民を一人も入れないという法案を提出したし、ジョンズ上院議員（ワシントン州・共和党）は、憲法修正案を提出した。それは合衆国憲法第十九条に、次のことを補《おぎな》うことを主張したものである。

「アメリカで外国人である親からこれから生まれる子どもは、その両親がともに帰化権を持っていなければ、アメリカの国籍も帰化権も持つことができない。また、すでにアメリカ国内で生まれた者でも、その両親がともにアメリカ国籍、もしくは帰化権を持っていなければ、アメリカの国籍、もしくは帰化権を持つことはできない」（「憲法」補助第十九条）

この修正案の意味するところは、実に重大である。アメリカで生まれた子どもはすべてアメリカ人であるというのは憲法上確定していたことであった。すなわち、合衆国憲法修正第十四条（一八六八年＝明治元年確定）の第一項には、次のように書いてある。

「合衆国において出生し〔た〕……すべての人は、合衆国およびその居住する州の市民である。いかなる州も合衆国市民の特権……を損《そこ》なう法律を制定し、あるいは施行することができない……何人《なんびと》に対しても法律の平等なる保護を拒《こば》むことはできない」

すでに確立した憲法まで修正して、日本人移民から生まれた子どもは、アメリカで生まれてもアメリカ市民でないようにしようというのだから、すさまじい反日感情である。

そして、このようなさまざまの経緯があって、ついに大正十三年（一九二四）に、いわゆる排日移民法が、日本の強い反対を無視して成立した。ただアメリカ政府の名誉のために言っておけば、この法案について署名したクーリッジ大統領（在任一九二三—二九）は、それを心から嫌《いや》がっていた、ということである。しかし立法府と行政府は違うのであるから、大統領の影響力の行使にも限界があったのであろう。

反日感情の源は「恐怖」と「貪欲《どんよく》」

では何がアメリカ人をして、そんなに日本移民を憎ませたのであろうか。それは第一に恐怖心であり、第二に貪欲《どんよく》である。

恐怖とは前に述べたように、近代化した有色人の存在は、アメリカの白人優位体制を根本から危《あや》うくするものであるという予感、あるいは実感から生じたものであろう。だから交渉中の埴原《はにはら》大使が、「帰化不能外国人条項」はおたがいに友好的、互恵《ごけい》的な両国の関係に「重大な結果（grave consequences）」を及ぼすおそれがある、という趣旨の手紙を書いた時、この「重大な結果」という表現は故意に政治化させられてしまった。すなわち、この表現は今日の外交用語では戦争を意味するとこじつけられ、さらにこれは「ベールをかぶせた脅迫（veiled threat）」だと騒がれてしまったのである。

これはこじつけである。というのはヒューズ国務長官がこの手紙を受け取った時は、脅迫を感じたどころか、喜んで返事を書いているからである。しかし新聞がこの表現について騒ぎ出すと、議会に共鳴振動を惹《ひ》き起こして、「これは脅迫だ」ということになった。これは当時のアメリカの議員はそれぞれ日本に対し、心の深い所で脅威を感じていたからにほかならない。

また貪欲（cupidity）が排日運動の大きな動機だったことは、十数年前からウィリアム・ピーターソンのような研究者が認めるようになってきた。「排日が実益をも兼ねる」という事態は、太平洋戦争が勃発《ぼっぱつ》するとすぐに作られた「強制収容所」で頂点に達することになる。ナチスの強制収容所はコンセントレイション・キャンプ（concentration camp）と言うが、日系アメリカ人の強制収容所はリロケイション・キャンプ（relocation camp）と言う。直訳すれば、「再配置キャンプ」であるが、何のことはない、日系移民が迫害の中で営々として作り上げてきた豊かな農地を、根こそぎ没収する手段にほかならなかった。

日露戦争前後から三五年も続いた排日の歴史は、リロケイション・キャンプで完結するまでの道程だったと言えるであろう。

親米・尊米から反米・憎米への大転換

さすがに大正十三年（一九二四）五月二十六日、クーリッジ米国大統領が新移民法、いわゆる絶対的排日移民法に署名したということが伝わると、日本でも反米感情が急に高まってきた。

ここで注目すべきことは、日本で反米感情が出てくるのは、アメリカの排日運動より二〇年近くも遅れていることである。二〇年近くも同胞移民が手を替え品を替えて差別されていたことが、絶対的排日移民法の成立と同時に、反米感情として噴出してきたのである。

元来、日本人は、ほんとうに親米であり信米であり、尊米ですらあったのだ。それでアメリカの要望することは何でも受け容《い》れて、いわゆる紳士協定の後は、実質上は移民を止めていたのである。アメリカは紳士協定を一方的に破り、今の南アフリカ共和国のアパルトヘイトよりも、はるかにひどい差別となった。

アメリカ好きの日本人は、これほどまでにアメリカ人に憎まれていたのかと愕然《がくぜん》としたし、また、憎まれる正当な理由はないと確信していたのである（事実、今から見ても、日本人移民が憎まれるべき正当な理由はなくなっていた）。国民的な怒りが日本人の間に生じたことも理解できる。

東京のアメリカ大使館の前で割腹自殺して抗議する青年も現われたし、新聞界も「東京朝日新聞」以下、主要な大新聞は挙《こぞ》って声明文を出し、「このような差別待遇に甘んずるものでない」と言った（「甘んじない」という意味が、具体的にどのような行為をやろうとしているのかは不明であるが、日米戦争の可能性を示唆する文句であると解釈しうるであろう）。

元来は親米・知米的であった学者、思想家、実業家の間にも、反米・憎米の感情が現われた。

たとえば三宅雪嶺《みやけせつれい》（戦前・戦中の代表的評論家）はアメリカに好意を持ち、尊重する気風の人だったと思う。それで明治の日本人たちが無闇《むやみ》にヨーロッパに留学したがるのを彼は最善と考えず、アメリカをもっと手本とすべきだ、という論陣を張っていた。ヨーロッパは、すでに出来上がっている国々であるから、それよりは新興のアメリカに学ぶことのほうがもっと多い、という考えだったのである。

その雪嶺も、クーリッジ大統領が絶対的排日法に署名した時は、「米国は、あらかじめ言っていることと、やることが、その時の利害しだいで、どう変わるか分からない国だということを知っていなければならない」という趣旨のことを書いている（『同時代史』第五巻四一八ページ）。

徳富蘇峰《とくとみそほう》（評論家、著書に『近世日本国民史』など）は排日移民法実施の日を「国辱の日」とせよ、と書いたが、これに対して、キリスト教界の代表的人物であった内村鑑三《うちむらかんぞう》が熱烈同感しているのも注目に値《あたい》しよう。

内村は日露戦争の時も非戦論を説《と》いた人である。その内村がこれだけ腹を立てたのだ。世論だけに関していえば、日露戦争直前の反露感情よりも強く反米的になった。

戦後、急速に普及した親米感情

日本がアメリカに敗《やぶ》れた後、日本に来た米軍や、アメリカ政府自体は、日本人の目には、はなはだ紳士的、あるいは文明的に見えた。戦争中は「鬼畜米英」と教えられていたのに、実物のアメリカ人の兵隊たちは、旧日本軍よりはずっと一般の日本人たちにも親しみやすいという感じであった。

私も旧制中学五年の時から新制高校にかけて英語会話クラブを作り、その中心メンバーの一人だったから、進駐軍との接触も少しあった。また、上智大学では明朗有徳なアメリカ人教師たちを多く知るようになったから、アメリカ人はよい人間たちだと実感的に思うようになった（今でも個人的にはアメリカ人は明朗で好人物が多いと信じている）。

それで分からなくなったのは、こんなよい人たちと、どうして戦争をはじめたのか、ということである。

戦争開始直後、山の中に食糧動員されて開墾作業をした時に、友人から借りて佐々木《ささき》邦《くに》の『凡人伝』を読んだ。それは明治の頃の明治学院らしき白金《しろがね》学院が舞台であった。そこに出てくるアメリカ人の院長は本物の聖人のごとくであり、他のアメリカ人たちも、いかにも愛すべき明朗善意の好人物として描かれている。私がミッション・スクールというものについて知ったのは、この本がはじめてであった。

この『凡人伝』を読んだ同級生たちと、「おれたちもこんな学校に入ってみたいな」と山の中で言い合った。そこは日本におけるアメリカであるように思われた。

萩原朔太郎《はぎわらさくたろう》は「旅上《りよじよう》」なる詩の中で、

ふらんすへ行きたしと思へども

ふらんすはあまりに遠し
せめては新しき背広をきて
きままなる旅にいでてみん。

と歌った。

敗戦直後の青少年たちはみなアメリカに行きたいと思った。しかしアメリカはあまりに遠く、日本はあまりに貧しかった。せめてアメリカ人のいる学校に入ってみようか、という若者たちがいた。

しかし、現実に受験という段になると、既成のランキングの持つ力は意外に大きく、私の同級生でも外人のいる大学だけを一つ受験し、そこを卒業したのは私一人だけだった。

このあたりが『凡人伝』の主人公と似ているが、私の入った上智大学はプロテスタントでなくカトリックであり、ドイツ色が濃厚で、「白金学院」とはまったく違った雰囲気だったが、それでもアメリカ人も数多くいたし、そのほかドイツ人もフランス人もいたから、日本にいて日本らしからぬところのある別世界であった。

敗戦国とは悲惨の極《きわ》みとだけ教えこまれていたのに、敗戦直後の日本はすぐ流行し出した「リンゴの唄」に象徴されるように奇妙に明るかったのである。あの重苦しく規制ずくめの時代から見ると、ほんとうに解放感があった。

「戦《いくさ》に負けたら、こんな結構な世の中になるくらいなのだから、アメリカは元来、立派な国だったんだ。日本の軍部が悪かったんだ」という実感が、広く日本人の間にいきわたったのも当然であったと思われる。極東軍事裁判、いわゆる東京裁判の底に横たわる「文明国が野蛮な侵略国を裁《さば》く」という命題《テーゼ》も、何となく頭に滲《し》みこんだような具合になっていた。

「戦前」を想い起こさせた佐藤《さとう》順太《じゅんた》先生の一言

なぜ日本が戦争に突入したのか、なぜ、あの無駄《むだ》と思われる大戦争があったのかが意識の底に沈み、ひたすら欧米を、特にアメリカ文明や文学を尊敬の念で勉強していた時に、「戦前」を想い出させる二つのことがあった。

その一つは、私の英語の恩師佐藤《さとう》順太《じゅんた》先生のさりげないお言葉である。

私は大学生になってからも、休暇で帰省中は旧制中学・新制高校時代のこの英語の恩師のところに入りびたりと言ってもよいほどお訪《たず》ねして、深更《しんこう》までお話をうかがっていたのである。

そうした折に、どういうきっかけだったからか、先生が、「日本も余計な人殺しをやっていなかったら、今頃、アジアの国々にどんなに感謝されていたか分からないのに」と言われた。

私は「えっ」と思った。戦後の日本はアジア中で憎まれ者になっていたと思いこんでいたし、「あんな戦争は日本の軍部が勝手に起こしたものにすぎない」と何となく思いこむようになっていた。当時の新聞・雑誌やラジオなども、こうした見解一色だった。

私が「そうですか」と大いに驚くのを見て、先生は当たり前じゃないか、といった調子で、こう言われた。

「そりゃそうだろう。長いこと植民地になっていたんだからな。フィリピンだって、首都マニラの死守などやらなきゃ、日本人はこんなに憎まれはしなかったろうよ」

これは、私が大学三年生の夏休みだったと思う。つまり昭和二十七年頃の話である。東京裁判の判決も三、四年前に下《くだ》って、大戦は多くの日本人の意識の中で完全に過去のものになっていたし、「大東亜戦争の大義《コーズ》」なども忘却の淵《あか》に沈んでしまっていた。

それが突如、軍国主義者や右翼思想などとは爪《つめ》の垢《あか》ほどの関係もない英語の先生、しかも戦前に退職して隠棲《いんせい》しておられた老人、戦後に英語の教師の必要が急増したため引き出されてきた老英語教師の口から、当然至極《しごく》のことを語られるように、戦前の世界の植民地の話が出てきたので、私は驚いたのである。

それで、戦後は忘れるように無意識に努めてきたに違いない戦前のことが思い出されてきたのだった。

渋沢栄一《しぶさわえいいち》に見る対米感情の振幅

偶然ではあるが、その頃、私は渋沢栄一《しぶさわえいいち》（明治・大正期を代表する実業家、一八四〇－一九三一）に興味を持っていた。

それは、たまたま同翁の『実験論語』という大きな本を、夏休みに帰省した時、田舎の古本屋で見つけて読んだら、無闇《むやみ》に面白かったからである。論語と銘打《めいう》ってはあるが、維新前後の懐旧談が主になっている妙な本だった。これが機縁で渋沢のものは、ずいぶん読んだ。

その中に、排日移民法が成立した大正十三年（一九二四）に、渋沢が帝国ホテルで催《もよお》された汎太平洋倶楽部の例会で行なった講演があった。渋沢栄一は温厚円満な長者として知られ、文字どおり財界の大御所であった。

この人が次のように言っているのを発見した時、私は再び、戦前の日本の置かれた状況が記憶の中で蘇《よみがえ》ってくるのを感ぜざるをえなかった。

「私は嘉永《かえい》六年生まれで、もう七〇歳。数年前に実業界から引退して日向《ひなた》ボッコしておればよい身分なのだが、日本国民としての資格は辞退できないので、ここに一老人の感懐を述べさしていただきたい。日本がアメリカと国交を持つようになったのは私が一二歳の時でありますが、私は最初攘夷論者で、その運動に身を投じたのである。というのは、アヘン戦争のことを知り、アメリカも同じことをやるのではないかという懸念があったからであった。

ところが私が渡米してからずっとアメリカを見ていますと、アメリカは正義に拠り、人道を重んずる国であるということを知り、かつてアメリカに対して攘夷論を抱《いだ》いたことについてはことに慚愧の念を深くした。そして自分の祖国を別としては第一に親しむべき国と思っておりました。特に条約の改正、または治外法権の撤廃その他についてアメリカは親切に処置してくれました。その後も、貿易は輸出・輸入ともにすこぶる順調であり、経済上、政治上、だんだん親密の度が進むのを見て、若い頃に対米攘夷論を抱いていたことを一層深く恥じたのであります。

また日本からの移民も、カリフォルニアその他太平洋沿岸の各州において、アメリカの人々にも喜ばれ、広い荒野を開墾したのは、所謂、天の配剤よろしきを得ていると喜びつつあったのであります。

しかしそれは束《つか》の間の事であって、そこにはしなくも大いに憂うべき問題が起こりました。それはカリフォルニアの排日運動であり、学童を差別待遇しようとすることが起こったのである。実に私は意外の感に打たれたのである。なぜ白人は他の人種を嫌うのかと、攘夷論時代の昔のことを思い出さざるをえなかった。こうして紳士協約ができました。

その時、小村寿太郎《こむらじゅたろう》侯爵（外交官。いわゆる「小村外交」を推進し、日英同盟の締結などに功績。一八五五—一九一一）は、実業界の有志に向かって、『紳士協約はできたが、アメリカとの国交は国民同士の外交でなければならないから、両国民がたがいに往来する途《みち》を開きたい。まずアメリカ太平洋岸の八つの商工会議所の人々と連絡をつけたいから、日本の商工会議所も協力して、まず、アメリカから団体旅行を招待してもらいたい』と言われました。それで私どもは何度もサンフランシスコをはじめ、方々の商工会議所から何度も、大勢の人をお招きし、また、こちらからも訪米し、国民外交に協力してまいりました。

ところがどうしたことか、数年後になると排日土地法が制定され、その目的はまったく日本移民を妨げるためであり、しかもそれは白人の勝手な都合であることがわかりました。地方の政治家が排日を叫ぶことによって衆愚の票を集めようとしているのである。これを見て私は、アメリカ人も、すべてが仁者ばかりでないということを考えざるをえなくなりました。

その後、アメリカは紳士協約があるにもかかわらず、土地法、借地法など、ますます峻厳に改悪してきてます。ワシントン会議の時は、そこで移民問題を解決してもらいたいと思ったが、太平洋問題を論ずる目的のこの会議にもとりあげてもらえなかった。私は事は重大と思い、国民の使節として渡米し、百方手を尽くしてみたのですが、アメリカ政府は、その問題を協議するための委員会を作ることにも賛成しなかった。

さらにこのごろになると、絶対的な排日法が連邦議会を通ったそうであります。永《なが》い間、アメリカとの親善のために骨を折ってきた甲斐《かい》もなく、あまりに馬鹿らしく思われ、社会が嫌になるくらいになって、神も仏も無いのかという愚痴《ぐち》も出したくなる。私は下院はともかく、良識ある上院はこんなひどい法案を通さないだろうと信じていましたが、その上院までも大多数で通過したということを聞いた時は、七〇年前にアメリカ排斥をした当時の考えを、思い続けて居たほうが良かったかというような考えを起こさざるを得ないのであります……」（本文、傍点とも原文のまま）

財界の代表までがこう言うようでは、国民レベルでの親米感の絆《きずな》は切れてしまったに等《ひと》しい。敗戦後の数年間、私が忘れてしまっていたのは、戦前のこの感情であったのである。私の場合は昭和二十年代の後半に憶《おも》い出す契機《けいき》が、偶然ながらこのようにしてあった。

しかし多くの人は、その時の私のままで戦後を送ってしまったのではないだろうか。もちろん、私より数年以上若ければ憶い出すこともないであろう。戦争中にアメリカも世界も変質して、戦後の世界は戦前とはまったく異《こと》なってしまったのが真相だったのである。

「戦後の世界のようであったら、そもそも日本は戦争を起こす必要はなかったであろう」という、第一の点は、アメリカとの移民問題が消えてしまったことである。

日米の関係を決定的に悪化させた排日移民法が成立した年（大正十三年＝一九二四）に、摂政《せっしょう》をしておられた皇太子裕仁《ひろひと》親王（のちの昭和天皇）と久邇宮良子《くにのみやながこ》女王のご結婚があった。その十数年後には日米は戦争に突入することになる。

満州事変勃発《ぼっぱつ》で終わった幣原《しではら》協調外交

排日移民法は日本の朝野《ちょうや》を憤慨せしめた。

しかし当時の日本は、伝統的な慎重さで国際協調を重んずる外交を取り続けた。そして、排日移民法で国論が沸騰していく中で、護憲三派内閣を組織した加藤高明《かとうたかあき》は、幣原喜重郎《しではらきじゅうろう》を外務大臣に任じた（大正十三年）。幣原こそは、よき時代の日本外交の権化《ごんげ》であり、その政策は国際協調である。彼の外交政策は加藤の死後、第一次若槻《わかつき》（礼次郎《れいじろう》）内閣（大正十五年一月組閣）にも継承された。

ところが、世論は幣原の国際協調政策を、対米追従外交とか、軟弱外交と称する方向に向かった。そして、大陸強硬策を主張する勢力は外交の変更を求め、昭和二年田中義一《たなかぎいち》内閣の誕生を見るに至った。

田中は長州閥の陸軍大将で、かねてから大陸における日本の利権を擁護する立場だった。彼は同時に外務大臣の職を兼ねたが、このこと自体、この内閣の誕生が外交問題からきていることを示している。外務次官は森恪《もりかく》であった。

しかし、満州における張作霖《ちょうさくりん》爆死事件（昭和三年六月）の処理について天皇が不快の念を示されたため、田中内閣は総辞職し（昭和四年七月）、その二カ月後に田中首相は狭心症で亡《な》くなった。天皇に叱《しか》られたのが原因だと言われている。

そして浜口《はまぐち》（雄幸《おさち》）内閣が成立すると、幣原喜重郎はふたたび外相にもどった。するとロンドン軍縮会議（昭和五年）がきっかけとなって例の統帥権干犯《とうすいけんかんぱん》問題が起こり、浜口首相は右翼青年に射たれた（同年十一月。二四一二五ページ参照）。浜口が病床にある間、幣原は首相代理を務《つと》め、ついで第二次若槻内閣（昭和六年四月組閣）においても、幣原は外相を務めた。

だが、幣原外交に対する反感は国民の一部、特に陸軍に強く、満州派遣軍であった関東軍は勝手に独走して昭和六年（一九三一）九月柳 条 溝《りゅうじょうこう》事件、つまり満州事変を起こしてしまった。

幣原外相は不拡大方針を採《と》り、国際連盟理事会にも、出動している日本軍の撤退を約束したが、陸軍はそれを無視して事変を拡大する一方であった。

また国民の一般の支持も軍についたので、幣原外交の維持は不可能になり、満州事変勃発《ぼっぱつ》の年の十二月中旬、若槻内閣は総辞職した。

これで日本の国際協調路線を柱にした幣原外交——昭和天皇が心から支持しておられたと思われる外交——は、ふたたび戻ることはなかった。いな、幣原外交が復帰したのは、悲しいかな、敗戦の年の昭和二十年十月、東久邇《ひがしくに》（稔彦《なるひこ》）内閣のあとを受けて、戦後最初の民間人の首相になった時である。

昭和六年（一九三一）の満州事変から昭和二十年（一九四五）の一五年間を、一五年戦争という人もいる。しかし昭和十二年（一九三七）にシナ（日華）事変が勃発するまでは、戦争はなかったのであるから、一五年戦争という名称は不適当であろう。しかし、この一五年間は「幣原外交の停止期間だった」と言えば、きわめて正確である。

日本人の国際的地位を高めたのは、国際協調外交であった。そしてアメリカにおける排日移民法の成立以後の国民的激昂の時期にも維持されたことは注目に値《あたい》する。

何しろ幣原は排日移民法の成立した大正十三年から、田中内閣の二年間を除《のぞ》けば、昭和六年の満州事変が勃発・拡大した年の終わりまで外相であったのである。

海軍の冷静さを失わせたロンドン条約

このように見てくると、日本が悲劇の路線に入りこんだのは、幣原外交を維持できなくなったからであることが分かる。そして、なぜ、幣原外交が維持できなくなったかと言えば、その直接の原因はただ一つ、排日移民法の成立である。排日移民法の真の歴史的意味は、それが日本外交の主流であった対米（対国際）協調派の基盤を崩《くず》してしまったことであった。幣原喜重郎の立場をなくしたのである。

アメリカにおける排日があれほどヒステリックでなかったならば、そして紳士協約を守って排日移民法など作らなかったならば、日本人はアメリカを敵視する気持ちにならなかったであろう。とにかく日本人はアメリカが好きだったのである。いまやアメリカが日本民族を嫌悪していることは明白になった。それに国民が憤慨している時にロンドン海軍軍縮会議（昭和五年＝一九三〇）があった。

それより一〇年前のワシントン会議（大正十年＝一九二一）でも、アメリカは日英同盟を廃棄させる工作をして成功した。日英同盟は日露戦争を成功に導《みちび》いた同盟であり、日本にとって（そしてイギリスにとっても）、はなはだ有利な同盟であった。アメリカが日英同盟の廃止に熱心だったのは、明らかに日本を仮想敵国視しはじめたことを示していた。だが、その頃も日本人移民の問題は起こっていたがアメリカの中央政府の問題になっていなかったから、日本の世論も激昂しなかった。

ところが、ロンドン条約は排日移民法でアメリカの嫌日感が公示されてからの話である。しかも、ロンドン条約は、主力艦のみでなく、補助艦にも厳しい制限を加えようというものであった。ワシントン軍縮条約（大正十一年＝一九二二）による主力艦の比率は英米日で五・五・三であり、それがロンドン軍縮会議（昭和五年＝一九三〇）で、英米日がほぼ十・十・七になったとしても大した差がない。いな、日本の比率はむしろよくなっているではないか、とも思われる。

しかし、主力艦の比率がそうなのは問題ないとしても、補助艦、特に潜水艦に対して制限が加えられるのは当時の日本海軍にとっては由々《ゆゆ》しいことであった。というのは、当時の日本海軍はアメリカを攻《せ》めることを考えずに、アメリカの大艦隊が巨大な輪形陣《りんけいじん》をなして攻めてくることを仮想していた。ハワイを出たアメリカ艦隊を、マーシャル群島やトラック群島（当時、内南洋《うちなんよう》諸島は日本の委任統治領であった）に基地を置く日本潜水艦隊が迎撃し、敵が小笠原《おがさわら》群島近くに来るまでに、日本艦隊とほぼフィフティ・フィフティになるぐらいに漸減《ぜんげん》するというのが日本海軍の基本戦略であった。

特にこの基本戦略を支持していたのが、時の軍令部次長末次信正《すえつぐのぶまさ》であった。かつて統帥権干犯問題の火付け役になった人物である（天皇は統帥権干犯問題を起こした末次提督に不信の念を抱《いだ》き続けられたらしい。太平洋戦争中に末次を軍令部総長にする案があったが、天皇の末次不信が洩《も》れたらしく、実現しなかった。末次も天皇の不信感を知ってショックを受け、間もなく死亡したと言われている）。

末次にしろ、もし日米関係が日露戦争の時のように友好的で、移民問題による「国辱」がなかったならば、日米海戦をそれほど差し迫ったものに考えなかったであろう。

つまり、統帥権干犯問題が突如として国民的関心の中心に飛び出てきたのは、ロンドン軍縮会議のためであり、その軍縮案に対して海軍軍令部が冷静さを失った反対をし、統帥権干犯というアイデアに飛びついたのは、米国と日本はいつ戦わねばならないか分からない、という雰囲気《ふんいき》があったからであり、その元はといえば排日移民法であった。

「アメリカがダメなら満州があるさ」

統帥権干犯問題が起こる前に、すでに日本ではもっと強硬な大陸政策を求める声が急に強くなってきた。幣原外交は大陸においても、シナ側の主張を重んじ、米国の意見に協調することを柱としていた。しかし「排日移民法を作るような国の言うことを聞いたり、その意見に遠慮したりする必要がどこにあるか」という世論が日増《ひま》しに強くなっていた。アメリカに移民できなければ満州に出て行こう、というわけである。日露戦争の結果、満州においては日本は特殊権益を持つ、ということは国際的認証を得ていることであった。

大正六年(一九一七)の石井《いしい》・ランシング協定による日米共同宣言においても、アメリカ政府は「日本国が支那において特殊の利益を有することを承認す、日本の所領に接壌《せつじょう》〔隣接〕せる地方〔つまり満州〕において、ことに然《しか》りとす」(鹿島・前掲書第十巻四四六ページ)と明記されている。それで「アメリカが駄目なら満州があるさ」ということになった。

事実、石井・ランシング協定の真の意味するところは、日本によるアジア・モンロー主義を認めることであった。モンロー主義とは米国第五代大統領ジェイムズ・モンローの唱《とな》えた米国の外交基本方針である。その内容は、アメリカ大陸は今後、ヨーロッパの植民の対象とならないことと、ヨーロッパ諸国が中南米に干渉することは、アメリカ合衆国に対する非友好的行為と見なす、というものであった。

石井菊次郎《いしいきくじろう》特使の主張は「ニューヨーク・タイムズ」などによって好意をもって迎えられた。アメリカのモンロー主義よりは、立派なアジア・モンロー主義者というわけである。「ロンドン・タイムズ」も好意的である。もっとも、この時の共同宣言者ローバート・ランシング国務長官は後になって、「そんな意味でなかった」などと言い出すが、しかし当時のマス・コミを含めての傍証により、日本のアジアにおける地位は、新大陸におけるアメリカ合衆国の地位に匹敵《ひってき》することが認められたのである。

このような背景があったから、東に向かったアメリカへの日本人移民が、西の大陸に向かったとしても当時の人たちは当たり前のことだと考えていた。

しかし、ハプスブルク家（ヨーロッパ随一の名家で、同家のカール五世は神聖ローマ皇帝、スペイン国王として、「日の没することなき帝国」を作った）が中南米に干渉し特殊権益を持ちたがったように、アメリカもシナ大陸に進出し利権を求めた。ヨーロッパ諸国はすでに権益を持っていて、日本もそれを侵害することはなかったから、大して問題にならなかった。ところが、あらたに入りこもうとしてきたアメリカには、日本の特殊権益が何より目障《めざわ》りである。それで摩擦が起こった。

幣原は協調を重んじる路線で処理していこうとしたが、その幣原の立場を最も傷つけたのが、排日移民法であった。アメリカと協調すれば、軟弱外交と呼ばれる。しかし、幣原自身は少しも軟弱でなく、日本の世論に不人気な幣原外交を毅然《きぜん》として堅持した。その幣原外交も一時は田中（義一）外交に奪われた。ただ田中が張作霖《ちょうさくりん》事件で天皇の不興を買って退《しりぞ》いたので、幣原はふたたびカムバックし、一層高まった反幣原的世論の中で国際協調路線を貫《つらぬ》こうとしたが、統帥権干犯問題が出、さらに満州事変まで勃発したのでは何ともならない。

当時の世論が満州事変を支持し、陸軍の味方になったことは間違いない。アメリカが文句をつけても、「何を言ってやがるんでぇ」というのが国民の気持ちだった。

日本の移民を帰化不能外国人（aliens ineligible to citizenship）と断定したのは、有色人種は白人アメリカ国に移民できないという意味である（本当はインディアンの国なのだが）。それならば有色人種の日本人が、有色人種の無主権地帯《ノーマンズ・ランド》に移民するのならば問題はなかろう、というのが陸軍や、それを支持する国民の意見であった。

人種平等確立は「日本の天職」

もし、統帥権干犯問題が起こっていなかったならば、満州事変が勃発したとしても、幣原外相の手で、国際紛争を回避しつつ収拾することができたであろう。しかし、アメリカなどの非難に耳を傾《かたむ》ける幣原外相の姿は、国民の多くには、排日移民法の屈辱を忘れた腰抜け外交としか思われなくなってしまっていた。

幣原外交の行き詰まりで第二次若槻《わかつき》内閣が総辞職し、犬養《いぬかい》（毅《つよし》）内閣が昭和六年（一九三一）の師走半《しわすなか》ばに成立した。外相は犬養が兼《か》ね（後に芳沢謙吉《よしざわけんきち》）、書記官長は田中内閣の外務次官森恪《もりかく》であった（その時外相は首相の田中義一兼任）。つまり田中内閣的な外交路線であった。

政権についてみれば、日本の外交は国際協調路線が一番安全であることは犬養にも分かった。しかし、彼は統帥権干犯問題を政治の場に持ちこみ、浜口首相狙撃の間接的原因を作った当人である。日本の軍部は、彼自身の手によってパンドラの箱から飛び出てしまっていたのだ。満州事変は彼の希望するように処理されず、そのうえ、上海《シャンハイ》事変（昭和七年一月）が起き、彼自身も五・一五事件（同年）で暗殺されたのである。このように、大正から昭和にかけての日本の政治の流れの方向を大きく決定したのはアメリカの排日移民法であった。

この法律が通った年に、蘆花《ろか》・徳冨健次郎《とくとみけんじろう》（小説家。代表作『不如帰《ほととぎす》』など）は、『太平洋を中にして』の中に、こう書いた。

「世界地図に見る日本の小ささよ。小さいが当然。種子《たね》は小さい、核は小さい、要《かなめ》は小さい。私は曾《かつ》て歌った――
日輪《にちりん》は見る目には小なれど、光、世界を照《て》らし、
日本は地図に小なれど、志は四海を懐《いだ》く。
世界の何処《どこ》に〝日〟を旗章にする国があるか。自《みずか》ら〝日本〟と名のった時に、〝日〟を旗章と定めた日に、日本の位置と天職はとくに定《さだ》まっていた」

蘆花は「日本の天職」と言った時、それは有色人種を白色人種と平等にすることであると考えていたのである。日露戦争に勝ち、第一次大戦のパリ講和条約では五大国としての役割を演じた日本人でさえも、こと人種問題がからめば、まともな人間扱いされないという酷《きび》しい事実を知った。日本がその名のごとく太陽として輝く以外に、世界の有色人種は救われないのだと彼は悟ったのである。

徳冨蘆花は度を越《こ》した愛国主義者ではあったが、けっして帝国主義者でない。日韓併合にも絶対反対であり、それに賛成したというので兄の徳富蘇峰《とくとみそほう》と絶交したぐらいの男であった。その彼さえも、日本次第で世界中の有色人種の運命が決まると悟《さと》るに至ったのである。あれほど仲の悪かった蘇峰と蘆花も、排日移民法では同じように心の底から憤激したのであ

った。

「日本の使命」ということが、きわめて徐々にではあるが、広汎《こうはん》な層の日本人の意識に入ってゆく。大東亜戦争が始まった時の日本の青年の多くは、負けたらアメリカの日本移民のように白人に差別され、人間扱いされないと思ったので勇敢に戦ったのである。その気持ちも戦後の状況では忘れられがちなので、ここに書き残しておきたい。

日本人に投げつけられた「石」

もっともアメリカの方から見れば、排日移民法がそれほど深刻なショックを日本に与え、日本の進路を軍国路線に変えてしまうとは、夢にも思わなかったであろう。今日のように衛星中継で情報が流れる時代であったならば、途中での修正も利《き》いたかもしれない。しかし時は大正末期で、ラジオも普及していなかった。アメリカにしてみれば、人口抑制に熱心でない日本が、人口問題を口にして移民したがるのを自分勝手だと考えたのかもしれない（もっともそんなことを言えば、アイルランド、ポーランド、イタリアなども人口抑制の努力をしないで大量の移民を米国に送り出していたのだから、結局はやはり皮膚の色ということになる）。

それよりも、もっとよいアメリカ理解のヒントはイソップ寓話であろう。池に子どもたちが石を投げて遊んでいた。それに当たって死ぬ蛙もいる。それで蛙の代表が子どもに言った。「石を投げるのを止めてくれませんか。あなたにとっては遊びかもしれないが、こっちにとっては生死の問題なのです」。排日移民法は、白人社会という子どもが日本人という蛙に投げた小石である。子どもは蛙どもが、なぜそんなに大騒ぎするのかピンとこなかったのであろう。

もう一つ、今から見ても不思議なのは、移民した同胞に対する本国の日本人の関心の深さである。異国の同胞に加えられる差別や侮辱を、そのまま自分に対する差別や侮辱と感じた。どうも差別された当の移民たちよりも、内地にいた日本人の方が深く傷ついたというような印象がなくもないのである。

今日の日本人も、海外にいる同胞が日本人であるがゆえに侮辱された時、同じように深く傷つき、激しく怒るであろうか。

(2) 保護貿易主義と世界大戦との相関

大不況を生みだしたホーリイ・スムート法

「戦前の世界が戦後の世界のようであったならば、日本が戦争に突入する必要はなかったであろう」

そう考えられる第二の理由は、世界経済のブロック化である。これについても、先に述べた排日移民法とともにアメリカの責任を小なりとしない。

戦後になってからも、私の母はよくこう言っていたものである。

「お前が生まれた頃の不景気ときたら恐ろしいものだった。今でもあの頃のことを夢に見て、目を覚《さ》ますと冷汗が出ていることがある」

私が生まれたのは昭和五年（一九三〇）である。その前年の一九二九年の十月二十四日の木曜日に、ニューヨークはウォール・ストリートの証券取引所で史上最大の株の大暴落《クラッシュ》があった。いわゆる「暗黒の木曜日《ブラック・サーズデイ》」である。一度は協調買い支《ささ》えなどあって、値はもどったかに見えたが、五日後の十月二十九日の火曜日は、取引の開始から、底が割れてしまったような暴落になった。これが「悲劇の火曜日《トラジック・テューズデイ》」で、この日をもって、世界的な大不況《グレイト・デプレション》がはじまった。

何しろデュポン（米国最大の総合化学メーカー）のような超優良株も、その夏の高値である二一七・五ドルから、たったの八〇ドルに転落したのだから他は推《お》して知るべきである。たった一日で、一〇〇億ドルが消えたと言われるが、これは当時の日本の総予算の数倍に当たる。

しかも共和党のフーバー大統領（在任一九二九―三三）やその経済顧問たちは、これを一時的な市場の痙攣《スパズム》と見て、特に対策を講じなかったから、不況は長続きし、ヨーロッパをはじめとして世界の各地に甚大な影響を及ぼした。

たとえば当時の日本の対米輸出の主要品であった生糸《きいと》の価格も暴落し、共同保管、操業短縮などの必要が起こった。紡績も操短に次ぐ操短で、しかも値は下がるばかりである。アメリカでも工場閉鎖が相次ぎ、労働者の四人に一人は失業という有り様になった。ヨーロッパでも事情は同じである。

このひどい、しかも長期の不況は、どうして惹《ひ》き起こされたのか、と言えば、その年の五月二十八日にアメリカ下院議会を通過したホーリイ・スムート法と関係がある、と言ってよいであろう。

この法律の背景にあるのは、戦前のアメリカの保護貿易思想である。第二次大戦後でこそアメリカは自由主義世界のリーダーとして、自由貿易の守護神の役目を果たしてきたが、戦前はその反対だったことは忘れられやすい。アメリカは最初はヨーロッパより工業などで遅れているという意識があったから、保護貿易に傾《かたむ》きがちであった。

ところが第一次大戦はアメリカを――そして日本をも――成金《なりきん》にした。日本でも「成金」という言葉がその時にできたぐらいなのであるから、潜在工業力と儲《もう》ける機会がはるかに大きかったアメリカが大成金になったことは当然である。そして第一次大戦を境《さか》い目にして世界の金融の中心もロンドンからニューヨークに移った感があった。したがって、その収入増から来る所得税も尨大《ぼうだい》であった。このため税率は何度か引き下げられたが、税収は減らない、という結構《けっこう》な状況が一九二〇年代のアメリカにあった。この金余りが、大戦の荒廃からの復興期にあるヨーロッパに投資され、世界的好況を現出することができたのである。このような好況期が続き、アメリカ経済は絶対的な優位にあったのだから、アメリカはもっともっと市場開放をやってよかった。

しかし、アメリカにおける伝統的保護関税思想は根強く、ハーディング大統領（在任一九二一―二三）は、一九二二年（大正十一）九月二十一日にフォードニー・マッカンバー関税法に署名した。これは国内産業保護のための従価税で、それまでの米国史上最高の税率であった。これによって米国が輸入品から得る関税は約六〇パーセント増加したのである。これは悪い予兆であった。それでも一九二〇年代のアメリカの景気も世界の景気も、ほぼ順調に推移し続けていた。

ところが、フォードニー・マッカンバー法からほぼ七年経《た》った一九二九年（昭和四）の五月二十八日、アメリカ下院歳入委員会《ウエイズ・アンド・ミーンズ・コミティ》の議長である、W・C・ホーリイ（共和党・オレゴン州選出）の名を冠した法律が下院を通過したのである。これは一〇〇〇品目以上の物品に、アメリカ史上最高の関税率といわれたフォードニー・マッカンバー法をはるかに上廻る高率の関税を課そうというものであった。戦勝国で、世界の金《きん》の大半を集めたアメリカが、さらに自国の産業――特に農業――を保護するために、万里《ばんり》の長城《ちょうじょう》のごとき関税障壁を設《もう》けようというわけである。

上院には、さすがにもっと世界経済とかアメリカの責任の分かる人たちがいて、この高率関税法の上院における姉妹法《コンパニオン・ビル》であるR・O・スムート上院議員（共和党・ユタ州選出）の法案に対して激しい議論が生じた。かの株式大暴落が、この法案の審議中に起こったことは注目に値《あたい》する。

「稀代の悪法」を作った選挙区優先の短絡発想

ところが、当時はまだケインズ（一八八三―一九四六）の経済学は普及していなかった。今から考えれば、株式暴落から世界不況が起こりそうになった時こそ、貿易の阻害になる関税の引き下げをすべきであったのに、フーバー大統領もアメリカ議会もちょうど反対のことをやったわけである。アメリカ上院も翌一九三〇年（昭和五）の六月十四日、ホーリイ法と姉妹法案であるスムート法を通過させ、六月十七日に大統領の署名を得て、悪名高きホーリイ・スムート法が成立した。ここに見えてくるのは、世界経済に対する視野の欠如と、議員たちの選挙区や自分の事業の利益の優先ということである。

ホーリイ議員は、オレゴン州のメソジスト派（プロテスタントの一派で、米国西部で発展した）の農家の人であり、その妻も同じ州の農家の女性であった。したがって、農民のために関税障壁を作るのに熱心であり、一九二二年（大正十一）、フォードニー・マッカンバー法が作られる際も、農作物に関する部分は彼の起案によるものであった。

それが一九二九年（昭和四）の法案の時は、さらに極端になったのである。農業生産品の保護をやる関税法を作ると言えば、それに乗ろうとする他の生産業者もいて、空前の保護関税法案になってしまった。

同じようなことはR・O・スムート議員についても言える。

彼は一夫多妻を実行していたモルモン教徒の家庭に生まれ（今は一夫多妻は廃止されている）、その宗派のナンバー・ツーの地位まで上がった人である（彼自身は父と違って、一夫多妻制は実行しなかったと言われている）。子どもの時から商才に長《た》け、一〇代にして父の建てた雑貨業や毛織物工場を経営し、その後は自分で製薬会社を作り、畜産業をやり、石炭会社や木材会社を作ったばかりか、その地方の商業・貯蓄銀行の初代頭取にもなった。

そのほか鉄道、電力、農業など、多くの基幹産業への投資家でもあり、三〇代半《なか》ばにして富豪の一人に数えられた。ユタ州選出の共和党上院議員になったが、その宗教のゆえに議員資格を奪《うば》うという議員審査委員会の決定を受けたこともあったが、セオドー・ルーズベルト大統領（在任一九〇一―〇九）に助けられた形で議員にとどまることを得た。

そして数字やデータに強いところから、上院財政委員会《セネト・フィナンス・コミティ》（下院の歳入委員会《ウエイズ・アンド・ミーンズ・コミティ》に相当する）に一九〇九年（明治四十二）に就任するや、その影響力をしだいに増していった。自分の国の大統領ウィルソン（在任一九一三―二一）のアイデアで誕生した国際連盟にも懐疑的であった（アメリカはついに参加しなかった）。また、第一次大戦中のアメリカの戦時負債の支払い確保にも熱心に働いたし、高い関税障壁を作ることに対しては、特に力を注《そそ》いだ。

というのは彼の事業、特に毛織物業や甜菜《ビート》糖製造業は保護関税によって受ける利益が大きかったからである。彼が下院のホーリイ議員の法案を支持するのもよく分かる話であった。

かくして株式大暴落の八カ月後に、その暴落の痛手《いたで》を和《やわ》らげるつもりのホーリイ・スムート法が成立したが、これこそ稀代《きだい》の悪法で、その影響はアメリカのみならず、世界中の不況を泥沼化せしめたのであった。この極端なアメリカの地域エゴから出発していた法律は、第一次大戦後に生じていた国際協調の流れを潰《つぶ》し、世界的な保護貿易主義を呼び起こすことになった。

きわめて当たり前なことだが、どの国もこれに対抗的な関税を導入する。この法律が発効してから約一年半の間に、二五カ国が報復措置としてアメリカ製品に対する関税を引き上げた。第一次大戦でアメリカに借金をした国々は、アメリカに輸出して儲《もう》けた金でその借金を返済するより仕方がなかったのに、その製品輸出の道が鎖《とざ》された感があり、さらに借金まできびしく取り立てられたのでは経済が成り立たない。

アメリカの方も自国製品の輸出がむずかしくなるのだから、世界貿易は突如として不振になる。この法律ができてからの約一年半の間に、アメリカの輸出額は約五九パーセント減じ、輸入額は約五七パーセント減じた。簡単に言えば、一つの法律がアメリカの貿易量をたった一年半の間に半分以下にしてしまったのである。自国産業の保護のつもりの法律が、輸入額の比率を減《へ》らした以上に、輸出額の比率を減らしたことは注目に値《あたい》しよう。これほど短期的にこれほど急激に貿易量が減れば、不況はさらにひどいものになることは当然である。

大不況の落とし子・ヒトラー

この不況の原因を作った共和党は、一九三二年（昭和七）の総選挙に大敗して、民主党のフランクリン・ルーズベルトが大統領となった。彼はこの大不況を克服するために、いわゆるニュー・ディール政策を打ち出した。

ディール（deal）とはトランプで札を配《くば》ることである。共和党の惹《ひ》き起こした不況によって貧富の差、社会格差が増大し、貧しい人たちが、特に失業者たちが、堪《た》えがたくきびしい生活を強《し》いられている状況を、社会の公正の欠如によるものと見たルーズベルトの発想は、共和党の政策を全部止《や》めにし、トランプで新しい札を配り直すように、すっかり新しくやり直そうじゃないか、というものであった。そこにはそれまでのアメリカの国内政策に見られなかった社会立法、社会保障政策への傾斜が強かった。その一連の立法は、今日では党の如何《いかん》にかかわらず、アメリカの生活の一部となってきているのであるから、成功であると見なしてよいであろう。

しかし、その成功はそんなに簡単なものではなかった。アメリカが大不況、大失業をすっかり克服したのは一九三九年（昭和十四）である。つまり、第二次欧州大戦が勃発《ぼっぱつ》したおかげである。大戦は大量の人員の動員を生んだから、失業問題は消し飛んだし、大量の武器弾薬の製造は産業に活気を与え、また近代戦の刺戟《しげき》によって多くの科学技術が開発されたため、まったく新しい経済時代が現われた。

ニュー・ディール政策がほんとうに効きめを現わしたのは、数年後にヒトラーが戦争を起こしてくれたおかげであるということは見落としえぬ点である。ニュー・ディールは、たしかに立派な理想を持つ政策であったが、それはあくまでも国内《ドメステツク》な政策であった。ルーズベルトが、もしホーリイ・スムート法をすぐ廃止して、関税の引き下げや廃止に向かったならば、アメリカのみならず、世界を大戦から救ったであろう。

ホーリイ・スムート法によってアメリカの経済は長期の大不況に陥《おちい》った。しかし、アメリカは国としてはほとんど自給自足《アウタルキー》のできる国である。だから、自国の国内政策を大転換することによって生き残れる。

ところがヨーロッパの諸国はどうなったか。もちろん、アメリカに劣らぬ大不況である。特に第一次欧州大戦に敗れ、尨大《ぼうだい》な賠償金を抱《かか》えたドイツへの悪影響は大きかった。ドイツは輸出する利益によってのみ賠償を払い、国家の存続に必要なものを輸入しなければならなかったのに、突如として貿易が激減したのだから、賠償金を払うことは、病人が献血するようなものである。たちまち倒産が続出し、失業者の数が爆発的に増え、賃金も低落した。

ホーリイ・スムート法成立の三年後の一九三三年（昭和八）にアメリカではルーズベルトがニュー・ディール政策を開始し、同じ年にヒトラーが首相に就任した。その一致は偶然ではない。またこの頃起こった南米の革命騒ぎや、インドや中国の騒乱もホーリイ・スムート法の余波によるものである。

ブロック経済化で追いつめられた日本

では日本はどうであったか。ホーリイ・スムート法によって、生糸《きいと》などの輸出が直接影響を受けたことは、すでに述べたとおりであるが（二二〇―二二一ページ参照）、もっと重大なことが、それによって惹《ひ》き起こされ、その影響をまともに受けることになる。

ホーリイ・スムート法はその法の性質上、世界の各国に保護貿易行為を惹《ひ》き起こさせる性質のものであったが、特に、その中でもイギリスの動きが日本に重大な関係を持つことになった。

世界的な保護貿易の風潮に対応して、イギリス帝国のメンバーである諸邦は、一九三二年（昭和七）七月二十一日から八月二十日まで一カ月にわたり、カナダのオッタワ下院議事堂において英帝国経済会議《インピアリアル・エコノミック・コンフェランス》、いわゆるオッタワ会議を開催した。それはユニオン・ジャック（英国国旗）に日の沈むことなし、と言われた時代のイギリスの威容を世界に示すものであった。地球の約四分の一がイギリス帝国のメンバーであったのである。

この会議に参加したのはイギリス本国、カナダ、アイルランド、インド、オーストラリア、ニュージーランド、ニューファウンドランド、南アフリカ連邦、南ローデシアの九つであったが、このほかビルマ、マレー半島、シンガポール、香港、エジプトなどは、植民地的支配を受ける地域であったから、オッタワ会議の決議はそのままそこにも通用することになる。まことに世界の四分の一の地域の方針を定める超重大な経済会議であった。

会議の議題としては四つほどあったが、一番重要で、しかも意見がまとまったのは特恵《とっけい》関税同盟によるブロック経済化の協定である。

簡単に言えば、イギリス本国のような工業国は、帝国内の諸邦から食糧や工業の原料を無関税、あるいは特恵関税で輸入するが、域外からの輸入には関税をかける。これは一次生産物の極端な値下がりや不況に悩んでいた帝国のメンバーにとっては福音《ふくいん》であった。

また同時に、イギリスの工業生産物はメンバーの諸地域に特恵関税で輸出されることになるから、イギリスの工業家にとっても福音であった。しかしこれはブロック化であるから、その中ではお互《たが》いに有利でも、世界の貿易全体は大幅に縮小されることになった。

アメリカのホーリイ・スムート法も、英帝国のオッタワ会議も、いずれもアングロ・サクソン圏に関するものである。世界的不況が進んでも、これらの国や地域《ブロック》は何とか自分たちでやってゆける。しかし、日本のような国はどうするか。ヨーロッパでも、ドイツやイタリアやフランスはどうするか。

特に日本の場合は深刻である。日本は近代産業に必要とする原料を、若干《じやっかん》の石炭以外は国内に何も持たないと言ってよい。せいぜい生糸を売って外貨を稼《かせ》ぎ、それで原料を買い、安い労働力を使って安い雑貨を売り、それによって近代工業を進め、近代的軍備を整《ととの》えてきたのである。それに日露戦争以来の借金も山のようにある（そうした日本の負債がゼロになったのは昭和六十三年＝一九八八年の十二月三十一日である）。

工業をやるための原料は、多くオッタワ会議のメンバー地域やその他のイギリス植民地から日本は買わなければならない。また、その代金を払うためには製品をアメリカやイギリス帝国の支配地域——たとえばインドなど——に売らなければならない。それがオッタワ会議で差別関税をかけられることになったのだから、日本にとっては、まさに死活の問題であった。

自由貿易とか、国際協調という理念は、アメリカによってまず破られ、ついでイギリス帝国によって捨てられたのである。近代国家として生きていくためには自給自足の経済圏を自《みずか》ら持たねばならぬ、と多くの日本人が考えはじめた。

ホーリイ・スムート法が、満州事変に先立つこと一年も前に成立していたことを無視して昭和を語ることはできない。

大不況時代が呼んだマルクス主義への傾斜

この世界的不況の影響はイデオロギーの面でも顕著になった。それは古典的な自由主義あるいは議会制民主主義では駄目で、全体主義こそその代《か》わりになる、というものである。

一九一七年（大正六）にロシア革命が起こったことは世界中に大きな衝撃を与えたけれども、まだ多くの人にマルクシズムの正しさを確信せしめることはできなかった。

第一、革命それ自体が、マルクスの理論に反して資本主義の発達していない国に起こったし、革命の犠牲も予想外に大きかったからである。

ロシア革命の三、四年後には餓死者の数が少なくとも三〇〇万、あるいは七〇〇万にのぼり、人が人の死体を喰い、飢《う》えた親が幼児を生きながらヴォルガ河に投げこむという地獄の光景が生じたことは、当時、多くの目撃者によって報告された。それでレーニンも一九二一年（大正十）には政策を転換しなければならなかった（小泉信三『共産主義批判の常識』六三ページ）。過激派はどこの国でもロシア革命に感激し、それを歓迎したが、そうでない人たちは、労働者の福祉を第一に考える経済学者や社会学者でも、マルクス主義には同調せず、むしろ批判的だった。

ところがホーリイ・スムート法を引き金にして大不況が起こり、それが泥沼化するのを見ると、穏健な社会主義者たちも、「マルクス主義は正しい予言なのではないだろうか」と思いはじめるのである。

その分かりやすい例を、イギリスのシドニイ・ウェッブ夫妻と、ハロルド・ラスキの場合から見てみよう。

ウェッブ夫妻がフェビアン協会（漸進的社会主義）の中心であり、イギリス労働党を支《ささ》える大きな柱であったことは今さら言うまでもない。彼は社会主義政策を、実際に立法や行政に移せるような人物を作るためにロンドン・スクール・オブ・エコノミクス・アンド・ポリテカル・サイエンス（LSE）を作った（この学校は創立数年後にロンドン大学に編入され、今日に至っている）。ウェッブ夫妻は、計画経済を実行できるようなエリート専門家の養成を目指し、それに成功した。そして一九二四年（大正十三）にイギリスで最初の労働党内閣が誕生した時、夫のシドニイ・ウェッブは通商大臣となり枢密院《すうみついん》のメンバーになった。

ウェッブ夫妻はトロツキーとも話したこともあって、少なくとも一九二九年（昭和四）――ホーリイ・スムート法発効の年――まではロシア革命に同情的でなかった。

しかし、一九三二年（昭和七）に夫妻でソ連を訪問するに当たっては、徹底的にソ連の勉強をしてから出かけていった。そしてソ連びいきに変わったのである。抜け道のないような不況と大量の失業者を見たウェッブ夫妻にとっては、第一次五カ年計画進行中のソ連は新鮮な好印象を与える体制だったに違いない。漸進的社会主義の大宗《たいそう》とも言うべき夫妻は、一九三五年（昭和十）に出版した最後の二巻本の大著（『ソヴェト・コミュニズム』）において、ロシア革命に対して肯定的な態度を示したのである。

もう一人の例をイギリスから採《と》ってみよう。同じくイギリス労働党の重要なメンバーであったハロルド・J・ラスキ教授（一八九三―一九五〇）は、ウェッブ夫妻の創立になるロンドン・スクール・オブ・エコノミクス・アンド・ポリテカル・サイエンスで教え、全世界から集まってきた学生の間における人気の高さは比類ないものであった。政治哲学者であり、フェビアン協会の主要メンバーでもあり、英国労働党の議長も務《つと》めた実際人でもある。

そのラスキは、一九一〇年代に書いた『主権問題の研究』（一九一七）や『近代国家における権威』（一九一九）においては、複数政党による議会政治を支持している。そして『政治の文法』（一九二五）においても、複数政党がよいのだとしていた。また『共産主義』（一九二七）においてもマルクシズムに反対し、その反対する理由を述べている。彼の考えによればマルクシズムは個人の自由と相容《あいい》れず、ロシア革命のようなものは、西欧民主主義国においては、必然でもなければ望ましいものでもない、という主張だった。

ところがラスキ教授も、ホーリイ・スムート法以来のイギリスやアメリカなどの泥沼的不況を見て、改心《かいしん》するのである。そして、マルクス主義の歴史解釈はおおむね正しいと考えるに至った。

それで複数政党の議会主義を支持した『政治の文法』（一九二五）の新版を一九三八年に出す時は、これに長文の前書きをつけ、複数政党による議会主義を捨てざるをえない理由を縷々《るる》のべているのである。

彼の目的は今や、マルクス主義をいかにイギリスの中で適用するか、ということになった。ラスキは元来、アメリカとの関係も深かった人で、ニュー・ディール政策のフランクリン・ルーズベルトとも親しく、アメリカについての著書もいくつかある。そのうちでも、彼の最後の大著となった『アメリカの民主主義』（一九四八）は、アメリカの歴史と諸制度をマルクス的に解釈したものとして話題を呼んだ。

複数政党制は邪魔物である

世界的に影響力のあったラスキ教授が一九三〇年（昭和五）あたりを境《さかい》にして、左翼全体主義、つまりマルクシズムに変わったことこそ、自由世界に重大な思潮の変換期が来たことを雄弁に示すものである。ラスキは眼前の世界的大不況を見て、複数政党による議会制民主主義ではもう駄目だと思った。複数政党の議会では、選挙のたびに政策が中断されるおそれがあるし、また現実に対応した複雑な立法を敏速に行なうには、今までの議会では適当ではないと言うのである。

ラスキの考えでは、今や、マルクス主義的な社会立法をどんどん不可逆的に行なうべき時点に来ているのに、現行の議会のあり方や議事手続きでは、社会主義化立法の流れが合法的に止められたり、逆行させせられたり、また合法的議事妨害によって法案が流されてしまう可能性が常《つね》にあり、これはよくない、と彼は思った。

つまりラスキにとっては、複数政党議会が邪魔物に見えてきたのである。この議会の弊害をなくするにはどうしたらよいか。そのためには労働党が包括的な委任立法によって社会主義的政策を実行すべきであるとした（小泉・前掲書八四ページ参照）。別の言葉で言えば、立法に関する広汎《こうはん》な権力を政府に与えよ、と言うに等《ひと》しい。

ラスキがこのような趣旨の論文「労働党と憲法」を雑誌『ニュー・ステイツマン・アンド・ネーション』に書いたのは一九三二年（昭和七）であったが、見よ、翌一九三三年の三月二十三日には、ドイツ連邦議会はヒトラーに全権を委任する法案、いわゆる授権法《じゆけんほう》を可決したのである。

もちろんヒトラーは、ラスキの論文を読んで授権法を欲《ほっ》したのではない。ホーリイ・スムート法による世界的大不況に対する処方箋は全体主義《トータリテリアニズム》しかない、と思われてきていたのである。

左翼の全体主義はソ連である。右翼の全体主義はヒトラーやムッソリーニである。そして、比較的穏健な全体主義はラスキらのイギリス労働党路線であり、さらに、もっともっと穏健なのはアメリカのニュー・ディール政策であった。

「全体主義的《トータリテリアン》」(totalitarian)という英語が最初に「ロンドン・タイムズ」に出たのは一九二九年(昭和四)であるが、三〇年代ともなれば、この単語がないと世界政治も世界経済も語ることができないようになる。

まさしくハイエク教授(ノーベル経済学賞受賞者)が『隷従への道《ザ・ロード・トウ・サーフダム》』(昭和十九年＝一九四四)の中で見事に示したように、全体主義という点では共産主義《コミュニズム》も国家社会主義《ナツオナール・ゾツアリスムス》(ナチス)も労働党イデオロギー(進行的全体主義)も同じ根を持つのである。

スターリンの五カ年政策は、ウェッブ夫妻のような専門家にも成功のように思われてきていたし、ヒトラーはほとんど奇蹟的とも言うべきスピードで失業問題を解決し、どん底にあったドイツ経済を再建してみせた。アメリカでもルーズベルトのニュー・ディール政策は、ヒトラーのようには目覚《めざ》ましくはないが、フーバーの自由放任主義よりは、ずっとましであることが分かった。

大不況が生んだ指導者たち

ニュー・ディール政策のルーズベルト（左）とナチスのヒトラー（右）。対照的な二人だが、ともに大不況を社会主義政策で解決しようと登場した「英雄」だった。

「景気恢復《かいふく》の女神」に見えた満州事変

同じく大不況に襲《おそ》われた日本も、こうした世界的な潮流の中にいた。しかし、浜口《はまぐち》（雄《お》幸《さち》）内閣は井上準之助《いのうえじゅんのすけ》を蔵相に据《す》え、昭和五年（一九三〇）一月十一日に金の輸出を解禁して——いわゆる金解禁——日本の通貨を金本位制にもどした。

日本は金の輸出を、世界大戦の行なわれていた大正六年（一九一七）九月から禁止していたのであるが、それから一三年後に、その時と同じ円の価値で金本位にもどろうとしたわけである。大正六年には一〇〇円は四九ドル八五セント、つまり約五〇ドルであった。逆に言えば、一ドルは約二円であった。

ところが関東大震災（大正十二年＝一九二三）の後は、円は一割以上安くなって、一ドルは二円三〇銭ぐらいになっていた。その実勢を無視して、一ドル二円の昔の相場で金本位にもどろうというのである。これは日本の通貨の威信や、国際協調のためにはよいことと考えられていた。

というのは一九二二年（大正十一）のジェノア会議で金本位制にもどることが決定され、イギリス、フランス、ドイツ、イタリアなどの国々は、一九二八年（昭和三）までに金本位にもどっていたからである。浜口首相は幣原《しではら》外交を外交の根幹とし、国際協調を重んじたのである。ロンドン軍縮会議（昭和五年＝一九三〇）を調印したのも、その精神からであった。

しかし今日では多くの人の常識になっているように、通貨の高いことは輸出をむずかしくし、デフレを起こすことにほかならない。金本位にもどるなら、ドイツやフランスのように、円の価格の実勢に合わせて行なうべきだった。

在野のエコノミストである石橋湛山《いしばしたんざん》や高橋亀吉《たかはしかめきち》や小汀利得《おばまとしえ》は、そのことを主張して、経済ジャーナリズムで論陣を張ったが、東大法学部から日本銀行に入り、横浜正金銀行《よこはましょうきんぎんこう》（東京銀行の前身）の頭取、日銀総裁、蔵相を経《へ》て貴族院議員となり、ふたたび蔵相になった井上準之助の耳には、在野の反対論は蛙鳴蟬噪《あめいせんそう》（無用の騒音）にすぎなかったようである。

ここで浜口や井上の心理に立ち入るのは余計なことかもしれないが、戦前における官と民の関係は考慮に入れておいてもよいかもしれない。浜口も東大法学部から大蔵省入りした秀才であり、井上も右に述べたとおりである。特に井上は欧米留学や海外滞在の経験も長く、その間、欧米の経済学書もよく読んでおり、どこから見ても日本の財政の第一人者であった。

これに反して石橋湛山、高橋亀吉、小汀利得は三人とも早稲田の卒業生であった。彼らが入った頃の東大と早大の学問的権威の差は、世間の人の頭の中では、現在の私大と専門学校ぐらいのものだったと思われる。しかも私立出身で在野のエコノミストたちは、海外留学の経験も、為替《かわせ》銀行や通貨政策実務の体験もない。それに、まだ官尊民卑《かんそんみんぴ》のはなはだしい時代である。在野のエコノミストなどの意見に謙虚に耳を傾《かたむ》けようという気は、井上準之助にはなかったであろう。

しかも時期が悪かった。約二カ月前にはニューヨーク株式大暴落があり、ホーリイ・スムート法も、その後まもなく発動されたのである。不況は凄《すさ》まじいものになった。

しかし井上蔵相はよく頑張《がんば》った。浜口首相が凶弾に倒れ（一〇五ページ参照）、第二次若槻《わかつき》（礼次郎《れいじろう》）内閣になっても井上は蔵相に留《とど》まり、大不況にもめげず、あくまでも金解禁政策を継続した。

だが、翌昭和六年（一九三一）九月二十一日にイギリスがジェノア会議の決議の拘束から一方的に抜け出し、金本位制から離脱したため、井上財政はその信憑《しんぴょう》性を失った。

そのため同年十二月に若槻内閣は総辞職し、犬養《いぬかい》 毅《つよし》の政友会内閣が成立、高橋是清《たかはしこれきよ》が蔵相となり、金解禁を廃止、つまり金の輸出はふたたび禁止され、日本も金本位制を離脱し、管理通貨制に移行し、今日に至っている。

日本における金解禁の失敗は、当時の世界において、古典的経済政策や財政政策の時代が終わったことを示す象徴的事件であった。古典的経済学や財政学に通じ、イギリス全盛の時代をよく知っている人ほど間違ったのである。

戦後イギリス労働党の首相になったハロルド・ウィルソンも、当時のイギリスを回顧して、「今から考えると、悪くなるように、悪くなるようにと手を打っていた」という趣旨のことを言っている。日本の指導者たちも、イギリスを尊敬し、イギリスに従って通貨政策を誤《あやま》ったのである。

確かに日本は金解禁を止めるや否《いな》や、たちまち円安状況が生じ、これはただちに輸出ブームに連《つら》なった。金解禁時代には一ドル二円だったのに、たちまち一ドル四円七〇銭と半分以下になったのだから、輸出ブームになるのは当然である。もっとも、この頃の日本製品で輸出されるものは雑貨や繊維であるが、それでも経済は活況を呈《てい》する。そして昭和八年（一九三三）には日本の綿布輸出量はイギリスを超えて世界第一位になった。

しかも日本が金解禁を止めた年と、満州事変が起きた年が同じであったために、満州事変が景気恢復《かいふく》の女神のように見えたのである。関東軍の暴走が国民的支持を得《え》たのも、ここにその一因があった。

「無血革命」で登場した無産政党

国際協調を根幹とする幣原《しではら》外交は、排日移民法によって裏切られ、ホーリイ・スムート法によって裏切られ、イギリスの金本位離脱によって裏切られた。そして間もなくオッタワ会議によって裏切られることになる。日本の外交の基軸であったアメリカやイギリスに、このように重ね重ね裏切られては、政府が親英米的な政策を採《と》ることをきわめてむずかしくする国民感情が生じてしまっていた。特に、それが統帥権干犯問題と絡《から》んで、軍部独走が憲法的に可能であることになったのだから、歯止めが利《き》かなくなる一方である。日本に不利な国際情勢は、陸軍の独走が、広い国民的支持を持ちうる雰囲気《ふんいき》を醸《かも》しだしていた。

そして、軍の中にも新しい思想が生じ、官僚の中にも新しい思想が生ずる。その頃までの日本の政治は、大正デモクラシーの継続であり、議会制民主主義であった。それが欧米の、特にヨーロッパの思想界の影響を受けて、急速に全体主義が勢力と威信《プレステージ》を得てくるのである。

日本における労働運動はすでに日清戦争の前からあり、大正九年（一九二〇）には最初のメーデーが上野公園で行なわれた。またストライキも方々で起こった。

大正十年（一九二一）には大日本労働総同盟友愛会が創立一〇周年記念大会で日本労働同盟と改称したが、四年後の大正十四年（一九二五）には総同盟から分かれて日本労働組合評議会が結成された。翌大正十五年（一九二六）には、日本労働組合総連合会や全日本農民組合同盟も結成されている。そのほか、日本の労働運動の活発さを示す出来事がこの頃には相次いで起こった。

そしてついに昭和三年（一九二八）には、普選すなわち普通選挙法（身分・財産などによる資格制限をつけず、原則としてすべての成人男子に選挙権・被選挙権を与える選挙制度）による最初の衆議院議員総選挙が行なわれ、無産政党と呼ばれた各派から合計八人の当選者を出した。無産政党系の候補者は乱立したにもかかわらず社会民衆党四名、労働農民党二名、日本労農党一名、その他一名を出したことは、選挙干渉や弾圧など、汚点もあった選挙ながら、労働者の代表にも議席を与えるという方向に日本が進んでいるという確実な証明であった。

　イギリスで労働者代表が議席を得たのは一八七四年（明治七）で、その数は二人であった。その後は思ったほど伸びず、これという議席を占《し》めたのは一九〇六年（明治三十九）の総選挙においてである。日本は第一回目の普選で、すでに無産政党は五パーセントほどの得票率があったのだから、約二〇年ぐらい遅れてイギリスの後を追っていた、とも言える状況であった。

　議会制度については、日本人は明治以後その存在を知るに至ったのであるが、ひとたびその有用さを認識するや、欧米の他の学問、技術、文物を導入したようにすばやく導入した。明治の議会設置のための民権運動は、暴力的革命によらず、その目的を達成したという点が世界にも珍しい例である。

　そして普選の導入によって、無産者にも議席を与えるということも流血革命なく実現した。そしてこのまま行けば、日本にもイギリスの労働党に相当する党ができる可能性も見えていた。それが昭和三年(一九二八)頃までの状況であった。

しかし、その翌年の昭和四年からはじまった大不況と、それに応じて生じてきた全体主義の高まりは、無産政党のみならず、政党そのものまでなくする方向に暴走してしまうのである。

過大評価されている戦前の日本共産党

ペテログラード(今のサンクトペテルブルグ)とモスクワで一九二二年(大正十一)の十一月から十二月にかけて開かれていた第四回コミンテルン世界大会は、この年の七月十五日に、ひそかに結成されていた日本共産党を承認し、その時に日本共産党の綱領草案をも作ったらしい。

この大会で統一戦線テーゼが確認されたのだから、当然、日本共産党の基本方針もそれと合ったものになってくる。

コミンテルンの方針の中には、君主制の廃止ということが謳《うた》われていた。日本で君主制廃止と言えば、とりもなおさず皇室の廃止、後の言い方によれば天皇制の廃止ということになる。この条項が戦前の共産党の運命を決定したと言っても過言《かごん》ではない。

戦前の日本人は、きわめて誇り高く愛国的な国民であった。それは有色民族でただ一つ、白人の植民地大国と平等の地位を実力で勝ち取ったというところからきていた。

その原因と言えば、明治維新の成功から来ていると思っていた。植民地や租借地を欲しがっていた虎狼《ころう》のごとき列強に狙《ねら》われながら、すばやく封建制から近代国家に変身しえたのは、皇室というナショナリズムの中心があったからだということは、国民全体の総意というより、実感であったと言ってよい。

それに家族意識の強い時代であったから、皇室は日本人のすべての家族の総本家という意識もあった。堅《かた》く言えば、こういうのを擬制《ぎせい》家族国家と呼びうるであろうが、それが多くの国民の感情であったことも確かである。

そんな日本で、天皇をなくしろ、というコミンテルンの指示は、日本共産党に自殺を強《し》いるのと同様の働きをした。労働組合運動や農民運動に挺身《ていしん》した人たちも天皇廃止などを考えていた人は、まずいない。むしろ一君万民思想で、天皇の同じ赤子《せきし》たる日本人が搾取されているという不正義に憤《いきどお》るという正義漢が大部分だったのである。つまり共産党は、日本の社会に根を下《お》ろす可能性を失った。

哲学者田中美知太郎《たなかみちたろう》が、戦前の共産主義運動は戦後に大きく扱《あつか》われ過ぎているのではないか、と言ったことがある。現在を投影して過去を拡大する傾向があるのではないか、というのである。同じ趣旨の話を私は戦前の共産党の中心的位置にいた人から直接聞いた。天皇をなくするというのでは、まったく民衆に食いこむことができなかったという。

戦前の日本人は、被搾取階級と左翼が呼ぶような貧民たちでも、いな貧民なればこそ、天皇を敬愛したのである。貧民が社会的に憤るとすれば、天皇と自分たちの間にいる者たちに対してであった。

事実、戦前の共産党員は全部合わせても文字どおり数えるほどしかいなかった。しかも逮捕されると転向する者が多かったから、太平洋戦争が始まる前に、日本の社会には日本共産党員はいなかったと言ってもよい。少数は外国に逃げ出し、転向しないで刑務所にいた者もごくごく少数だった。それが敗戦前の日本共産党のすべてである。

ソ連の革命の実態が知られてくるに従って、日本政府の共産革命への恐怖心と警戒心は強まった。ロマノフ王朝（ロシア）の王族が全員、その愛馬に至るまで惨殺された。ということは、日本にあてはめると、天皇を含む皇室全体がなくなることを意味する。

これは当時の政府として絶対に許せぬことだったし、政府はこの点については国民感情の支持があることを知っていたから、共産党員を根こそぎ検挙することに躊躇《ちゅうちょ》はなかった。またコミンテルンの方針が、皇室をなくし明治憲法体制を暴力で覆《くつがえ》すことだと分かっていたから、政府や警察としては、取り締まりあるのみ、という方針を採《と》るのも当然である。

「イデオロギーゆえの残酷さ」を持つ共産革命

戦前の日本の警察による弾圧や労働運動迫害を非難する文献は、それこそ汗牛充棟《かんぎゅうじゅうとう》もただならぬほど多くある。そして大正初年から昭和二十年の敗戦の年までの約三〇年間を「暗い谷間」と呼んだ元東大総長もいる（大河内一男《おおこうちかずお》『暗い谷間の自伝』中公新書）。この社会学者が、「暗い谷間」と呼んだ暗い時代が、どのようなものであったかは、きわめて示唆《しさ》するところが大きい。

さすがに明治時代を「暗い」とは呼べない。戦後は明るい。ではその中間がどうして「暗い谷間」になるのか、ということになる。

ここでまず注目すべきことは、大正六年（一九一七）にロシア革命が起こっていることである。ロシア革命は王室以下、数百万の人間の悲惨な死を招《まね》いた主義によるものであったため、日本の官憲が特に思想に敏感になってきたことを挙《あ》げなければならない。

それにロシアは日露戦争以前から、つねに敵国か仮想敵国であり、しかもロシア革命の余波で、大正九年（一九二〇）、ニコライエフスクで日本人が、女や子どもを含めて数百人が一人残らずロシアのパルチザン（革命ゲリラ軍）に虐殺されるという事件もあり、革命に対する民間の恐怖心も大きかった。自由民権運動などにも弾圧があったが、ロシア革命以後の弾圧が、それとは違うのは、革命の手本がロシアにあったということが大きな原因である。

しかし、大正六年から日本が「暗い谷間」だったという言い方には多分の無理がある。原《はら》敬《たかし》が平民宰相になったのは大正七年（一九一八）だし、その後、いわゆる大正デモクラシーの時代が続き、大正十四年（一九二五）には普通選挙法が公布になり、その選挙が昭和三年に実施され、無産政党も進出しているからである（二四二―二四三ページ参照）。

ただ、普通選挙法公布と時を同じくして、治安維持法も公布されたことが「暗い谷間」の時代を作るもとになったと見なされるのであろう。この法律は、国体の変革を目指す思想《イデオロギー》に基《もと》づいて結社を作ることを禁じることを主眼としたものである。

禁止される主義は条文の中で明示されていないが、当時の司法大臣小川平吉《おがわへいきち》は、委員会の答弁で、日本共産党の発展とソ連の接触を抑制するためのものであると説明している。同じ委員会は、この法律が言論の自由を抑圧するために用いられるおそれがあることも心配したが、結局、共産主義や無政府主義はだめだが、ほかの思想ならよいということを表現する適切な文言が見つからず、原文どおりになったという。

この法律はその後も改正され、特に昭和十六年（一九四一）の改正は戦時中ということもあって、詳細を極《きわ》めている。典型的な悪法であると言えば簡単であるが、やはり今から振り返って見ると、それが生じた背景を忘れるわけにはいかない。

何と言っても、ロシア革命があのような残虐な形で行なわれたことが、まず第一の原因で

ロシア革命の残虐性

ロマノフ王朝最後の皇帝、ニコライ二世夫妻。エカテリンブルグで夫妻が革命派に惨殺されたとの報は、当時の日本人に共産革命の怖さを知らしめた。

ある。それも、ある国だけに起こる種類の事件であれば――たとえばホメイニによるイラン革命のごとく――それに対して日本が立法をもって防衛する必要はまったくない。

しかしロシア革命を起こした政党は、同じような革命を全世界に暴力的に起こすことを目的とし、そのために国境を越えて組織運動を続けているのである。ボルシェヴィキ革命を自分の国で起こされたくなければ、防衛のための立法を考えるのは政府として当然であったとしなければならない。

ただこの法律が、その性格上、また戦前の官憲の体質から、多くの人に迷惑をかけ、犠牲者をも出したことは否定できない。この法律の被害者は言論界や労働運動関係者に多かったから、戦後はこの法律に対して弁護的発言をすることはタブーに近かった。にもかかわらず、今日客観的に見るならば、この法律は日本に共産革命が起きないようにすることを目的としたものであり、その点では成功したことを認めなければならないであろう。

戦前も、また戦後しばらくの間も、共産革命を起こした国の実態がよく分からなかった。想像に絶する恐ろしいことが起こったらしいことは断片的に伝わってきても、確認する手段がなかった。

それがはじめて、内部から権威をもって示されたのは昭和三十一年（一九五六）二月二十五日、ソ連共産党第二十回大会の秘密会におけるフルシチョフ第一書記の行なったスターリン批判演説である（この内容は数カ月遅れてアメリカ国務省が公表した）。この批判演説を聞いた者の中には気を失う者があったとも伝えられる。

スターリンのやった残虐行為の一例を挙《あ》げれば、昭和十二年（一九三七）の第十七回党大会で党中央委員と候補者一三九人のうち九八人も逮捕して銃殺したという。実に七〇パーセント強を殺したことになる。これはほんの一例で、同じ年にはソ連参謀総長トハチェフスキー以下八名の赤軍幹部が処刑されているし、その前年にはジノビエフ、カーメネフら一六人が処刑された。これはほんの一つまみの例である。死刑までいかなくても、シベリアの収容所に送りこまれたり、末端の機関で処刑された者を合わせるならば、一〇〇万の単位で数えねばならない。いや、人によっては一〇〇〇万の単位が必要であると言うであろう。そして「収容所列島」はソルジェニツィーンを俟《ま》つまでもなく今日まで続いている。

この残酷さはロシア民族のせいではなく、共産主義というイデオロギーからくるものである。共産革命の起こったところは、人種に関係なく大量の処刑が行なわれるのが常である。戦後の例でも毛沢東の中国の革命、さらに同じ人間によって行なわれた文化大革命など、その犠牲者の単位は一〇〇万ではなく、一〇〇〇万になるらしい。ヴェトナムを見ても同じことである。

南ヴェトナム政権は腐敗していたかもしれないが、大量の民衆が海に逃げ出すことはなかった。が、ひとたび北ヴェトナムが全土を支配するや、あの小さな南ヴェトナムから一〇〇万を超《こ》える難民が死ぬ危険の高い海に逃げ出してくる。カンボジアは以前には穏和な仏教国というイメージであったのに、そこでは、人口に対して史上最高の率で人間が殺されたという。いわゆるキリング・フィールドである。

共産党員に、治安維持法を非難する資格はあるか

治安維持法はこういう革命を目指すイデオロギーが日本に入ることを防ごうというものであった。大正十四年（一九二五）に公布された条文では最高刑が「十年以下《イカ》ノ懲役《チヨウエキ》又《マタ》ハ禁錮《キンコ》」である。この法律は昭和三年（一九二八）に改正されて、「死刑又ハ無期若《モシク》ハ五年以上」となるのであるが、この法律で死刑になったものは一人もいない。ただ逮捕され、調べられた時の拷問《ごうもん》の犠牲者が出た。

治安維持法については、私が最も敬愛していた近親者にもその犠牲者がいる。彼の場合は、まったくの根拠なき容疑のため、二年数カ月も未決勾留《こうりゅう》された。立派な弁護士が義侠的《ぎきょう》に頑張《がんば》ってくれたおかげで釈放されたが、もちろん職を失った。新しい職場を見つけても、時々、特高警察が見廻りにくる。

雇傭者《こよう》はそれを嫌《いや》がるから退職する。また新しい仕事を見つけても同じことである。それ

で内地にいては駄目だと悟《さと》って満州に渡った。

ところが特高は満州までついて来たそうである。いくら拷問しても容疑を立証するような毛ほどの手がかりも見出せず、まだ一個の物証もなく釈放せざるをえなかった容疑者に対する、特高警察のこの執拗《しつよう》さは何なのであろうか。

これについては、さらに後日談がある。敗戦後、この特高刑事の住居が分かった。それで彼によって故《ゆえ》なくして痛めつけられた何人かが一席を設《もう》けて――なんと平和的、なんと紳士的なことであろうか――昔を話す集まりを開いた。その席上、「われわれが無実であることは分かっていただろうに、どうしてあのように厳しく調べたのか」と聞いたのだそうである。

すると、その元特高は、大要こう言った。

「前の年にちょっとした事件があって、予算が増えた。それに応《こた》えるため無理をして、少しでも疑うことのできる者は逮捕したのです。ひとたび逮捕してしまうとあとはメンツで、無実と分かっても、やってしまうことがよくありました。まことに申し訳《わけ》ない」

このようなのが、戦前の治安維持法の運用のされ方だったのである。本当に共産主義とかかわりあいになった人に対する取り調べは、応答の仕方では江戸時代さながらのものがあったのではないかと思われる。私の近親者の一味として逮捕された者の中には、無実なのに罪状を認めてしまった者も一人いたという。

このように、治安維持法は恐るべき運用のされ方をした悪法である。

にもかかわらず、私は次のことも付け加えなければならない。この近親者はまことに温厚な人物であった。その人がどうして二年数カ月も勾留されて苛酷な特高の取り調べに耐えることができたのであろうか。何か特別の心術でもあったのかと思って尋《たず》ねたことがある。

その答えは予想外のものだった。

「一つには警察はこんな無茶なことをやっているが、裁判に行けば公正な判断をしてもらえるという期待があった。あの頃、裁判は天皇の名で行なわれていたから、警察と違って、正しい言い分は通るとみんな思っていたものだ。それに勾留と言っても、今のような自由な時代とは受ける感じが違っていたと思う。戦争は大陸で始まっていたから、兵隊に取られると思えば諦《あきら》めやすかった。兵隊になれば、殴《なぐ》られもするし、敵弾の飛んでくるところにも行かなきゃならない。勾留されている間は、食い物はあるし、弾《たま》は飛んでこないし、まあそう思えば我慢できた」

この話を聞いた時、陳腐《ちんぷ》な言い方だが私は目から鱗《うろこ》が落ちるような気がした。というのは戦後の日本共産党で中心になったのは、戦時中も獄中で頑張って転向しなかった、という勲章をぶらさげた人たちである。

しかし考えてみれば、普通の日本男子の多数は、南溟《なんめい》に沈み、朔北《さくほく》に斃《たお》れ、ジャングルに白骨を曝《さら》し、碧空《へきくう》に散った。一方、治安維持法による入獄者たちは飢《う》えず凍《こご》えず刑務所にいて、戦後、英雄として出獄してきた。その頃、共産主義ソ連によって捕虜としてシベリアに連れて行かれた五〇万を超える無辜《むこ》の日本兵たちは、何年も厳寒の中で強制労働させられた。そして数万の者は、飢え、凍え、はるか望郷の想いを抱《いだ》きつつ、戦後に死んでいったのである。

何の罪もない兵士たちが、戦後何年間もシベリアで強制労働させられながら死んでいっていた間、日本共産党が、すみやかに彼らを日本に復員させるようソ連に働きかけたとは寡聞《かぶん》にして知らない。ソ連は共産党員の本当の魂の祖国だったのではないか。党員たちは「ソ同盟」とも言っていたのではなかったか。治安維持法は日本の法律の中で一番悪い法律だったにせよ、少なくとも一人の共産党員をも死刑にしなかった（逆に共産党内の査問あるいはリンチ類似の行為で少なくとも一人の共産党員は死んだ）。凍死も餓死もさせなかった。

普通の日本人は、いくら治安維持法を批判し非難してもよい。しかし、少なくとも共産主義者は非難する権利は道義的にないのではないか。治安維持法のある日本よりも千倍も万倍も恐ろしい国を作るイデオロギーを持ちこもうとしていたのだから。

さらに言えば、そもそもロシア革命がなければ、あるいはコミンテルンが外国にまで皇室廃止などを統一テーゼとして指示してこなければ、治安維持法もなくてすんだであろう。

コミンテルンで特に迷惑したのは、共産主義でない労働運動、農民運動の関係者である。明治の藩閥政権は、藩閥打倒勢力とも結局は一緒にやってゆける政府であった。無産政党の党員が増加すれば、それと連立したりする既成の政党も出てきたことであろう。第一回の普通選挙から八名もの当選者を出したのは、よき前兆であった。昭和十二年（一九三七）の総選挙では社会大衆党だけで三七名もの当選者を出しているのである。

しかし労働運動は、しだいにやりにくくなる。共産党ではないし、けっして天皇廃止を考えているのでもないが、取り締まる側から見れば、共産党と言っていることが似ている点がある。しかも治安維持法という凶器を官憲は手にしているのだ。左翼の労働運動は潰《つぶ》される運命にあった。

同根ゆえに反目するマルクシズムとナチズム

ホーリイ・スムート法によって惹《ひ》き起こされた世界的大不況により、左翼全体主義であるマルクス主義の権威が上がり、また右翼全体主義のナチスもその実力を証明してきていた。ドイツやイタリアやスペインでは右翼全体主義が左翼全体主義に勝って、それぞれヒトラー、ムッソリーニ、フランコが政権を執《と》った。イギリスでは労働党がマルクス主義の正しさを発見し、アメリカでも社会主義的政策が採《と》られはじめたことは、すでに述べたとおりである（二二六ページ以下参照）。

ところが日本では天皇廃止というコミンテルンに激烈に反応したため、左翼全体主義は法律的にも、国民感情的にも根を下《お》ろすことができなくなっていた。にもかかわらず、不況は深刻であった。社会政策は絶対必要である。それで多くの日本人、特に官僚や青年将校たちの心を惹きつけはじめたのが右翼全体主義、つまり天皇を戴《いただ》く社会主義、あるいは天皇を戴く共産主義であった。

戦後はよく左翼とファシズムを対立させ、前者を善玉、後者を悪玉とする言論があった。その思考法の基《もと》になったのは、戦前のドイツの状況だと思われる。この国では、マルクシズム（左翼全体主義）とナチズム（右翼全体主義）が苛烈な争いをやってナチスが勝ち、共産主義者は絶滅させられた。同じタイプの争いはスペインでもあって、フランコが共産勢力を潰《つぶ》した。

ナチズム（ファシズムの一種）は右で、コミュニズムは左で争ったとなると、この両者はまったく相反《あいはん》するイデオロギーであったかのごとき第一印象を与えるが、事実は逆である。両者とも同根――全体主義的社会主義――から生じたから、同じ種類の支持者の奪い合いになったのである。両者とも、お客が同じなのだ。たとえて言えば、今の日本で殺人をも含む激しい対立をしているのは革マルと中核だと言われている。両方とも同根から生じているから、われわれ局外者には両者の主張のどこが違うのか明らかでない。ドイツ共産党とナチスの争いも似たところがあった。両者とも一党独裁を目指し、議会の立法権は極小にもってゆく。経済政策は社会主義である。共存できるわけがない。

かつて私はナチズムと共産主義をザリガニとサワガニに譬《たと》えたことがある。両者とも甲殻類であるが、同じ所に飼っておくと、必ずサワガニがザリガニに喰われてしまう。ザリガニは徹底的にサワガニを追うのである。

ザリガニは縦這《たてば》いするので一国社会主義のナチズム、あるいはファシズムに似ている。一方、横這《よこば》いするサワガニは、国際的連帯を横に求めるコミュニズムを連想させるものがある。

そもそもザリガニのいない所ではサワガニが繁殖する。それはソ連のごときものである。

しかし同じ容《い》れ物（国）の中でザリガニと争えばサワガニは消される。ドイツでもスペインでもイタリアでも同じパタンであった。ただサワガニは、ザリガニがいない場合は、ザリガニ化する傾向がある。ソ連も中国共産党も自国第一の一国共産主義、つまりナチス的に変わってきていた。同じことはヴェトナムなどについても言いうるであろう。

右翼弾圧のために設置された「特高部」

さて、左翼と右翼の関係は戦前の日本においても基本的にはドイツにおけると同じであった。どちらも富の再配分を目的とする社会主義である。ただ左翼の方では天皇問題のため、共産党の発展は初めから不可能であった。

残る道はイギリス労働党的な組合運動に根を下《お》ろし、共産党とは違って国体の変化を求めない左翼無産政党か、右翼全体主義、つまり国家社会主義的なものか、の二者択一であった。政府は政友会であれ、憲政会であれ、民政党であれ、資本主義・自由主義であり、古典的経済学に基《もと》づいていた。

この旧来の思想に基づく日本の政党政治が、大不況に直面した時、それに代わるべく擡頭《たいとう》してきた左右の社会主義のうち、どちらが勝利を得たであろうか。

それは文句なく右翼社会主義である。ザリガニとサワガニとが同じ容器の中で争えば必ずザリガニが勝つ一般法則どおりであった。

特に日本においては、左翼運動は共産主義と似た色で見られるために政府の弾圧を蒙《こうむ》りやすかった。これに反し、右翼社会主義は、初めから天皇の名前を振り廻したために、軍隊の中に同調者を見出し、さらに官僚の中に賛同者を見出し、ナチスの日本版みたいな経済体制が出来上がってきたのである。

「特別高等警察」（特高）というと、左翼思想を取り締まるための思想警察で、戦前、猛威を揮《ふる》った機構と考えるのが常である。事実、最初の特高が設置されたのは、明治天皇暗殺を計画した幸徳秋水《こうとくしゅうすい》らのいわゆる「大逆事件《たいぎゃくじけん》」（明治四十三年＝一九一〇）に刺戟《しげき》されてであって、それは警視庁特別高等課として、事件の翌年、つまり明治四十四年八月に作られた。

ところがロンドン条約に関連して起こった統帥権干犯問題、それが引き金になって続々と起こった暗殺事件などに対処するために、警視庁特別高等課は、警視庁特別高等警察部として昭和七年（一九三二）六月に機構を拡大した。

この時の政府は、五・一五事件のあとを受けた斎藤実《さいとうまこと》大将の超然内閣（政党から首班を出さない内閣）であるが特高部の設置は、明らかに右翼全体主義者に対抗するものであったのである。特高課は主として治安維持法によって共産党（左翼全体主義者）を取り締まることを目的とし、国家主義者（右翼全体主義者）の非合法運動には関心が少なかった。

右翼のテロ問題は警視庁刑事部捜査第二課が中心だったのであり、昭和七年（一九三二）の早春に引き続いて起こった血盟団《けつめいだん》による井上準之助《いのうえじゅんのすけ》前蔵相の暗殺（二月九日）も、団琢磨《だんたくま》三井合名会社理事長暗殺（三月五日）も、引き続いて起こった五・一五事件も、同じく捜査第二課の仕事であった。

この事件をきっかけとして、特高部ができたのであり、その初代の部長は、後に最後の内務大臣と言われた安倍源基《あべげんき》であった。つまり初代特高部長の仕事は、まず右翼全体主義運動に対抗するものだったのである（安倍源基『昭和動乱の真相』原書房・昭和五十二年・八八―九二ページ参照）。

特高はもちろん左翼の取り締まりも担当したが、だからといって特高が右翼的というわけでもなく、昭和五年以後は右翼の活躍の方が特高にとっては頭の痛い問題になってきていた。

「天皇は国家改造の機関にすぎぬ」

右翼は社会主義者であった。ヒトラーのごとくに社会主義者だった。ただ天皇という名前をシャッポにしていた一国社会主義だったのである。

右翼社会主義思想の源《みなもと》の一つは、北一輝《きたいっき》（一八八三―一九三七、主著『国体論及び純正社会主義』、『日本改造法案大綱』）によると言ってもよいと思うが、彼の思想の中には、初めから国家主義と社会主義が結びついていたようである。

彼は日露戦争の前には開戦論者であった。当然、日本が強い国になることを望んだ。同時に社会主義に関心を持った彼は、社会主義によって国家を合理化し、強化できるという思想を形成する。北の国体に対する考え方は、伝統的な万世一系論でなく、天皇は強い国家を作るための機関であると考えていたようである。そして強い国家とは、経済的不平等をなくした国家であり、そういう国家を作るためには、天皇を号令者にするようなクーデターが必要であるとする。この考え方は右翼の錦旗《きんき》革命とか、昭和維新とかいう思想の中心をなすようになった。

天皇が出てくるところがヒトラーと違うが、天皇を担《かつ》げばヒトラーがやったような断乎《だんこ》たる社会主義革命もできるということになろう。天皇の名前を振り回している限り、共産主義と混同されるおそれはない。そして、社会主義は若い将校たちの正義感にも合致したのである。北の思想が青年将校たちを動かしたのも当然のことだった。

右翼の思想がどのようなものであったかを具体的な例を挙《あ》げて、その思想を一瞥《いちべつ》してみよう。

昭和六年（一九三一）三月九日、全日本愛国者協同闘争協議会が結成された。これに参加した団体は行地社《こうちしや》（大川周明《おおかわしゆうめい》）、急進愛国党（津久井竜雄《つくいたつお》）、日本国民党（寺田稲次郎）などの右翼団体である。その綱領は次のようなものであるが、それを今の言葉で解釈してみよう。

一、われらは亡国政治を覆滅《ふくめつ》し、天皇親政の実現を期す。

ここで「亡国政治」とは政党政治のことである。特にロンドン条約（二三一ページ参照）のような、日本の武力を弱めるような条約を締結した政府のことである。「天皇親政」というのは、人民の代表が作る議会などは不要だ、という意味になる。つまり天皇がヒトラーやムッソリーニのような指導者（ヒューラーとかドゥチェとか呼ばれる）になれ、というわけであるが、具体的には、天皇を担《かつ》いでいる者が、天皇の名で独裁をやるということである。

一、われらは産業大権の確立により資本主義の打倒を期す。

ここで言う「産業大権」というのは何であろうか。それは、軍隊に対する天皇の統帥権のような「天皇大権」が産業に対してもあるべきだ、という考えである。日本の産業は当時、資本主義という私有財産制度に基《もと》づいて行なわれていたが、それをやめて、生産手段を天皇直属のものにしてしまえ、ということである。と言っても天皇が工場の監督をするわけではないので、別の言葉で言えば主要産業は全部国営化にしろ、という意味である。

一、われらは国内の階級対立を克服し、国威の世界的発揚を期す。

ここで「階級対立の克服」と言うのは、共産主義が鋭《するど》く指摘するような欠陥を社会に残すな、ということになる。右翼が目指すところは社会主義なのだから、当然こういう表現が綱領に入ってくる。そして、階級対立や経済的不平等がなくなれば国力が増す、という考え方は北一輝《きたいっき》に通ずる。

北は国家を社会主義的に改造することが、対外膨脹政策のために必要な前提となると考えていたが、この思想が、「国内の階級対立を克服し、国威の世界的発揚を期す」という表現になっていると見ることができよう。

「合法的クーデター」に成功した軍部

この三カ条の綱領にも見られるように戦前の右翼は、議会制民主主義廃止、独裁制導入、資本主義廃止、企業国営化、社会主義化、ナショナリズム高揚などを唱《とな》えていた。これらの綱領に盛られた思想がかなり広い層の日本人、特に若い軍人に浸透した理由の一つは、泥沼の不況、特に農村の困窮である。

特に冷害を受けた東北の農村では、一家を救うために娘たちが売られたが、その代金は一〇〇円から三〇〇円ぐらいであった。山形県のある村では、「娘身売《みうり》の場合、当相談所へ御《お》出下《いでくだ》さい」という看板を堂々と掲《かか》げていたという例もある（安倍・前掲書七九ページ）。

若い将校たちは職務上、貧農出身の兵士たちと毎日接触していた。そして直接に彼らの家族の困窮ぶりを知っていて、義憤の念を沸々《ふつふつ》とさせていた。その見通しのつかない不況が資本主義と政党政治から来ていると考えた点で、青年将校たちは事実上、マルクス主義者と同じだったわけである。あとはマルクシズムに天皇を乗せたような理論を提供してくれる人があればよかった。

昭和五年（一九三〇）の統帥権干犯に端を発した浜口《はまぐち》（雄幸《おさち》）首相狙撃事件から昭和十一年（一九三六）までの昭和史は、集団や個人によるテロの歴史である。三月事件、十月事件、桜田門《さくらだもん》事件、血盟団《けつめいだん》事件、五・一五事件、神兵隊《しんぺいたい》事件、二・二六事件と国の流れは大きく国家社会主義の方に流れてゆく。

そして二・二六事件以後は、「こんなことでは、また二・二六事件みたいなことが起こるぞ」と脅《おど》されるだけで、政治家はどんな立派な意見を持っていても、それを実行することは不可能になってしまっていた。特に二・二六事件後は、陸海軍大臣の現役制が復活したから、もう政党政治の先は見えていた（一一〇ページ参照）。

二・二六事件の暴発はさすがにみんなの反感もあって、それを行なった陸軍の中の、いわゆる皇道派《こうどうは》（荒木貞夫《あらきさだお》、真崎甚三郎《まざきじんざぶろう》らが中心）は陸軍の中枢から遠ざけられたが、その代わりに陸軍を握《にぎ》った、いわゆる統制派（林銑十郎《はやしせんじゅうろう》、東条英機《とうじようひでき》ら）はどうかと言えば、思想的には同じなのである。政党政治不信においても、自由主義経済不信においても、資本主義反対という点においても、皇道派と異《こと》なるところはない。ただ合法的に秩序正しくやる点が皇道派と違う点であった。

事実、二・二六事件の後は非合法なクーデターなど計画する必要もなく、特高のお世話になる事件に加担することもなかった。二・二六事件の直後に成立した広田《ひろた》（弘毅《こうき》）内閣は陸・海軍大臣の現役制を認めてくれたのだ。気にくわない政見を持つ内閣には「大臣を出さない」と軍が言えば組閣はできないのだから、何もクーデターの必要などはない。軍、特に陸軍は自分の言い分を出せばよかった。広田内閣の組閣に当たって、陸軍大臣に予定されていた寺内寿一《てらうちひさいち》大将は、広田首相の組閣方針に次のような注文をつけている。

「此《こ》の未曾有《みぞう》の時局打開の重責に任ずべき新内閣は、内外に亙《わた》り真に時弊《じへい》の根本的刷新《さっしん》、国防充実等、積極的強力国策を遂行せんとするの気魄《きはく》と実行力とを有することが絶対に必要であって、依然として自由主義的色彩を帯び、現状維持又は消極政策に依《よ》り妥協退嬰《たいえい》を事とするごときものであってはならない云々《うんぬん》」（三宅雪嶺《みやけせつれい》『同時代史』第六巻三五二ページ。傍点渡部）

ここで寺内大将は明らかに思想を問題にしている。その意向を受けて広田首相は、大臣に予定していた吉田茂《よしだしげる》（戦後の首相）、下村宏《しもむらひろし》、川崎卓吉《かわさきたくきち》、小原直《おばらなおし》、中島久万吉《なかじまくまきち》などを入閣させることを断念しなければならなかった（一〇九―一一〇ページ参照）。今や軍部は、合法的手段によって日本を右翼全体主義国家、あるいは国家社会主義国家に変えうることを自覚したのである。

二・二六事件から約半年後の昭和十一年（一九三六）八月、陸軍省は政治外交を担当する部門として、軍務局の中に新たに軍務課を作った。それまでは政治に関することは軍務局軍事課が事務の一部として担当していたにすぎなかったのであるが、この時期に独立の課を新設したことは、陸軍が本気で政治的発言をしてゆくという決意を具体的に示したものである。

中央官庁のエリート部局に新しい課が作られることの意味は、今日のような官僚機構が膨脹した時代でも大きなインパクトのあることである。当時のように首相を含めて大臣が一三人しかおらず、機構が小ぢんまりした時代には、今なら一つの局ができた以上の影響があったと考えてよいであろう。

明治十五年（一八八二）以来、軍人の、いわば憲法として重んじられてきた「軍人勅諭《ちよくゆ》」の第一条にある「世論《せろん》に惑《まど》わず政治に拘《かかわ》らず只々《ただただ》一途《いちず》に己《おのれ》が本分《ほんぶん》の忠節を守り」という言葉も、完全に空文化したことが機構的にも明らかになった。この流れを誰が止めることができたであろうか。

「天皇の官僚」が進めた統制経済

いな、それどころか、この軍の動きに同調する高級官僚群も現われてきたのである。特に統帥権干犯問題の後、満州事変が起こると、政党政治に対する軽視の風潮が生じ、官僚も政党政府に追従するよりも、むしろ「天皇の官僚」という意識が強くなった。

軍部が天皇に直結して、内閣の支配下にない組織であるならば、自分たちも天皇に直結してもよいはずではないか、という考え方が生じたのである。高級軍人も軍官僚であるのだから、他の官僚たちも天皇直属でありたい。官僚たちは帝大出のエリートたちであったから、学歴の雑多な議員たちの作る内閣の下にいたくないという心理があるのは理解できることであった。

いわゆる「新官僚」たちが「天皇の官僚」と言った場合、あくまでも自分たちの地位を、軍人たちと類推的に考えていたことを忘れてはならない。新官僚が軍部に近親感を持ったことは当然であった。軍部は大不況やブロック経済化に対応できない政党政治に愛想をつかし、クーデターまがいの事件やテロを起こしたのであったが、新官僚も思いきった現状打破をするためには政党に任《まか》せておけないと思ったのである。

まず内務官僚は陸軍と結んで改革を進めた。左翼を弾圧する点においては、両者は一致しやすい。この傾向は各省庁にわたって進行し、特に二・二六事件の後には中堅官僚に及《およ》んだ。

特に経済統制がその活動分野の中心になると、単に新官僚というよりは、革新官僚と言うべきものであった。陸軍にも経済に関心のある軍人官僚が出てくるに及び、日本の経済は着々と統制経済に進み、全体戦《トータル・ウオー》を目指す高度国防国家の建設がスローガンになる。つまりナチスばりの国家を作ろうというわけであった。

ここで思い出すことは、ヒトラーの政権の本質は、まさに立法をいちいち議会に頼らず、行政府が立法する権利、つまり授権法を手に入れたことにある（二三五ページ参照）。同じようにイギリス労働党の指導的立場にあったマルクス主義者ラスキ教授も、議会に拘束されないで官僚が立法する委任立法の拡大を望んでいた（二三四―二三五ページ参照）。
ホーリイ・スムート法による不況はマルクシズムの信憑《しんぴょう》性を高める一方、共産革命にならない国の場合は、官僚主導型の統制経済に向かったのである。左と右の差はあるが、国家経済に対する思想は根本的には同じ全体主義であることは、いくら繰り返しても繰り返しすぎることはない。

日本では、在野の左翼を弾圧する側にある官僚と軍部という権力によって、社会主義は推《お》し進められた。その結果はヒトラーの成功ほどは目覚《めざ》ましくないにせよ、不況を克服し、底辺にいる国民を救済する方向に向いていたことは確かである。

かつてライシャワー教授（元駐日大使）が、戦前の日本には三井・三菱というような世界的財閥があったのに戦争に向かうコースを止めることができなかったことに対し、いささか奇異の念を感ずると示されたことがあったと記憶しているが、日本は戦争に入るだいぶ前から、実業界の声を反映しない、いやさせまいという思想の人々によって国家の権力が握られていたのである。

議会こそ経済界、実業界の声をも反映する立法をすべきところであったのに、経済関連立法は、ナチス的授権法の導入によって、しだいに政府官僚の手に移っていた。自由経済の世界であればこそ財閥が活躍できるのであるが、統制経済体制では実際の経済人より素人《しろうと》の経済官僚や軍官僚の権力のほうが強い。

国際協調外交を頑強に、また誠実に実行しようと努力し続けた幣原喜重郎《しではらきじゅうろう》の妻が、三菱の創立者岩崎弥太郎《いわさきやたろう》の孫娘であったことも、満州事変以後の日本においては、幣原外交に対する陰口《かげぐち》の種になるぐらいのものであった。革新官僚や軍官僚の思想の根底は社会主義なのである。

「経済参謀本部」企画院の登場

二・二六事件の翌年（昭和十二年）の六月、不人気で短命であった林銑十郎《はやしせんじゅうろう》の軍人内閣の後を承《う》けて、明るい感じのする青年貴族近衛文麿《このえふみまろ》が内閣を組織した。彼は軍人でもなく、政党人でもなく、官僚出身者でもなく、皇族に次ぐ高い地位の華族の出身であり、その内閣の顔ぶれも、華族、軍人、官僚、そして立憲政友会と立憲民政党の両党を含む挙国一致内閣であった。

二・二六事件以後の暗い政局を見ていた国民は、ここに明るさを見出し、新内閣に対する国民の人気はすこぶる高かった。しかし軍部にも評判のよかった近衛といえども、統帥権干犯問題には無力であったから、内閣成立後ほぼ一カ月後に起こった盧溝橋《ろこうきょう》事件（昭和十二年＝一九三七年七月七日）の拡大を抑えることができず、事件はシナ（日華）事変に発展した。

ここで注目すべきことは、なぜ近衛が軍部、特に陸軍の受けがよかったかということである。

近衛は東大哲学科から、わざわざ河上肇《かわかみはじめ》を慕《した》って京大法科に移るという学生生活を体験している。河上は言うまでもなく『貧乏物語』などで一般にもよく知られたマルクス主義経済の先達《せんだつ》である。近衛のような上流階級の青年たちは、当時、自分が搾取階級であるとの引け目から、たとえば太宰治《だざいおさむ》がそうであったように、マルクス主義に惹《ひ》かれる者が少なくなかった。

このこと自体は、近衛が社会の不平等に対して敏感な良心を持っていることを示すものであるが、近衛の場合は当然のことながら、天皇を否定する左翼社会主義にはなれず、天皇を戴《いただ》く右翼社会主義に引きつけられる素地があったことになる。

彼は国についても「持たざる者」と「持てる者」があることを強く感じ、二〇代の終わり頃からそういう思想を示す文章を書いている。その彼がホーリイ・スムート法以来、大不況に苦しむ国民を見た時、若い時からの確信を深められた思いがしたことは間違いなく、満州事変に対しても肯定する態度をはっきり示した。その彼が、革新官僚による政治を強めようとしたのは当然であった。

その具体的な現われが、組閣の年の暮れに設置された企画院である。議会の立法とは別に、優秀な革新官僚を集めて国策を立てて働くという発想は、ヒトラーやニュー・ディール政策の影響もあって、昭和十年に内閣調査局が作られたのであったが、それが企画庁となり、近衛の時に至って、経済参謀本部ともいうべき、企画院に成長したのである。

それは強大な権限を持つ統制経済の中枢機関である。そこには経済官庁のエリート革新官僚と軍部のエリート将校が一緒になって働いた。

その結果の一つが昭和十三年（一九三八）四月一日に公布になった国家総動員法である。これは戦時（事変でも同じ）に際し、人間および物資を国家がいちいち議会の協賛を経ないでも統制運用できるとした法律である。徴兵令は明治憲法に定められていたが、今度はこの法律の結果、国民徴用令（昭和十四年公布）も生まれ、基本的には男でも女でも軍需工場に連れてゆくことができるようになった。

この法律に人的資源という言葉も出てくることに示されるように、人間も物的資源と並んで戦争に使われるべき資源なのである。ここに全体主義の人間観を明白に見る思いがする。

国家総動員法の特徴は、国民の経済活動の、ほとんどすべての分野にわたって国家が命令することができるとしてあることである。本来の経済活動は、買いたい人と売りたい人の合意を前提とする市場でなされる。そして取引ルールに反しない限りは何をやろうと自由である。

すなわち、自由経済においては「すべからず」という、いくつかの規則があり、それに触《ふ》れなければ自由なのに、総動員法では、「これこれをせよ」という命令から成り立っている。それは国家全体の経済活動を、兵営の中におけるがごとく命令をもって動かそうとするものであった。

つまり日本は、命令経済の国となったのである。経済が命令になれば、生活のすべての面で自由が失われることになることは、後にハイエク教授らの指摘するとおりである。

しかも、この国家総動員法の一番肝腎《かんじん》なところは、具体的な細目は政府の命令（勅令）によって、そのつど、議会の審議を経《へ》ずとも公布できるという全面的な委任立法、つまりナチスの授権法みたいなものだったことである。そして国民徴用令、地代家賃統制令、新聞用紙制限命令、銀行等資金運用令、企業整備令などなど、雨降るように、次から次へと命令の性格をもった政令が発布された。

本当はこういう立法のされ方ができないようにするために議会が発生したのであるが、ひとたび授権法的なものを通過させれば、議会は自殺したに等《ひと》しい。

事実、政党はやることがなくなったのであって、この二年後の昭和十五年（一九四〇）になると、社会大衆党も政友会諸派も、民政党も解党してしまった。日本の政党政治はかくして終わってしまったのである。

自由主義者の追放に加担した戦後社会党の指導者

国家総動員法の背後にある理念は社会主義であったから、労働者階級の多くの人には世の中がよくなったと一時的には感じられた。またこの法律に基《もと》づく勅令は社会立法的な趣旨のものであり、かつ明白に反自由主義的、反資本主義的であったから、左翼政党の出る幕もなくなった。

戦後、社会党の中心になった人たちの何人かは、この法律を作る側にいたし、また、かつての左翼の闘士たちも喜んで戦時体制に参加していったのも、国全体が社会主義的になったからである。

この中で自由なる政治家の言論として記録に値《あたい》するのは、昭和十五年（一九四〇）二月、民政党の斎藤隆夫《さいとうたかお》のシナ（日華）事変批判演説であった。

ところが、何とその五日後の衆議院本会議で斎藤は議員を除名された（一三九ページ参照）。この時、斎藤の議員除名に賛成投票した者の中には、戦後の社会党の党首になった人もふくめて、無産政党を代表する人たちがいた。戦後の図式から言えば、革新系議員は政府を批判し、戦争を批判する側に回ると思われやすい。そこに昭和十年代の日本に対する重大なる誤解があるのである。

近衛内閣はナチス的委任立法をやった。それはイギリス労働党のラスキ教授のようなマルクス主義者が渇望した制度である。近衛は天皇を重んじたが、政策は社会主義、あるいは全体主義であった。社会主義者たちが、自由なる言論を行なったために議会から除名されようとする自由主義者・斎藤隆夫を護《まも》ってやるわけはない。

斎藤隆夫の除名に反対したのは蘆田均《あしだひとし》（戦後の首相）のような少数の自由主義者であった。蘆田は親の代からの政友会議員であるが、政党政治時代の敵対党である民政党の斎藤のため、除名反対のため一票を投じたのであった。

しかし、ここで斎藤除名の反対のため一票は投じなかったけれども、除名反対の意思表示をして欠席した社会大衆党員がいたことも付け加えておかなければ不公平であろう。それは安部磯雄《あべいそお》、片山哲《かたやまてつ》（戦後、社会党で最初の首相となる）、西尾末広《にしおすえひろ》、水谷長三郎《みずたにちようざぶろう》などであるが、彼らは党議に反したとして党から除名された。

面白いことは、この時、斎藤隆夫に味方して除名された者たちは、戦後は社会党に入ったが、昭和三十五年（一九六〇）、民主社会党（のちの民社党）が社会党から分離した時、それに加わっている（ただし、安部はその前に死亡）。

つまり、戦後になって民社党の幹部になった人たちは、戦時中、斎藤隆夫に味方していたのに反し、社会党の中心となった浅沼稲次郎《あさぬまいねじろう》や河上丈太郎《かわかみじようたろう》は、斎藤を除名するのに賛成していた。これも近衛内閣がナチス的要素を持っていたことからくるためで、今から見ると斎藤問題は議員の考え方の試金石になったことになる。したがって同じ社会党でも、ナチス的な人たちと、イギリス労働党的な人たちがいたことがよく分かるであろう。

「わが国体と共産主義は両立する」

近衛は元来が社会主義に共感していたので、彼の作った企画院にも本物の社会主義者が入りこんだ。

そのため、いわゆる企画院事件が、昭和十六年（一九四一）の四月八日の和田博雄《わだひろお》の治安維持法違反の容疑による検挙で始まった。これは企画院の俊英とみなされる少壮官僚（高等官）たちがコミンテルンや日本共産党と通じて、官庁人民戦線なるものを作ったという疑いをうけた事件である。

この容疑は根拠はなかったらしいが、同じ企画院の下級官僚（判任官）たちが、実際に人民戦線を作ろうとしたことがあって関係者が逮捕されているのである。

企画院というのは、自由経済を葬《ほうむ》って命令（統制）経済を作る中枢部であるから、共産主義者にも肌の合う職場であったらしい。和田以下一〇名ばかりの官僚は共産主義者ではなかったが、その多くは戦後は社会党に入っている。このように右翼経済の中軸部は、本質的には左翼経済の推進をやっていた。

右も左も同じだ、ということはそのうち近衛自身も気がついた。敗戦の年、つまり昭和二十年（一九四五）の二月十四日、元首相の近衛文麿は、天皇に上奏文を提出した。

その趣旨は敗戦はもはや避《さ》けがたく、そこにくるのは共産革命であるから、できるだけ早く戦争を終結して国体を護持すべきであるというのであるが、その中には「右翼も左翼も同じ」あるいは「軍部も共産党も同じ」という趣旨の、きわめて注目すべき発言が含まれている。原文は候文《そうろうぶん》になっているので、現代語に訳してその一部を引用してみよう（傍点はすべて渡部）。

「少壮軍人の多数は、わが国体と共産主義は両立するものなり、と信じているもののようであります。軍部内の革新論の基調もまたここにあると思われます。職業軍人の大部分は、中流以下の家庭の出身者であり、その多くは共産的主張を受け容《い》れやすい境遇にあります……

これら軍部内の革新論者の狙《ねら》いは、かならずしも共産革命でないかもしれませんが、これを取り巻く一部官僚および民間有志（これを右翼と言ってもよいし、左翼と言ってもよい、右翼は国体の衣を着けた共産主義者であります）は、意識的に共産革命まで引きずろうという意図を包《つつ》み隠しております。無知単純な軍人がこれに踊《おど》らされたのだと見ても大過《たいか》ないと思われます。このことが、過去一〇年間、軍部、官僚、右翼、左翼の多方面に亘《わた》って交友を持っていた不肖《ふしょう》わたしが、最近静かに反省して到達した結論です……

彼らの主張の背後に潜《ひそ》んでいる意図を十分に看取《かんしゅ》できなかったことは、まったく不明の致すところで、何とも申し訳なく、深く責任を感ずる次第です」

昭和十年代に三度も首相だった人が、敗戦必至の折に、その一〇年間を静かに反省した結果として、軍部を動かしていたイデオロギーは共産主義だったと喝破《かっぱ》し、右翼も左翼も同じものだと断定していることこそ目覚《めざ》ましい。

戦後のパラダイム（枠組み）によれば、軍部と左翼は正反対だったはずなのに、近衛は同じだと言っている。近衛の見方のほうが正しいであろう。そしてそれはほぼ同じ頃に、ロンドン・スクール・オブ・エコノミクスでイギリスの状況を注意深く見ていたハイエク教授の観察と符節《ふせつ》を合わせるがごとく同じである（近衛がハイエクの『隷従への道《ザ・ロード・トウ・サーフダム》』を手にした可能性は考えられない）。

近衛上奏文にあるような状態になったのも、元を糺《ただ》せば、ホーリイ・スムート法が惹《ひ》き起こした大不況とブロック経済である、と言えば、例の「風が吹けば桶屋《おけや》が儲《もう》かる」式の因果関係みたいであるが、事実はもっと緊密な因果関係があったと言ってよい。というのは同じようなことがドイツでも起こったし、ずっと穏《おだ》やかな形でイギリスでも起こっているからである。

商業を敵視する全体主義者

国家総動員法が公布された頃、私はまだ小学校の二、三年生であったが、同級生の歯医者の息子のH君と学校の帰り道に交《か》わした会話を奇妙によく覚えている。

H君は戦争に役に立たない店は止《や》めて、役に立つ仕事をやるべきだ、と言う。

私の家は商人というほどの店ではなかったが、「あぶらや」という屋号で油や化粧品、雑貨を売っていた。ところが油は統制品で売ることができない。企業合同もよくあったが、うちは合併など問題にならない小さい個人商店だったから、商売が上がったりになっただけの話である。それで売ることのできる物を売るということで、その頃は玩具も売っていた。それをH君は言っているのだ。

玩具などは戦争に役に立たないから、お前のおやじは工場で働くべきだ、という論旨である。自分のおやじは歯医者で、国民の健康を護《まも》るからよいのだという。それで私は、子どもがよく育つためには玩具が必要ではないか、と言い返した。H君は意外にあっさりと「そうだな」と言って仲よく帰った。

当時の小学生は、ませていたのだろうか。小学校五年生の頃、日本が蘭印《らんいん》（今のインドネシア）から石油を買う交渉をやっていた頃など、朝起きるとまず第一に新聞で探す記事は、芳沢《よしざわ》特使の交渉結果であったことを覚えている。それで、国家総動員法から続々と生み出される勅令の一つ一つは理解できなくても、人間も物資もすべて「戦争のために優先的に使われねばならない」と思うようになっていたのである。

右であれ左であれ、統制経済主義者のもっとも嫌うのは商業であることは、覚えておいてよいことであろう。

商業は買手と売手の自由なる同意を前提とする。この同意は自由意志に基《もと》づく。市場とは自由を前提としなければならない。つまり、商業は自由と分かちがたく結びついている。したがって自由商業を抑制する政策を一つ採《と》ると、それは進行的《プログレシブ》に人間の自由そのものを侵《おか》すようになるのである。領主と農民だけの関係には「自由」の観念は生じにくい。商業が発達すると、その分だけ自由が生ずる。商業の規模が大きな大都会に、より大きい自由が実現されてくる。

わが国でも、徳川時代にほぼ四〇年の周期で、享保《きょうほう》、寛政《かんせい》、天保《てんぽう》の三改革の名の下、商業が弾圧された（拙著『腐敗の時代』文藝春秋で詳述）。それは封建制度が元来は領主（武士）

と農民の関係を基礎にする体制だったので、大都市の商業はそれと敵対的なものと思われたにほかならない。しかし、商業の発達とともに、幕府の抑制がだんだん利《き》かなくなったというのが、徳川時代の一つの読み方になろう。

明治維新以来、商業は拡大し、何だかんだと言っても国民の自由度は増していた。ところが、全体主義が入ってくると、それは自由経済を命令経済に変えることだから、再び自由は敵視される。それと関連して商業は無用視され、ついに配給制度となった。自由な商業は死んだ。日本は国内的にも自国の商業を抹殺してから大戦に突入したのである。

ホーリイ・スムート法の広汎な高率関税は自由な国際マーケットを破壊するものであったが、それがブロック経済という、さらに国際マーケットを破壊する現象を招き、ついに統制経済国家をヨーロッパとアジアに生み出した、というのが大筋であろう。

したがって、今でも商業を敵視したり、何か悪いもののように考えるタイプの人は、潜在的全体主義者と言ってよいであろう。国家についても同じことが言えるのである。

(3) 排日運動の激化と大陸への出兵

「反キリスト教」から始まった排外運動

「戦前の世界が、戦後の世界のようであったならば日本が戦争に突入する必要はなかったであろう」

このように、私が考える理由として、第一に排日移民法、第二にホーリイ・スムート法が引き金になった大不況とブロック経済を挙《あ》げたが、第三の理由として、シナ大陸における度《たび》重《かさ》なる排日・侮日《ぶにち》運動に触《ふ》れておかなければならないであろう。

この問題の根は深い。それは、十九世紀におけるヨーロッパの東洋侵略史と絡《から》み合っているからである。

それは、イギリスと清《しん》国とのアヘン戦争（一八四〇―四二）や、ロシアと清国の愛琿《あいぐん》条約

（一八五八年締結。ロシア領を黒竜江《こくりゅうこう》域まで広げ、沿海州《えんかい》を両国の共同管理とした）あたりから説《と》き起こすべきであろうが、とりあえず日本が参加したという点で注目すべき義和団《ぎわだん》の蜂起（拳匪《けんぴ》の乱）と、それに引き続き起こった北清《ほくしん》事変から見るのが、情勢の流れを理解するのに便利であろう。

明治二十七、八年（一八九四－九五）の日清戦争の後、日本はロシア、ドイツ、フランスの三国干渉によって、遼東《りょうとう》半島（日清戦争の講和条約で、領有を承認されていた）を清国に返還した。

ところが、日清戦争は「眠れる獅子」と思われていた清国が、ほんとうに弱国であることを世界に示したため、ヨーロッパ各国は、その一方で競《きそ》ってシナ大陸の半植民地化を急速に進めた。

日本に遼東半島を返還せしめたロシアは、そこを自分が租借《そしゃく》し、旅順《りょじゅん》（遼東半島南端）にロシア艦隊を入れ、南満州鉄道敷設権を獲得したし、ドイツは膠州湾《こうしゅう》（山東《さんとう》半島南西部）を制覇し、青島《チンタオ》砲台を占領した。フランスは広州湾《カントン》（広東省西南端）を租借し、附近の鉱山採掘権や鉄道敷設権を獲得した。イギリスは今までの権益に加えて、揚子江《ようすこう》沿岸に権益を増し、さらに威海衛《いかいえい》（山東省北端）の軍港を租借した。

日清戦争直後からのヨーロッパ勢力のシナ大陸への進出は、まことに目を瞠《みは》るものがある。しかも、このヨーロッパの進出には、しばしばキリスト教の宣教が先行し、宣教師が殺されると、これを口実にして一挙に侵略の歩武《ほぶ》を進めるというのがパタンとなっていたから、シナ民衆の間には反キリスト教的排外運動が起こる素地ができていた。

義和団は元来、白蓮教《びゃくれん》（仏教系の新興宗教）の流れを汲《く》む民衆の宗教団体であり、その教える拳法を修業して呪文《じゅもん》を唱《とな》えれば、神霊が体に宿《やど》り、刀槍砲火《とうそうほうか》によって身体を傷《きず》つけられることとなし、という迷信的信仰であった。それで、この集団が明治三十一年（一八九八）に蜂起した時、彼らは拳匪《けんぴ》、英語ではボクサー運動《ムーブメント》と呼ばれた。彼らは一切の武器を持たず、集団の長に当たる者が指揮のために刀や槍《やり》を持つだけであった。元来、彼らは神仏の加護を求めて焚《た》く線香と、キリスト教会や外人牧師館やキリスト教に改宗した同胞の家を焼くための石油を持っていただけである。

彼らの翻《ひるがえ》した旗には「扶清滅洋《ふしんめつよう》」（清国を扶《たす》けて西洋人を滅《ほろ》ぼせ）とか「興清滅洋《こうしんめつよう》」（清国を興隆させ西洋を滅ぼせ）と書いてあったから、民衆の間の排外感情と愛国思想を表《あら》わしていたものであることは確かである。

元来は、この地によくあった匪賊《ひぞく》の一種と見なしうるのだが、その勢力が広がり、北京《ペキン》にも及んできて、外国人の生命も危険になるに至って、明治三十三年（一九〇〇）の一月、北京在住の外交団（イギリス、アメリカ、フランス、ロシア、ドイツ、オーストリア、スペイン、ベルギー、オランダ、日本の各公使）は北京政府に抗議した。

北京政府は、はじめのうち、義和団をひそかに助け、のちには公然と提携して、排外運動を行ない、天津《テンシン》や北京の内外のいたるところで戦闘が起こっていたのである。そして、明治三十三年（一九〇〇）の六月二十一日、清国政府は北京に出兵してきた八カ国――イギリス、フランス、ロシア、ドイツ、オーストリア、アメリカ、イタリア、日本――に対して宣戦布告をするに至った。これが、いわゆる北清事変である。

清国が宣戦布告する一一日前の六月十日には、北京公使館書記生の日本人杉山彬《すぎやまあきら》が路上で殺され、その約一週間の後の六月十八日にはドイツ公使フォン・ケッテレル（そのころ、駐清大使はなかったから、公使がその国を代表した）も路上で殺されるなど、北京の市中でも物情騒然として、外交官といえども安全ではなくなっていた。

フォン・ケッテレル殺害の翌日の六月十九日、北京政府は列国の外交団に対し、二四時間以内に北京から引《ひ》き揚《あ》げることを要求し、その交渉中の翌二十日、清国の正規兵の発砲によって戦闘がはじまり、その行為を追認するように翌二十一日の清国の宣戦布告になったものである。各国の公使館は、公使館員も居留民も皆殺しになる虞《おそれ》があったため、協力して防衛に当たることになった。

イギリス公使クロード・マクドナルドは、もと陸軍少佐であり、実戦の体験もあったので彼が総指揮官となり、日本公使館付武官であった陸軍砲兵中佐（今の二佐に相当）の柴五郎《しばごろう》がその補佐に当たった。公使館の攻防は八月半《なか》ばに連合軍の救援が来るまで続き、防禦側にも多数の死傷者が出た。

なぜ、日本に「アヘン戦争」は起きなかったか

この例を挙《あ》げたのは、二十世紀のはじめの中国大陸の状況は、清国正規軍vs.各国公使館の武力戦闘が起こるほど非文明的だったことを示したかったからである。今の中国——あるいは、どこの発展途上国でも同じことだが——を念頭において二十世紀前半の中国を考えるわけにはいかない。

日本でも、幕末に武士が、無礼を働いたと思う外人を斬《き》り殺したり（一八六二年の生麦《なまむぎ》事件など）、馬関《ばかん》戦争（一八六三年、長州藩vs.仏英米蘭四国連合）や薩英《さつえい》戦争（同年、薩摩藩vs.英艦隊）があった。

しかし、それはいずれも、きわめて小規模なものであり、かつ、きわめて短期間に終わった。そして、徳川幕府の締結した国際条約を明治政府が受け継《つ》ぎ、外人の治外法権《ちがいほうけん》や、関税自主権喪失のような不平等条約をも誠実に履行《りこう》しつつ、漸次《ぜんじ》国力を蓄《たくわ》え、国制を整備し、半世紀以上もかけて欧米と対等の外交関係を樹立するに至った。

ところが中国は、アヘン戦争以来、一〇〇年間も諸外国と条約を結んでは、それを守らず、武力衝突の繰り返しを続けたのである。

比較のために、日本の一例を挙《あ》げてみよう。

生麦村《なまむぎむら》のあたりで島津久光《しまづひさみつ》の行列を犯《おか》したという理由で、薩摩藩士がイギリス人を斬《き》るという生麦事件が文久二年（一八六二）の夏に起こった。

この時に死亡したイギリス人は一人、負傷者二人である。しかも、落度《おちど》は、日本の慣習をまったく無視したイギリス人にあった。それにもかかわらず、イギリスは幕府に正式の謝罪と一〇万ポンドの賠償金を、薩摩藩には責任者の処刑と二万五〇〇〇ポンドの賠償金を要求した。

幕府は一〇万ポンド払ったが、薩摩藩は拒否したため、イギリスは軍艦七隻を鹿児島に派遣して、いわゆる薩英戦争になったのである。

結局、薩摩も二万五〇〇〇ポンドを幕府から借りて支払い、責任者処罰のほうは、捜し続けて見つけしだい処罰するという形で、うやむやにした。

しかし、この事件の際の、幕府に対するイギリスやその他のヨーロッパ諸国の圧力はひどいものだった。横浜に停泊中のイギリス、オランダ、フランスなどの軍艦八隻の武装水兵が島津久光の宿泊所を襲《おそ》うという計画さえ実行されかかったほどであった。

これはイギリス側の良識で収《おさ》まったが、幕府や薩摩藩に対する賠償要求は苛烈なものであった。しかもそれを実行しなければ、日本の船を拿捕《だほ》し、日本の港湾を封鎖し、イギリスとフランスは共同して横浜を自分たちで防衛する体制を作る、などなどのすごい脅《おど》しをかけたのである。幕府は屈し、薩摩も抵抗の後、町を焼かれ、結局は賠償金も払った。

「戦士感情」が生んだ明治の発展

今から考えると、生麦事件は、ヨーロッパの国々が、いかに当時の発展途上国に対して暴慢であったかを示すものである。まことに憤激に堪《た》えない。

ところが、当時の日本は武士の支配する国であって、戦士の感情というものが支配的であった。つまり、「弱い方が悪いのだから、まず強くなるべきだ」と考えた。幕府は、すぐ屈したから威信を失い、薩摩は戦って、イギリス艦隊の旗艦の艦長や副長を戦死せしめて撃退したので、かえってイギリスと和平気分が生じた。

そして、薩摩藩が軍艦を購入するのを、イギリスが世話してくれるという話も成立し、薩摩とイギリスは急に親密となり、これが幕末の情勢に大きな関係をもつに至ったことは、よく知られているとおりである。イギリスもよく戦った薩摩に敬意を払い、薩摩も——そして明治の日本も——強いイギリスに敬意を払った。

「敵ながら天晴《あっぱ》れ」というのは、戦士感情に深く根ざしたものである。イギリスに関する権威的な著書を著《あらわ》したベルリン大学教授デベリウスも、十九世紀のイギリスを理解するには、この戦士感情を考慮に入れる必要があると言っている。

日本には戦士感情があったから、武力で劣《おと》ることは自分の恥と考えて富国強兵策を実行し、実力によって欧米先進国に仲間入りする道を選んだ。日本在住の外人に対する殺傷事件や財産侵害事件がきわめて少ないことは、日本の幕末史や明治史の特色の一つと考えてよいであろう。

ここでやり方の善悪は問わないが、清国の列強に対する対応は、生麦事件→薩英戦争のパタンの繰り返しで、それを約一世紀も続けたことになる。

イギリス人の所有するアヘンを焼いた林則徐《りんそくじょ》（清国の大臣）は、生麦村でイギリス人を斬《き》った奈良原喜左衛門《ならはらきざえもん》のごときものであり、引き続いて起こったアヘン戦争は薩英戦争と同じパタンである。

清国は、この戦争のために南京《ナンキン》条約（一八四二年調印）で香港《ホンコン》を失うなど、ひどい目にあった。ところが清国政府もシナ人も、その後、同じパタンで大規模、小規模の生麦事件を繰り返し続けた。北清事変は、アヘン戦争の六〇年後に起こった大型の生麦事件である。

今日の正邪の物指しをもってすれば、清国に頼まれもしないのにキリスト教を持ち込み、紛争を起こす元凶を作ったり、居留民保護ということで租界を作ったり、開発ということで、鉱業権や鉄道敷設権などを貪欲《どんよく》に獲得していった白人先進国のほうが悪いことは、明らかである。

しかし当時は、別の正邪の物指しが支配的であった。強者の圧力で結んだ不平等条約でも、条約は守る義務があるし、外国人の人命や財産を損傷したら手ひどい賠償金を取られるのが当然というのである。これに不服なら、自分も強くなって強者の仲間入りして平等に取り扱ってもらうように努力すべきだ、という暗黙の了解が、当時、植民地帝国を作っていた西洋諸国には存在していた。そして、この暗黙の了解を実感をもって理解したのが、有色人種では日本人だけであったのである。

これに反して、隋《ずい》・唐《とう》以来のシナ大陸の王朝は科挙《かきょ》の制度による官僚制で統治してきた。もちろん、新しい王朝は武力で成立するわけであるが、国民全体としては、武よりも文に傾《かたむ》いて、「好鐵不打釘、好人不當兵」（よい鉄は釘《くぎ》にならず、よい人は兵にならず）というのが広く国民感情になっていた。

清朝は、もと北方の民族で武断であったに違いないが、まったくシナ文化に融《と》けこみ、特に十九世紀末期には、西太后《せいたいごう》（同治《どうち》帝の生母。同治帝の没後、光緒《こうちょ》帝の摂政《せっしょう》となる）が実権を持っていたから、戦士感情が支配的であったとは思われない。

ヨーロッパのシナ侵略は不当である。だから、国民感情も排外思想に傾き、キリスト教宣教師殺しや外交官殺しなどが起こる。現在の物指しなら、よその国に入りこんで行った西洋人の方が悪いにきまっている。

しかし、それを打ち払うだけの武力を蓄《たくわ》えることなしに、排外行動を起こしたらどうなるか。

白人は条約を盾《たて》にとり——それが今から見て、いかに不平等なものであろうと——賠償を請求し、さらに大なる利権を求めるであろう。

あくまで出兵に慎重だった日本政府

ところが、清朝の政府は、北清《ほくしん》事変によって、またもや大型の生麦事件みたいなものを起こしたのである。

各国公使館にいた人々は、ほんとうに生命の危険に曝《さら》されていた。北京周辺の直隷《ちよくれい》地方(今の河北省)に集まった清国正規兵と義和団は、一〇万に達すると思われていた。

各国の陸戦隊合計約二万名は、イギリス東洋艦隊司令長官シーモア中将に率《ひき》いられて進んだが、清の大軍に阻《はば》まれて北京に達することはできない。北京の連合軍には、食糧、弾薬も欠乏しはじめていた。しかし、各国とも本国が遠く離れていて救援軍は間に合わない。各国はその救援を日本に求めたのである。
この時の状況を書いた、同時代のフランク・ブリンクリィ（Frank Brinkley）の叙述を紹介してみよう。

「……事態は、天津《テンシン》および北京にある外人居留地にとって、きわめて危険なものとなった。どのヨーロッパの国にとっても、またアメリカにとっても、充分すみやかな救援手段を組織することは不可能だった。かくして、世界の目は日本に向けられた。日本ならば騒擾《そうじょう》現場に地理的に近いところから、介入も比較的容易であった。しかし、日本は動こうとしなかった。日本は、自国の国力の発展や武力の成長に対して、ヨーロッパ諸国の中に大きな懸念と不信をもって見ている国があることを知っていた。また、日本は、自分がまだ国際親交団の一人前のメンバーでないことを自覚していた。それで、武威を誇示するチャンスを摑《つか》んだと思われたり、あるいは諸外国の仲間に出しゃばるという不作法を犯《おか》すことを避けたのである。ヨーロッパやアメリカが、日本の救援をほんとうに必要として、それを望んでいるのだということを〔外交文書で〕明確にしてもらった後に、ようやく日本は一個師団〔第五師団、師団長は陸軍中将山口素臣《やまぐちもとおみ》〕二万一〇〇〇の兵を直隷地方に派遣した。真夏の猛暑の候、きわめて苛酷な条件の下で、日本軍は北京に向かって進撃し、その後の作戦行動においても見事な役割を果たした。ヨーロッパ軍やアメリカ軍と共同して戦い、その戦闘は、軍事に関してプロの判断力を持つ人々の目に触《ふ》れるところで行なわれた。そこで、日本軍の行動は高い軍事的名声を確立することになったのである。さらに、北京救援の任務が終わると、日本軍の大部分は引き揚《あ》げた。この行為に加えて、その後の交渉においても、日本は欧米諸国に対して、疑う余地のない協調的精神を示したため、日本に対して西洋諸国〔特にロシア、ドイツ、フランス〕が抱《いだ》いていた疑念は根拠のないものであったことを証明することになった……」（『ブリタニカ百科事典』十一版・一九一〇―一一年・第十五巻二四七ページ）

このような引用文を出したのは、イギリス人の目に映《うつ》った二十世紀初頭における日本軍の、大陸での行動を示したかったからである。

日本はシナ侵略の意図のないことを明らかにするために、最大の注意を払っていた。駐日イギリス代理公使は、しきりに日本に出兵を要請したが日本は動かず、イギリス外相ソールズベリー侯（のちの首相）が欧州各国に根まわししたうえで出兵を要請するに及《およ》んで、ようやく重い腰を上げた。そして一たび軍を出すや、その軍律は厳正にして、つねに連合軍の先頭に立って力戦敢闘し、列国を感嘆せしめた。しかも、戦争が終わると、さっさと引き揚げ、外交交渉にも妥協的だった。

イギリスが特に感銘を受け、義和団事件講和の次の年の明治三十五年（一九〇二）に日本と対等の日英条約を結ぶに至った。

もちろん、イギリスは対ロシア戦略のためにこの条約を結んだのであるにせよ、当時の世界第一の国が、「光栄ある孤立」の伝統を捨てて、はじめて有色人種の国と平等な攻守同盟を結んだということは画期的なことである。その直接原因が、北清事変における日本陸軍の軍律と勇敢さであるということは、特に明記しておきたい。

デュガルド・クリスティーの『奉天三十年』（矢内原忠雄《やないはらただお》訳・上下二巻・岩波新書・昭和十三年）は、スコットランド出身のキリスト教伝道者であり、医師であった人が明治十五年からの三〇年間、満州《まんしゅう》（中国東北部）において見聞したことを虚飾なく書きとめた記録である。元来が布教を目的とした人であるから、関心の中心はそこにあるにせよ、日清戦争、義和団事件、日露戦争の現場の体験者としての証言は、筆者が聖者のような人であっただけに、きわめて証言価値が高い。

彼は戦争を憎み、その犠牲となる住民に対する同情者の立場から日清戦争（一八九四―五）の際の「日本軍の規律の予想外なる慈悲と厳正」（同書上巻一四一ページ）に触れ、日本軍の大都会における軍政も「同じように仁慈、公正、かつ文明的であった」（同右）と言っている。義和団の実情の記述も、また、その鎮圧後のロシアの満州進出や、日露戦争の実情についての証言も貴重である。日本軍は「油のよくひかれた機械のごとき精確さを以《もっ》て」(同書下巻二二四ページ)動き、奉天《ほうてん》入城(一九〇五年三月)も「粛然《しゅくぜん》として」(同二四五ページ)いた。

ところが、日露戦争以後は、日本の指導者や高官の意図とは関係なく、「支那人をば被征服民として軽侮《けいぶ》の念を以《もっ》て取り扱」う(同二六三ページ)ような、最も望ましくない群衆が入ってきたことを指摘している。

ロシア人は去ったが、別の支配者が入ってきたにすぎないことになった。日本も、欧米並みの国になったことになる。現在の価値観から言えば、日本は欧米諸国と同じ罪を犯しはじめていたことになろう。

しかし、なぜ日本だけが悪者になったか、と言えば、アメリカと連携した中国の排日運動にある。しかも、その排日運動のやり方は、義和団的であった、つまり生麦事件的であった。

満州の利権に接近するアメリカの意図

日露戦争後の日本の威信は大したものであった。戦士的感情がまだ支配的であった欧米諸国は、日本が満州に対して特別の権益を持つことを当然とした。

日韓併合は日本にも異論があり、伊藤博文《いとうひろぶみ》（初代韓国統監）自身も最初は乗り気でなかったようである。しかし、併合問題について日本政府が各国の意見を打診してみると――当時の日本外交は慎重であった――一カ国として反対の意見はなかった。近接するロシアや清国も反対せず、欧米の主要新聞は歓迎の色が濃かったのである。

シナ大陸においても、これという反日運動は特に目立たなかった。わずかに広東《カントン》で日貨排斥（日本の商品ボイコット）が一度報ぜられたぐらいである。

何より重要なのは、日本が日露戦争という近代戦において、先進国（白人国）ロシアに勝ったという実績を背景にして、明治四十四年（一九一一）の二月になって、アメリカと新通商航海条約を調印して、はじめて関税自主権を獲得したことである。

思えば、なんという長い道のりであったろう。日本が黒船の圧力に屈して、安政元年（一八五四）三月に日米和親条約、いわゆる神奈川条約に調印してから、実に五七年ぶりで関税自主権を得たのである。半世紀以上も不平等条約に耐え、日清、日露という国運をかけた大戦争に勝ち、満州に利権を得、さらに韓国を併合し、植民地帝国になり始めたところで、ようやく先進白人諸国は日本を一人前と認めて、条約を改正し、平等な立場になったということで関税自主権も与えてくれたのである。イギリス、ドイツ、フランス、イタリア、オーストリアに対して、新しい平等な通商関係に入ったのも、この年である。

半世紀以上もの不平等条約を、日本は歯をくいしばって守ってきた。一度結んだ条約を勝手に破れば、先進白人諸国から武力制圧を受けるであろう、ということは身にしみて分かっていた。一つの生麦事件で沢山《たくさん》である。不平等な取扱いを受けるのも、日本が弱いからであって、究極的には日本の責任である、と戦士的精神を持った明治のリーダーたちは感じていた。

そして、日本が半世紀以上にも及ぶ苦労と忍耐のすえ、平等の取扱いを得た以上、日本も弱い国から同じことを期待しうると考えた。日本人は、これが国際的ルールだと思い込んでいたのである。そして、事実そうだった。この場合、日本から見て「弱い国」が清国であったのは、まことに両国にとって不幸なことであった。

しかし、ここで認識しておかなければならないのは、日本が清国いじめをやったのではなく、日本も清国いじめの先進国の仲間に正式に入れてもらったことである。

アメリカも清国いじめに参加したがった。アメリカがこの参加に遅れたことが日本との関係をむずかしくすることになる。

日露戦争直後の明治三十八年（一九〇五）十月にアメリカの鉄道王エドワード・ハリマンが東京《とうきょう》にやってきて、南満州《みなみまんしゅう》鉄道経営に参加したいという意欲を示し、首相桂太郎《かつらたろう》と会見して、合意に達した。これについては三井《みつい》の利益を代表していると言われた元老の井上馨《かおる》も、財界の大御所渋沢栄一《しぶさわえいいち》も賛成であった。

しかし、外相小村寿太郎《こむらじゅたろう》らは、戦場で得た利権を売り渡すようなことはできないと反対して、合意の覚書《おぼえがき》は破棄された。今から考えれば、幕末の黒船《くろふね》時代の先進国の強さをよく知っている元老の世代は妥協的であり、若い東大法学部出身の小村の世代のほうが帝国主義的であったと言えよう（また下世話《げせわ》に言えば、小村が講和会議出席のため留守中に、ハリマンとの外交的な話し合いが進んだことに対する立腹もあったであろう。同じことは、昭和になってから松《まつ》岡洋右《おかようすけ》が自分の留守中に進んでいた日米間の話し合いを潰《つぶ》した例にも見られる）。

今にして思えば、元老路線で南満州鉄道を日米の資本でやっていたならば、その後の日支の争いも、したがって日米の戦争も避けえたかもしれない。しかし、その当時は小村の意見はそれなりに筋が通っていた。

ハリマン構想が破れると、アメリカは明治四十二年（一九〇九）に外交ルートを通じて、満州の鉄道の中立化を提案してきた。これはアメリカも、何とか満州の利益に加わりたいということを示したのであって、けっして正義でもなければ、人道主義でもない。

このアメリカの提案に対しては、ロシアも虫がよすぎるとして反対し、敵味方であった日本とロシアの両国が手をつないで、アメリカの提案を退《しりぞ》けている。明治四十三年（一九一〇）に第二次日露協約ができたのは、そうした背景のためである。日本が侵略国で、アメリカが正義というわけでもないのである。

なぜ、アメリカとシナの「国益」が一致したか

アメリカも――そして、イギリスも――満州の利権を思うように獲得することはできなかった（当然である）。しかし、清国に対してアメリカもイギリスも、その利権拡大の要求をやめず、錦州《きんしゅう》（遼寧《りょうねい》省）と愛琿《あいぐん》（黒竜江《こくりゅうこう》中流）の間に愛琿鉄道を敷設する計画を立てた。これは南満州から北満州の黒竜江に至る大動脈となるであろう。これを米・英・清の三カ国が中心でやろうというのである。日本は結局、この計画に参加することになったが、日露戦争後も満州に進出したがるイギリスやアメリカ、特にアメリカの意欲には目を瞠《みは》るものがある。

そのアメリカにとって、いちばん邪魔になるのは日本である。

しかもこの頃、アメリカでは激しい日本移民排斥をやっていた。前に述べたように（一五八―二一八ページ参照）、自分の国内では下等人種として排斥できる日本人が、シナ大陸の利権に関しては、ロシアやイギリスの白人植民地大国と平等な交渉相手となることが、何とも腹立たしかったに違いない。アメリカは当時、人種差別に基礎をおいて国が成り立ってい

た。イギリスやロシアやドイツやフランスがシナ大陸に利権を得ているのに対しては腹も立たず、むしろ当然と思われるのに、日本がシナ大陸に利益を得るのは怪《け》しからん、という強い感情が生じた。

その感情は、どのようにして現われたか。それは、ハリマンのように日本とパイを分けようという提案もあったし、満州の鉄道の中立化という、虫のよい申し出もあった。そのいずれも、うまくいかないと見るや、シナ人の排日運動を煽《あお》り立てる、という現われ方をした。これはアメリカの正義感にも叶《かな》い、シナ人の生活感情にも合うことであった。

それにアメリカは、日本の持たない情宣《じょうせん》機関をシナ大陸のいたるところに持っていた。それはキリスト教の宣教師（特にプロテスタント）である。神の道を説《と》く人たちだから、聖人のような人たちも少なくなかったと思われるが、安手《やすで》の正義感から、単なる煽動者とたいして変わらない連中も多かった。

それでも、排日運動がたいして盛り上がらなかったのは、「排日」よりも「恐日」があったからだ、と当時の国際情況の観察者であった三宅雪嶺《みやけせつれい》などは指摘している。日露戦争後の日本の武力は、アジアと太平洋でならぶものがなかった。

当時は、アメリカも太平洋にこれという艦隊もなく、イギリスの海上兵力も知れたものであった。本格的な艦隊はスエズ運河の東、パナマ地峡（運河開通は一九一四年）の西の間では、日本にしか存在していなかった。陸軍も、ロシアに勝った日本軍の前に、手の出せるものはなかった。

清国が日露戦争の直後に、一三〇〇年の歴史を持つ科挙《かきよ》の制度を廃止し、日本に多くの留学生を送って、それに代《か》えるようになったのも、その一つの現われである。

日露戦争の後は、シナ大陸には「恐日」が支配的であり、部分的には「敬日」もあったのである。そういう時は余計な摩擦がないから、日清関係には、これという事件がない。

恐日気分から排日気分に変わるのは、ウッドロー・ウィルソンがアメリカ大統領に就任した大正二年（一九一三）頃からである。

その前年までは、列強は、何だかんだと言いながら足並みを揃《そろ》えようというところが見られた。たとえば、明治四十五年（一九一二）の一月には、京奉《けいほう》鉄道（北京《ペキン》・奉天《ほうてん》間）の警備に、英・米・独・仏・日の五カ国が協同して出兵した。また、同年六月には英・米・仏・独・露・日の六カ国の銀行が協調していわゆる六カ国借款《しやつかん》団を作り、その年の二月に滅亡した清国の外債を全部引き受けようという話し合いをし、合意に達している。

ところが、翌年ウィルソン大統領が就任すると、その半月後には六カ国借款団から脱退している。そして、この頃から日本人がシナ大陸においてしばしば一方的に襲撃されるようになる。

これは清朝が滅《ほろ》んで、各地に軍閥《ぐんばつ》政権ができて治安が悪くなったこともあるが、アメリカがその背後についているという安心感が、恐日感を減じ、その減じた分が排日運動に変わったと言えよう。

清朝滅亡（明治四十五年＝一九一二年二月十二日）の前、その政府の外交責任者であった袁《えん》世凱《せいがい》は、日露戦争後の日本を抑《おさ》えるためにはアメリカと手を組むより仕方がないと考え、アメリカとの軍事同盟を画策して、アメリカに海軍基地を提供しようとしたことがあった。この袁世凱が清朝滅亡後の共和国政府の臨時大統領、のちに正式の大統領になったのだから、その外交の基本方針は容易に想像がつく。「米国と組んで日本を抑える」というのが、この頃から昭和二十年の日本敗戦に至るまでの三三年間、シナ大陸に成立したすべての政権の基本方針であると言ってよい。

シナに親愛の感情を示し、日本に憎悪感を持つという局面にアメリカは突入した。これを親支反日段階《サイノファイル・ジャパノフォーブ・フェイズ》（Sinophile-Japanophobe phase）と言う。

「対華二十一カ条要求」が生んだ国際的誤解

この感情をアメリカ人が強くしたのは、第一次世界大戦である。この大戦の勃発《ぼっぱつ》（一九一四年）には、日本は何の関係もなかった。アメリカもなかった。

日本は同盟関係のあったイギリスからの要請を受け、しかも、戦場地の限定について話し合いをつけた上で参戦に踏み切った。

まず、大正三年（一九一四）八月十五日に、ドイツが膠州湾《こうしゅう》に持っていた租借地を期限付きで引き渡すことを最後通牒《つうちょう》で求め、当然、これが拒否された時点で、ドイツに宣戦布告した（八月二十三日）。したがって、日本がドイツに宣戦布告したのは、同盟国のイギリスより約三週間遅れている。

日本軍は大正三年（一九一四）九月二日から行動を起こし、十月十四日にドイツの青島《チンタオ》要塞を占領した。イギリス軍との共同作戦とは言うものの、イギリスはおまけで、全部日本兵がやったに等《ひと》しい。この時、日本海軍の飛行機が実戦に参加して話題を呼んだりした。

ところが、袁世凱の中国政府は、日本軍の撤退を求めた。ドイツが支配していた地域を日本が戦時において武力占領した。そうしたら「帰ってくれ」というわけだから、当然帰るについての外交折衝が生じる。この時、大隈《おおくま》（重信《しげのぶ》）内閣の加藤高明《かとうたかあき》外相が出した提案は、五項目であった。

この五項目の中に含まれる条項を全部加算すると二十一カ条になるのだが、これは「対華二十一条の要求《デマンド》」として命名され、日本に好意を持っていない外国特派員たちによって世界中に打電された。これは、ヨーロッパ諸国がヨーロッパの戦争に没頭している間に、日本がアジアで勝手なことをやっているという印象を与えることになった。まだ大戦に参加していなかったアメリカは強硬に抗議した。

もっとも、この二十一カ条要求というのも丁寧《ていねい》に見れば、当時の情況からいって、そう無《む》茶《ちゃ》なものではない（江藤淳『昭和の宰相たち』I・文藝春秋・五二―五七ページ参照）。このうちの十カ条は、新規の要求ではなく、既得権の確認と明確化であり、他の四カ条は、対独講和締結の時に、日本が合法的に継承することについての諸権益に関するものであり、残りの七カ条は、あくまでも日本の希望であって要求ではなかった。

しかし、親支反日《サイノファイル・ジャパノフォーブ》の外国特派員、特にアメリカ系の新聞の手にかかって、日本が二一もの不当要求を、大戦のどさくさに中国に押しつけたという印象を世界的にばらまいたことになった（まったくの根拠のないことでも、世界的なマスコミの網にのると、事実として確立してしまうことを、筆者自身、いわゆる歴史教科書改竄《かいざん》事件で生々《なまなま》しく体験した。当時、「侵略」を「進出」に書き変えた教科書などは一冊もなかったのに、今でも日本は「歴史を政府が書き変えさせる国」、つまり、オーウェルの『一九八四年』の国のような悪質な国というイメージが、ほぼ定着している）。

それはともかく、他の同盟国が戦争している時に、既得権の確認まで並べたりすることはなかったであろう。

三宅雪嶺も、

「……鬼の居《お》らぬ間の洗濯《せんたく》といふ形なきに非《あら》ず……恰《あたか》も、成金《なりきん》が続出して無遠慮《ぶえんりょ》の態度を極《きわ》めしがごとく、外交に、軍事に、経済に穏当《おんとう》を欠《か》くもの少なからず」（「排日熱・恐日病・頼日心」・『祖国の姿』所収・千倉書房・昭和十四年刊・二二六ページ）

と嘆《なげ》いているような始末である。

帝国議会においても、原敬《はらたかし》や犬養毅《いぬかいつよし》が激しく政府のやり方を批判した。

原敬は「膠州湾を還付するという声明を一番喜ぶべきはずの支那が、いっこうに喜ばない」ことに対して不審の意を表明しているし、犬養毅は、「支那の官民が挙《あ》げて反対したのは、第五項〔すなわち日本側の希望的な七カ条〕である」ことを指摘して、その外交の拙劣《せつれつ》さを指摘している。

日本側が第五項としてつけた協議可能な希望条項が日支の友誼《ゆうぎ》を破る最大の理由であったということは、日本人にも見えたことであって、つまりは、拙劣な外交といえよう。

しかし、重要なことが二点残る。

その第一は、日本側が、元老の意見や、アメリカ国務長官ブライアンや、イギリス外相グレイの抗議を考慮して、問題の第五項（希望条項七ヵ条）を削除したものに改めて、最後通牒として提案し、中華民国は日本案をすべて受諾し、かつ速《すみ》やかに批准したことである。

日本のやり方が最初まずかったということはあるにせよ、途中で七ヵ条を引っこめるという譲歩もあって、日華外交条約は成立した。一度締結された条約を守るのは両国の責務である。

第二は、アメリカが外交ルートを通じて抗議してきたことであるが、そのアメリカが、同じ頃にハイチに軍隊を派遣して、事実上の保護国化したり、アメリカとの条約に反対しているドミニカにも軍隊を送って武力制圧し、関税収入を差し押さえていることである。アメリカにとっては、ハイチやドミニカはアメリカの近隣であり、特殊権益関係があるということなのであろう。

日本も近隣諸国に対して特殊権益を持つことは、その後間もなく、石井・ランシング協定（大正六年＝一九一七）においても認められることである。

ここで明らかなのは、当時のアメリカのダブル・スタンダード（二重標準）外交である。つまり、自分がやるのはよいが、同じことを日本がやってはいけない、ということに尽《つ》きる。

ウィルソン大統領は欧州大戦については高邁《こうまい》な平和理念をぶち上げていたが、足元のカリフォルニアでは排日土地法が成立していた（一八五ページ参照）。

ピューリタン的理想主義の危険性

外交ルートを通じて異議を言うということについては、何ら文句はないのであるが、その後のアメリカが、外交の舞台やシナ大陸でやったことは反日運動への徹底的な支持と応援であった。

第一次大戦の締《し》めくくりをつけたパリ講和会議（一九一九年）において、中国代表はそれまでの日本との取《と》り極《き》めをまったく無視する発言をし、アメリカのウィルソン大統領は、これに露骨な支持を与えているのである。

対ドイツの講和条約案の会議（パリ講和会議）は、主要参戦国である英・米・仏・伊と日本の五カ国が行なうことになっていた（ロシアは革命騒ぎであった）。中国は、ドイツに宣戦布告はしたものの、実際には少しもドイツと戦ったわけでないから、利害関係国としての列席者であるにすぎない。

だが、アメリカのウィルソンのおかげで、中国代表は言いたいだけのことを言う機会を与えられてしまった。ウィルソンは対独講和会議を、あたかも反日援中会議にした観がなきにしもあらずである。

しかし、他のヨーロッパ諸国は、それぞれシナ大陸に利権を有し、日本の主張が特に常識はずれでもないことが分かっており、イギリスが仲介者となって、山東半島問題に対する日本の主張は、そのまま講和条約に入れてもらえることになった。中国代表は、ヴェルサイユ（パリ）講和条約に調印せずに帰国したが、どっちみち、彼らは実際には戦争に参加しなかったのである。

問題はアメリカのウィルソンで、アメリカはヴェルサイユ講和条約調印後でも、日華条約は認めないと声明しつづけた。

いわゆる〝二十一カ条の要求〟は、日本の中国に対する悪行の手本として、今でもよく引用される。しかし、実際は、四項目（十四カ条）であり、それが当時の常識として、そんなにおかしなものでなかったことは、パリ講和会議に出席したイギリスやフランスなどが、結局は日本の言い分を支持してくれたことからも明らかである。

中国も、一度は完全に承諾し、批准した。しかし、ウィルソンが憎日感情を持って中国を支持してくれると知るや、一転して反日・侮日《ぶにち》の方向に国の基本方針をもってゆく。

多少大ざっぱに言うことを許されるならば、大正八年（一九一九）の一月から六月にかけてのパリ講和会議において、米中の反日連携が表面化し、これが約四分の一世紀後の昭和二十年（一九四五）に至るまで悪化の一途をたどった、ということになろう。

ここで、アメリカ第二十八代大統領ウィルソンについて、一言しておく必要があるであろう。

彼はスコットランドの血の濃い家系に生まれ、厳格な長老派《プレスビテリアン》教会牧師であった父親の影響を強く受けて育った理想家と言うことができよう。女子大学の教師から教歴を始めて、プリンストン大学学長を経《へ》て政界に進出、ニュージャージー州知事を経て民主党大統領になった。理想主義的な政策と卓抜な演説が成功のもとであったという。

確かに内政においては進歩主義的な政策を実行に移している。日本人移民の排斥に関しても、カリフォルニア州知事に圧力をかけて排日立法を緩和させようとした（しかし、成功しなかったことは、すでに一八七ページに見たとおりである）。

だが、ピューリタン的理想主義者に、時に見られるような精神的盲点――第三者の目には偽善的ダブル・スタンダード――がある。

それはカリブ海の諸国に対する場合である。ハイチやドミニカを武力鎮定したり、また、メキシコが無政府的状態だというので、そこでアメリカ水兵がメキシコ人に侮辱された時は、報復措置としてベラ・クルスを武力占領しているのである。

ピューリタンはカトリックに対しては、冷酷であった。元来はカトリックの住む国だったアイルランドを支配したピューリタンはひどかった。特に、北アイルランド地方のピューリタンの冷酷さは定評があるが、ウィルソンの父系は北アイルランドのアルスターの出身である。

ピューリタンにとって、カトリックは悪魔の申し子みたいなものであったろう。カリブ海の島やメキシコは、カトリックであるから、父祖伝来の偏見が働いたのではないか。

そのうち、彼の頭の中で中国が善玉、日本が悪玉として固定し、しかもそれがアメリカの国益と結びつくとなると、「正義が利益になる」という最も恐ろしいことになった。

排日の福音書バイブルとなったウィルソンの「十四カ条」

ウィルソンの高邁な理想主義は第一次大戦中に大きな道徳的インパクトを持った。

彼は一九一八（大正七）の一月八日、いわゆる停戦に関する「ウィルソンの十四カ条《フォーティーン・ポインツ》」を提案したが、そこに掲《かか》げる理想主義的な方針のため、ドイツの軍部も、「その線でなら和平を進めてもよい」という気になったと言われる。

また、国際連盟《リーグ・オブ・ネイションズ》の結成も、その延長線の上で提唱されたものである。彼が大戦終結の年の暮れにヨーロッパ諸国を訪ねた時は、戦争中の敵味方を問わず、どの都市においても熱烈な歓迎を受け、まさに英雄扱いであった。

ところが、実際の話になるとうまくはゆかず、彼の提唱による国際連盟への加盟自体がアメリカ議会において批准されず、アメリカはメンバーにならないという、おかしなことになった。また、パリ講和会議も彼の思うようにはならず、イギリスのロイド＝ジョージやフランスのクレマンソーのような老巧《ろうこう》な政治家に翻弄《ほんろう》された感じを与えた。

そのようなことで、ウィルソンは重い神経衰弱となり、さらに肉体的にも弱って、ホワイト・ハウスで寝たきりになってしまった。したがって一九二〇年（大正九）の大統領選挙で共和党に大敗し、その四年後に亡《な》くなった。もっとも、一九二〇年にはノーベル平和賞を与えられている。

ウィルソンの「十四カ条《フォーティーン・ポインツ》」は、ヨーロッパではパリ講和会議とともに、いちおうその使命を終えてしまったと言ってよいが、シナ大陸においては、これがその後の紛争の発火点になるのである。

「当時中国本土においては、アメリカ人宣教師が、大統領ウッドロー・ウィルソンの〝十四カ条〟宣言を中国語に訳し、聖書と同型同質の羊皮金塗の書物に仕立てあげ、日本を軍国主義的な野心のある国として中国人に印象づけるよう、懸命に宣伝工作を展開していた」（江藤淳・前掲書六八ページ。傍点渡部）

「二重標準《ダブル・スタンダード》」外交

ウィルソン大統領(左)は世界中で「平和の推進者」として歓迎された。が、彼は同時にハイチなどへの侵略者でもあったのである。

では、ウィルソンの「十四カ条」とは、どんなものであったか、と言えば、そのうち八カ条は個々のヨーロッパ諸国に関係するもので、日本にはまったく関係ないし、いろいろの国名が言及されているが、中国やアメリカや日本の名前はない。この起草には、のちに著名な評論家として活躍するウォルター・リップマンらが関与したが、彼らはヨーロッパの専門家であるから、起草の時点では東洋のことは念頭になかったのであろう（英国首相ロイド＝ジョージの対独講和案が発表された三日後に急いで発表されたものという事情もあったと思われる）。日本と関係あるのは、一般論を述べた六つの条項のうち、特に第五条と第十二条である。

第五条には、大要次のように述べられている。

「植民地に関する要求はすべて、自由な、とらわれない、完全に偏見のない調整を受けなければならないが、その際に厳重に守られなければならない原則は、植民地の主権の問題の決定に当たっては、そこの住民の利益がその政府の権益と同じ重さを持つということである」（傍点渡部）

また第十二条には、

「大国に対しても、小国に対しても、同じように政治的独立と領土主権をおたがいに保証しあう目的で、明確な規約を持つ世界的国家連盟が作られなければならない」（傍点同）

これは解釈の仕方では、植民地や租界《そかい》（外国人が行政権と警察権を持つ地域）の廃止ということになる。

中国民衆が、この米国大統領の提案を福音書《バイブル》同様の「福音」と聞いたことは、確かである。

しかし、そのアメリカが、カリブ海や中米において自分の提案したことを守る気がなかったことを、中国民衆は知らなかったろうし、知らされもしなかったろうし、第一、知る気もなかったであろう。

アメリカの反日煽動家たちは、ウィルソンの「十四カ条」以前から、中国人を煽動して日貨排斥運動（日本商品ボイコット）を行なったり、諸新聞を動かして反日キャンペーンをやっていた。

そして、中国人も反日運動をやればやるほど、それはアメリカの気に入ることを知ったし、また、アメリカ大陸で排日をやっている者たちも、排日をやっているのは自分たちだけでないと考えることは、気分がよかったに違いない。広汎な層に亘《わた》って親支反日感情がアメリカに生じていた。

「アメリカが味方してくれている」ということが中国人を勇気づけたことは確かで、第一次大戦の少し前頃から、反日・侮日《ぶにち》が顕著になってきた。恐日も敬日も消え出したのである。

大正二年（一九一三）の夏には、山東省《さんとう》と漢口《ハンカオ》で、日本人の将校が拘禁されるという事件が起こったが、日本は報復しなかった。同じ頃、日本人が袁世凱《えんせいがい》の軍の占領した南京《ナンキン》で虐殺されているが、この時も日本は報復しなかった。

「日英同盟廃止論」は、なぜ生まれたか

大正四年（一九一五）になると、中国各地で日貨排斥運動が起こり、漢口では日本商店が襲撃された。その後、そこでは三菱の支店が焼き打ちされたが、日本は軍隊を派遣して保護するようなことはしなかった。

これに反し、ちょうど同じ頃、アメリカの海兵隊はハイチに上陸して武力鎮圧を行なっていた。

大正五年（一九一六）には、いわゆる鄭家屯《ていかとん》事件が起きて、日本軍に死傷者が出た。これは小さな軍事衝突であったが、挑発したのは奉天軍だったので、中国側が陳謝した。

このような事件を数え挙《あ》げておればきりがないが、こうした排日・侮日運動が、日本側の

大幅な譲歩や、条約履行に関係なく行なわれていることは注目に値《あたい》しよう。大正十一年（一九二二）の二月には、日本は膠州湾《こうしゅうわん》の租借地返還や日本軍の撤退を約束し、事実、その年の暮れには青島《チンタオ》守備軍の撤退も完了しているのである。

その当時はあまり世間の話題にならなかったが、パリ講和会議（一九一九）の後あたりから中国各地において、しきりに日英同盟更新の反対運動が起こってきたのである。

日英同盟は、日露戦争に先立つ二年前の明治三十五年（一九〇二）に調印されて以来、日本外交の根幹をなしてきたものであった。日本が第一次世界大戦に参加したのも、まさに、この同盟に基《もと》づいてイギリスの要請を受けたからであった。この同盟は明治四十四年（一九一一）に第三回目の改定を受け、さらに一〇年間の期間延長が合意されていたのであるが、その期限が大正十年（一九二一）にやってくる。

日英同盟は元来は中国にはあまり関係ないのであるから、中国民衆の間で日英同盟反対運動が出るのが、そもそも怪《あや》しいのであるが、大正十年（一九二一）の六月、駐米中国公使の施肇基《しちょうき》が日英同盟の更新を非難する演説をアメリカで行なっている。

ここからアメリカ外交の筋書が見えてくる。というのは、日英同盟を解消させることこそ、当時のアメリカ外交の眼目になっていたからである。

アメリカは明治三十一年（一八九八）にハワイを併合し、同年十二月にはフィリピンやグアム島を手に入れて、太平洋に乗り出しつつあった。フィリピンの次に手を出しうる東洋の国は、シナが残っているだけである。インド、ビルマ、マレー、シンガポール、香港《ホンコン》は、すでにイギリスの手にあり、インドシナ三国はフランスの所有で、インドネシアはオランダのものである。これらの先進白人国と争う気はアメリカになかった（スペインからフィリピンを得たのは、アメリカの裏庭とも言うべきキューバ問題で、スペインと開戦したからである）。

ところが、シナ大陸では日本が目の上のたん瘤《こぶ》であった。そして、日露戦争後、日本が太平洋における唯一の本格的海軍国であるところから、日本を第一の仮想敵国と見なすに至ったもののようである。

そうなると、いちばん邪魔になるのは日英同盟である。アメリカとイギリスとは第一次大戦において協力し、かつ言語的にいっても親近感がある。そのイギリスが、有色人種の日本と軍事同盟を結んでいることは、まことに困るのである。第一次大戦の平和条約後、アメリカの外交政策が、日英同盟の解消に的《まと》を絞《しぼ》ってきたことは、こうした理由からであった。

一方、イギリスにしても、ソ連が革命を起こし、ドイツが敗戦し、フランスが国力を使いきってしまったような状況においては、日本をその世界政策のパートナーとする必要は稀薄になっていた。イギリスはシナ大陸に広汎な利権を有し、その保全のためには日本との関係を維持するのは別に損でもない、という程度のことであった。何しろ日本の外交政策は当時は徹底的に親英的であったから、付き合いやすい相手であったのである。

だが、第一次大戦中、イギリスは物資や金融や軍事の面でアメリカに莫大《ばくだい》な恩義を蒙《こうむ》った。イギリスにとって、日本とアメリカでは、あらゆる面で重みがまるで違う。そのアメリカがともかく日英同盟の解消に熱心なのだ。イギリス本国のみならず、カナダやオーストラリアなどのイギリス植民地などでも、日本を排斥すればするほど、アメリカの好意を得ることができるような状況を生じた。

それで、当時、駐米大使であった幣原喜重郎《しではらきじゅうろう》は、日英同盟は米国に対抗する意図を持つものでないことを、わざわざ声明せざるをえなかったのである。

中国の外交官までアメリカで日英同盟の反対演説をするような異常事態は、こうした背景があったからにほかならない。

ワシントン会議に隠された罠《わな》

しかし、日英同盟のような、両者が充分な利益を得てきた同盟条約を、他の国が解消せよと迫《せま》ることは外交的でない。イギリスも解消を言い出しにくい。そこで、英米の知恵者が考え出したことは、日英二カ国の条約を多国間条約にすりかえることであった。

そして、これに関する英米の話し合いが、裏でついてから（これは充分根拠ある推測である）、ウィルソンの後を継《つ》いだアメリカ第二十九代大統領ハーディングは、軍縮と太平洋および極東問題を審議する目的で、ワシントン会議を提唱した。その案を持ちこんで賛成を得たのは、まずイギリス、フランス、イタリア、日本の四カ国であった。これにアメリカが加わった五カ国が、第一次大戦後の大国ということになる。

ワシントン会議については、日本の朝野《ちょうや》は主として軍縮面、特に軍艦の保有比率にばかり注意を向けて、この会議のもう一つの面——日英同盟を解消して日・英・米・仏の四カ国条約にすること——にはあまり関心がなかったようである。日本にしてみれば、欧米の代表的先進国と平等条約を結ぶこと、しかも、大戦後の平和主義的理想の色彩の濃い条約を結ぶことに満足したらしい。

このワシントン会議の成果を報告する形になった大正十一年（一九二二）一月の第四十五帝国議会において、内田康哉《うちだこうさい》外務大臣は、こう言っている。

「……四国条約の締結といい、支那関係の原則の決定といい、すべてこれらは世界における恒久平和の樹立に対する一般人類の真摯《しんし》なる要求の発露に外《ほか》ならない。単に各国政府の一時的政策と認むるべきではない」

ワシントン会議の「目的」とは

ワシントン会議(1921年)は、海軍の軍縮交渉を主たる議題に据えたが、提唱国アメリカの真の目的は日英同盟の解消にあった。

この時、日本の政府は純情にも、本気でそう思っていた。ほかの国も多少は本気でそう思った。

しかし、アメリカは日英同盟廃止に成功したと解釈し、この演説のたった二年後の大正十三年（一九二四）に、絶対的な排日移民法の成立を見ることになる（一九三ページ参照）。この法律によって、アメリカは太平洋岸やハワイに、日系市民が土地を持てないようにすることに成功した。

一方、シナは日英同盟の廃止はアメリカに対する日本の屈服と見て、アメリカのモラル・サポートを得た排日・侮日《ぶにち》をクレシェンド（漸強《ぜんきよう》）することになる。

ここで注目すべきことは、まず第一に、ウィルソンの「十四カ条」で国権意識に目覚めた中国民衆が、外国勢力と衝突した時、その相手は日本と限らなかったことであり、第二には、中国民衆の暴動に対して最も、非帝国主義的、かつ非暴力的な対応をしたのが、日本だったということである。

考えてみれば、シナ大陸の各地に最初に租界を作ったのはヨーロッパ人たちであるから、それが攻撃の対象になることは、古くはアヘン戦争から始まって北清事変（一八五一—一八六ページ参照）などの例を引くまでもなく、方々で散発的に起こっていたことなのであった。

混乱に次《つ》ぐ混乱――シナ大陸の政治状況

当時の中国の政治状況も、現在の姿しか知らない人にとっては想像しにくい混乱状態だった。

明治四十五年（一九一二）に清朝が滅《ほろ》んで、袁世凱《えんせいがい》が大統領になるが、すぐにチベット独立運動が起こる。袁はこれを武力鎮圧しようとするが、英国が抗議し、結局、翌年（大正二年＝一九一三）チベットは独立する。

その年の夏には江西《こうせい》省の李烈鈞《りれつきん》が独立して、反袁の軍を起こすと、それにならって安徽《あんき》省、湖南《こなん》省、広東《カントン》省、福建《ふっけん》省、四川《しせん》省も独立して軍を起こす（大正三年＝一九一四）。広東の孫文《そんぶん》は蜂起に失敗して福建から台湾《たいわん》（当時は日本領）に逃げ、さらに日本に来て、東京で中華革命党を結成する。北京では袁世凱が皇帝に即位したり退位したりするのが大正五年（一九一六）から翌年までの状況であった。

また大正四年（一九一五）には、雲南《うんなん》省が独立し、翌年には貴州《きしゅう》と広東省と四川省と陝西《せんせい》省と湖南省が独立する。同じ所が何度も独立しているのは、独立を永続させることに失敗しているからである。

孫文もその後、日本から大陸に戻り、大正六年（一九一七）に大元帥《だいげんすい》になって、広東政府を作ったが、これも潰《つぶ》れ、大正十年（一九二一）、非常大統領になり広東新政府を作ったが、また失敗して上海に逃げた。大正十二年（一九二三）に、またまた大元帥になって第三次広東政府を作り、ソ連と手を握り、共産主義を認める方針、いわゆる「聯俄容共《れんソようきよう》」（連ソ容共）政策を立て、北の政府を討伐していたが病没した。

そして、大正十四年（一九二五）には、汪兆銘《おうちょうめい》や蔣介石《しょうかいせき》の広東国民政府が成立した。広東独立だけ見てもこれだけ目まぐるしい。これは南シナの方であるが、北シナでも同じような混乱が続いた。

北京を中心とする勢力も、袁世凱が大正五年（一九一六）に死ぬと黎元洪《れいげんこう》が代理となったが、すぐに直隷省《ちょくれい》軍閥の馮国璋《ひょうこくしょう》と、安徽《あんき》省系軍閥の段祺瑞《だんきずい》の対立が始まる。こうする間にも、翌年には安徽省、河南省、奉天省、山西省、陝西省、浙江《せっこう》省、福建省の各軍閥が独立を宣言する。

この中で、安徽省軍閥の張勲《ちょうくん》は、北京の紫禁《しきん》城（明・清朝の宮城）で清朝の再興をやったので、黎元洪が、日本公使館に逃げこむということがあった（一九一四年六月）。しかし、翌月には安徽省軍閥の段祺瑞が紫禁城を占領したので、今度は張勲がオランダ公使館に逃げこんで、新大統領には直隷省軍閥の馮国璋がなった（大統領と言っても、南シナには別のがすぐできる）。

間もなく、直隷省軍閥と安徽省軍閥の争い、すなわち安直《あんちょく》戦争が起こる（一九二〇年）。

段祺瑞の安徽軍は親日的で、直隷軍は親英米的であったと言えるが、親日的な方が敗《やぶ》れた。

そうする間にも、大正十一年（一九二二）張作霖《ちょうさくりん》は東三省《とうさんしょう》（満州＝中国東北部）の独立を宣言したが、同じ頃に中国共産党はコミンテルンに加盟している。

この間にも孫文の北伐《ほくばつ》や、奉天軍と直隷軍の戦い、いわゆる奉直戦《ほうちょく》が二度も行なわれ、大正十三年（一九二四）には、安徽省出身でありながら直隷派と手を組んだ馮玉祥《ひょうぎょくしょう》が北京を占領したため、ラスト・エンペラーの溥儀《ふぎ》が、イギリス人教師ジョンストンとともに北京の日本公使館に逃げこんできた。その翌年には広東に国民政府が樹立され、昭和二年（一九二七）には汪兆銘の武漢《ぶかん》国民政府ができ、同じ年には蔣介石の南京国民政府ができるといった具合である。

清朝が滅《ほろ》んだのは明治の最後の年であったが、昭和二年――と言っても昭和元年は約一週間しかないから昭和天皇の最初の年と言ってよい――になっても、広大なシナ大陸には一度として統一政権は成立せず、いまだに東三省、北京、武漢、南京、広東と、めぼしい政府だけでも四つ五つあった。

これは戦国時代のようなものである。シナ大陸は話し言葉が必ずしも通じない点では、中世のヨーロッパ諸侯の争いか、あるいは王位継承戦争時代のヨーロッパ全体の状況を思わせないでもなかった。

ワシントン会議の席上で、フランス全権のブリアン首相が「シナとは何か」と発言して、話題を呼んだ。シナ問題を論じようとしているのに、その主権の及ぶ地域が明らかでないうえに、第一、シナは国家かどうか分からないほど乱れている実情を指したものである。

ただ中国人に共通していたのは排外思想、攘夷思想、特に排日思想である。中央政府の統制の利《き》かないところで攘夷熱が盛《さか》んになれば、その結果は、いたるところに生麦事件（二八八ページ参照）を大規模にしたようなものが起こることになるのは、火を睹《み》るよりも明らかであろう。

問題は、それに日本がいかに対処したかである。

列国を驚かせた、日本の利権放棄

まず、昭和天皇の御践祚《せんそ》の前年である大正十四年（一九二五）の状況から概観してみよう。

当時、加藤高明《かとうたかあき》内閣の外相幣原喜重郎《しではらきじゅうろう》は、ワシントン条約の線に沿《そ》って、シナ大陸における日本の利権の縮小方針をさらに進め、大正十四年の夏に北京で開かれた関税特別会議においては、中国の関税自主権回復の要望に日本が協力する旨《むね》を日本全権の日置益《へきます》に公表せしめて、中国側を驚喜させ列国側を愕然とせしめたのである（上村伸一『日本外交史』第一七巻一二八ページ。傍点渡部)。

この時の日本側の態度は、あまりにも中国に対し同情的であったので、アメリカやイギリスの方にかえって不満が生じ、「日本は列国に抜《ぬ》け駆《が》けしている」とか、「幣原外交は対支協調破りだ」という非難の声が上がるほどだったのである(上村・前掲書一三三ページ)。

しかし、列国としても日本の正論と、それに対する中国側の熱烈賛同には反対できず、結局は日本の声明に追随し、関税自主権回復の決議案を可決せざるをえなかった。

この案の細目の詰《つ》めができ損《そこ》ねたのは、翌年に馮玉祥《ひょうぎょくしょう》のクーデターが起こり、中国側の全権団がすべて会場から消えてしまったためである。たしかに当時の中国大陸は、アナキー(無政府状態)というほど政情が流動的で、文明国のルールを具体化する基盤が脆《もろ》かった。

同じことは中国の治外法権の撤廃問題にも言える。租界《そかい》をなくすることは中国の熱望であり、日本もそれを支持する姿勢を採《と》ったが、治外法権の撤廃をただちに実施することは時期尚早《しょうそう》とせざるをえなかった。当時のシナ大陸においては各地の軍閥が独立を宣言し(三二三—三二四ページ参照)、勝手に人を裁《さば》き、殺すことをしていたので、全土に亘《わた》る司法権の独立は期待できない状況で、まず、中国の政情安定を待つことに列国の意見が落ちつかざるをえなかった。事実、治外法権の会議も、馮玉祥のクーデターで流会になってしまったのである(上村・前掲書一三五—一三六ページ参照)。

日本が、いかなる欧米の列強よりも非帝国主義であったことは、疑念の余地がない。幣原外交の速《すみ》やかな結果を妨《さまた》げたのは、まったく中国の内部情勢であって、列強ですらなかった。

幣原外交のため、日本は一方では中国側の信頼を得、かつ、一般民衆の対日感情も好転してきていたのであるが、他方では予期せぬ事件が起こっていた。

それは、すでにコミンテルンがミハイル・ボロディンらを広東に派遣して、工作に当たっていたことである。孫文も彼を信用してしまい、国際共産党の工作員を中国国民党の顧問にするという重大な誤りを犯《おか》した。そして、一九二四年（大正十三）の国民党第一回全国代表会議においては、「連ソ容共」の政策を正式に決定するのである（三二四ページ参照）。

これ以後、中国の攘夷運動には、共産ゲリラの要因が大幅に入ることになった。単なる攘夷思想による生麦事件のようなものであったら、正気で有能なリーダーがおれば、何とか事態は好転したであろう。日本をはじめ、列国もそれを望んでいたのであり、遠からず維新後の日本と欧米の間のような関係が生じることも充分期待できたのである。しかし、共産イデオロギーのくっついた生麦事件が続発すれば、事態は悲劇とならざるをえない。

反英運動を招いた「五・三〇事件」

大正十四年（一九二五）の二月に、上海《シャンハイ》共同租界の中にある日本人経営の内外綿《ないがい》工場で大規模なストがあり（誰が使嗾《しそう》したか？）、さらに四月には天津や青島の日本人経営の紡績工場にストが及び、五月には、ふたたび上海の同工場で労働者が工場の施設を破壊するような労働争議があった。

当時、共同租界の警備に当たっていたのは共同租界工部局（租界の行政機関）の警察である。ここに属するインド人警官が破壊活動中の労働者に発砲し、その中の一名は後で病院で死亡した。

これと直接関係ないのであるが、この頃、日本人経営の紡績工場の門から中国人の行商人が突き出され、転《ころ》んだはずみに死亡したという事件があった（誰が突き出したかは不明だが、日本人資本家ではなく、現地で傭《やと》った警備員であろう）。当時の上海には何千もの行商人がおり、貧窮で栄養不良のため、転んで死ぬことは、ありふれたことで問題にもならないことだった。

しかし、当時、上海に潜入していた共産党や国民党の工作員は、何かにつけてアジり、大学生たちも事《こと》あれかしと待ちうけていた。この発砲死亡事件と行商人死亡事件のためデモが起こった。

このデモの大学生が逮捕され、公判が行なわれる日（五月三十日）、その公判に対する大規模なデモが行なわれた。この日は土曜日の午後で、特に人出が多い時だったので主要道路の交通渋滞が起こった。そのため、共同租界の警察がデモ隊規制をやろうとして揉《も》み合いになった。群衆から投石などが起こったため、警官隊はデモ隊に押されて警察署に入り、鉄門を閉めた。

その時、デモの先頭にいた学生風の男数人が逮捕されて、警察署に留置されたので、群衆は投石を以《もっ》て警察襲撃を始めた。しだいにエスカレートして、警官隊は発砲するに至り、六名が即死し、七名が病院に送られた後に死んだ。これが引き金となって全上海《シャンハイ》がスト状態になり、死の街と化した。これがいわゆる五《ご》・三〇《さんじゅう》事件である（上村・前掲書一六二—一六四ページ参照）。

この上海の二つの事件は、いずれも警官発砲事件が主となっている。当時の共同租界の警察権は前述の工部局で、実権はイギリス人が握っていたし、発砲事件の現場となった警察署も、イギリス人に属していた。日本人はこの場合、発砲して治安維持に当たる立場になかったのである。

しかし、現在用いられている日本の二種の歴史年表——いずれも秀《すぐ》れたものである——では日本人が殺したことになっている。たとえば『近代日本総合年表』（第二版・岩波書店・一

五・三〇事件

1925年5月30日、イギリス側の発砲から始まった暴動は、やがてストライキという組織的な反英運動へと発展した。

九八四年）の一九二五年五月十五日の項には「日本人資本家、労働者一〇人余を殺傷」（傍点渡部）とあるし、『20世紀全記録』（講談社・昭和六十二年）の同じ日付のところには、「日本人監督が共産党員の顧正紅《こせいこう》を射殺し、十数人を負傷させた」としてある。

この記述の表現様式からみても、共産中国側の文献を利用したのではないかと思われるが、当時の日本の外交文書に基《もと》づく上村の記述の方が正しいであろう。当時の共同租界の警察状況を知っている者には、それが当然のことであった。

これには強力な傍証がある。というのは、発砲したのがいずれもイギリス人であることは、現地の中国人には明白なことであったから、攻撃の相手はイギリス人であり、排日は一転して排英運動と変わり、現地の日本人は、ほっとしたという（上村・前掲書一六四ページ）。

この五・三〇事件を大きくするに当たっては、周恩来《しゅうおんらい》の活躍が目立ったと伝えられる。「打倒イギリス帝国主義」が中国側の合言葉になり、その波は六月十九日には香港に波及し、ゼネストを起こし、イギリス人の家庭で働いていた中国人たちまで広東に引き揚げる者が多かった。

さらに六月二十三日には、広東国民政府の主催する一〇万と称する大デモ隊が、租界の近くの対岸を行進中に、イギリスおよびフランスの陸戦隊が発砲し、死者五十数名、負傷者百数十名を出す事件も起こった。これが沙面《さめん》（租界地の名）事件、あるいは沙基《さき》（沙面対岸のデモ行進のあった所）事件と呼ばれるものである。

国民党は、ただちに広東と香港の合同スト委員会を作って対英経済活動をボイコットするとともに、対英経済断交を宣言した。香港の労働者一三万人も広州に引き揚《あ》げはじめ、翌年の十月十日まで、実に一六カ月にも及ぶ、世界にも稀《まれ》にみる大ストライキとなったのである。

このストライキといい、「打倒帝国主義」というスローガンといい、いずれも共産党起源のものであり、この長期の経済戦に国民党が耐《た》え得たのは、ソ連の援助と指導のおかげである（上村・前掲書一六四ページ）。この時は、日本が相手でなかったことに注目したい。

「現地保護主義」を棄《す》てた、幣原外相の英断

昭和時代の実質上の初年度である昭和二年（一九二七——昭和元年は約一週間しかない）になると、反英運動は揚子江《ようすこう》を遡《さかのぼ》って武漢《ぶかん》地方に及んだ。

この年の一月三日、国民党の北伐《ほくばつ》勝利祝賀会で漢口《ハンカオ》の町はお祭りさわぎであったが、その時、租界の守備に当たっていたイギリス義勇兵と国民政府宣伝隊が衝突し、死傷者が出た。翌日、国民政府側の要望を容《い》れてイギリス義勇兵が撤退したところ、暴徒と化した中国民衆は租界になだれこみ、掠奪の限りを尽くした。国民政府はこれに便乗して、五日には漢口の

イギリス租界を武力奪回し、翌六日には九江《きゅうこう》（江西省《こうせい》北端）の租界も奪回した。イギリスは陸戦隊を出そうとしたが、揚子江の中流に碇泊《ていはく》していて間に合わなかった。

このため、イギリスは一月二十二日、中国に出兵する方針を決定し、二万三〇〇〇人の軍隊を動員するとともに列国の同調を求めた。

清朝の時から、シナ大陸に騒乱が起こって、外国人居留民の安全が心配される場合は、列国は出兵して居留民の生命財産を保護するのが、これまでのしきたりであった。北清事変（一八五一―一八六ページ参照）も、その一例である。それでイギリスは今回も列国の間に反対はあるはずはないと思いこんでいた。そして、北清事変の時と同じく、地理的関係からも実力から言っても、一番頼りになるのは日本である。

ところが、幣原《しではら》外相は断乎《だんこ》として出兵を拒否したので、イギリスは驚いた。それで駐日英国大使ティレーは、日本に出兵を促《うなが》すために、外務省に日参するありさまであったが、幣原の方針は動かなかった。幣原は、はじめから中国の内政に対しては不干渉主義を標榜《ひょうぼう》してきており、その親支政策は北京関税特別会議（三二六―三二七ページ参照）でも、イギリスも、すでに知っているはずであった。

幣原の考え方は、当時としては、類のないほど脱帝国主義的なものである。

中国軍の進出によって、居留民の生命が危うくなるような場合は、安全な地域に避難させ、居留民の生命財産を現地において保護するという、それまでの国際常識であった「現地保護主義」は、もはや時代遅れである、というのである。正式の条約で得た権益でも、そういう場合は放棄するというのだ。

第二次大戦後は、この方式が一般化し、たとえば昭和六十三年（一九八八）にビルマの治安が悪くなった時、各国の居留民は引き揚げた。これは、あくまでも第二次大戦のあとになって国際的なルールと見なされるようになったものであり、戦前ならば、すぐにイギリスの軍艦などが出かけて、ビルマに居留する人々の生命や財産の保護に当たったことであろう。

第二次大戦後に一般的になったことと同じことを幣原は、実に一九二七年に中国において実行したのである。その頃、日本は国際紛争において、非帝国主義的解決法を実行する勇気のある唯一の強国であった、と言っても過言ではないであろう。

中国人はこの幣原の方針を尊重し、日本人に対する掠奪や暴行をやめるべきであった。実際に心ある中国人はそう思ったことであろう。

しかし、それだけのリーダーシップのある人もなく、日本の平和的態度は、むしろ中国人の侮日《ぶにち》の心を高めた観があり、幣原外交の継続を不可能とする事件を起こし続けるのである。

南京《ナンキン》事件に見る、日本の無抵抗主義

その第一は昭和二年（一九二七）三月二十四日に起こった南京《ナンキン》事件である。これは南京に入ってきた北伐《ほくばつ》軍が暴徒となって外国領事館や外資系の工場や外人住宅を襲い、掠奪や暴行の限りを尽くした事件である。

ちなみに北伐軍とは、この前の年に、広東の国民政府が、北京の軍閥が全国統一会議に出てこないという理由で討伐することを決議し、北方軍閥の制圧のために出した軍隊のことである。

南京に入城してきたこの北伐軍の掠奪行為に対して、揚子江にいたイギリスとアメリカの軍艦は南京に対して威嚇《いかく》砲撃を開始した。この時、そこには日本の駆逐艦《くちくかん》「檜《ひのき》」がいたのであるが、日本の軍艦だけは発砲しなかった。

これは、第一に日本政府の不干渉主義が知られていたことによるが、もう一つには砲撃によって北伐軍を刺激し、ニコライエフスクにおけるように、日本人全員が虐殺されることがないようにとの配慮があったからだともいう（ニコライエフスク事件、いわゆる尼港《にこう》事件とは、大正九年＝一九二〇年の三月十三日、樺太《カラフト》＝サハリン島の対岸にあるこの港町にいた日本人の将兵三五〇人と一般の居留民三八〇人が、約四〇〇〇人のソ連革命遊撃隊《パルチザン》によって、一人残らず虐殺された事件である。戦闘者のみならず、降伏して無抵抗な一般人の女・子どもまで一人も残さず殺されたということで、当時の日本人に衝撃を与えた。その記憶がまだ新しい時期であったので、駆逐艦「檜」の艦長の慎重な処置も理解できる)。

この方針のため、中国兵が日本領事館に押しかけて、暴行と掠奪を恣《ほしいまま》にした時、そこにいた日本領事館員も、日本軍人も、避難してきた日本人居留民も、まったく無抵抗であった。

その後、「檜」から派遣された陸戦隊と中国兵が交渉して、領事以下、全員無事に「檜」に救出することができた。そして、「檜」は安全な地帯に移ったのである。尼港事件の繰り返しが起こらなかった点では、その処置は適切であったと言うべきであろう。

しかし、そこに示された実情は、まことに憂《うれ》うべきものであった。

この頃のシナ大陸に起こった事件については、佐々木到一《ささきとういち》中将の『ある軍人の自伝』(昭和十四年=一九三九年に書き上げたものを、昭和三十八年=一九六三年に普通社、後に勁草書房より出版)が、最も参考になるであろう。

彼は陸軍軍人の子として生まれ、自《みずか》らも陸軍軍人となったが、中国革命の父、孫文《そんぶん》を尊敬し、個人的な知遇を得ていた。孫文の後を継いだ蔣介石とも親交があり、早くから国民党に好意を寄せ、第二次北伐にも国民党軍に随行している。元来、日本陸軍の中では北方軍閥に好意を持つ人が多かったのであるから、佐々木は蔣介石に好意をもっていた少数派であったことになる（佐々木は終戦とともにソ連軍に抑留され、昭和三十年＝一九五五年死亡）。

この佐々木の証言は、次のようなものである。

「逐日《ちくじつ》耳に入るところの事件の真相は悲憤の種だった。英米仏の軍艦はついに城内に向けて火蓋《ひぶた》を切ったのに、わが駆逐艦はついに隠忍《いんにん》した。しかも革命軍は、日清《にっしん》汽船の躉船《ハルク》に乱入して、これを破壊し、わが艦を目標として射撃し、げんに一名の戦死者を出しておる。

荒木〔亀男〕大尉以下一二名の水兵が城門で武装を解除された。在留外人は全部掠奪され、某々国の何々が殺された。わが在留民全部は領事館に収容され、しかも三次にわたって暴兵の襲撃を受けた。領事（森岡正平《もりおかしょうへい》）が神経痛のため、病臥中をかばう夫人を良人《おっと》の前で裸体にし、薪炭《しんたん》庫に連行して二七人が輪姦したとか。三十数名の婦女は、少女にいたるまで凌辱せられ、げんにわが駆逐艦に収容されて治療を受けた者が十数名もいる。根本少佐が臀部《でんぶ》を銃剣で突《つ》かれ、官邸の二階から庭上に飛び降りた。警察署長が射撃されて瀕死《ひんし》の重傷を負うた。抵抗を禁ぜられた水兵が切歯扼腕《せっしやくわん》してこの惨状に目を被《おお》うていなければならなかった、等々《などなど》。

しかるに、だ、外務省の公報には『わが在留婦女にして凌辱を受けたるもの一名も無し』ということであった。南京居留民の憤激は極点に達した。居留民大会を上海に開き、支那軍の暴状と外務官憲の無責任とを同胞に訴えんとしたが、それすら禁止された、等々。実にこれがわが幣原外交の総決算だったのである」（佐々木・前掲書一三八―一三九ページ）

佐々木はここで言及していないが、駆逐艦「檜」から連絡のため、日本領事館に派遣された荒木大尉は、途中で中国軍のために武装解除され暴行を受けた。荒木大尉はその時は艦長の指示を守って無抵抗に徹したが、釈放されて帰艦し、さらに重巡洋艦「利根《とね》」に移ったあと、その艦長室において、日本の軍人として屈辱に堪《た》えないと言って割腹したのである。これが日本国民を痛憤させ、幣原外交に対する不信感を醸成《じょうせい》した。

幣原の決断が列国出兵を止めた

佐々木は、この事件とは別に、日本の軍艦は国策として事件を起こすことを極度に戒慎《かいしん》させられているため、中国人の艀《はしけ》の船頭が日本の砲艦に上《あ》がってくるほどナメられ、上海《シャンハイ》市内では、買物をする日本婦人が苦力《クーリー》から尻《しり》をまくられたり、小学校に通《かよ》う日本人児童が石を投げられたり、中国人青年にナイフで斬《き》られるような事件が起こっていることに言及し、

「紳士〔幣原〕外交の所産は、ただ軽侮《けいぶ》」を招《まね》いているだけだ、という実感を記《しる》している。同じ外人でもイギリス婦人などに、そういうことがあったら、イギリスはすぐに実力で抗議したことであろう。

第一次世界大戦においても、国際的に最も信頼された日本の海軍将兵がシナ兵に無抵抗で武装解除され、それを恥じて切腹したり、領事夫人が暴兵に輪姦された報道は日本人を憤激せしめた。

さらにその南京事件から一〇日後の四月三日には、揚子江中流の漢口《ハンカオ》で事件が起こって日本の租界が襲われ、暴民による恣《ほしいまま》の掠奪が行なわれた。

事の起こりは、文字どおり子どものいたずらから始まったのであるが、漢口における一月のイギリス租界掠奪に味をしめ、加えて南京において無抵抗の日本租界の掠奪に味をしめた中国人たちは、漢口においても、たちまち暴徒と化して日本海軍の水兵に襲いかかり、日本租界に雪崩《なだ》れこみ、日本人の住居や日系工場を片っ端《かたぱし》から掠奪したのである。

高尾《たかお》（亨《とおる》）総領事は砲艦「安宅《あたか》」の艦長と相談して、海軍陸戦隊を上陸させ、機関銃を以《もっ》て暴民を租界内から退去させてもらうことにした（シナの暴民に対しては機関銃の威嚇《いかく》射撃が効果的であることは、この年の一月のイギリス租界掠奪の時に証明された。その時は日本租界も襲撃されかかったのであるが、その時、漢口の海軍特務機関長岡《おか》野俊吉《のしゅんきち》少佐は独断を以て機関銃の威嚇射撃を行ない、かろうじて日本租界を守ったという前例があった。日本政府の方針では無抵抗で掠奪させるに任《まか》せるべきであったろう。軍人の独断が日本人に歓迎されるという状況は、その時にすでに生じていたのである)。

しかし、日本人居留民が租界の中だけにいるわけではないので、漢口の全日本人居留民二〇〇〇人以上を集合せしめ、たまたま漢口に入港していた日清汽船会社の四隻の船に分乗させて上海に退避させた。この急報に接して、上海にいた日本の巡洋艦一隻と駆逐艦三隻が食糧など積んで救援に赴《おもむ》いた。

南京においてであれ、漢口においてであれ、租界は条約によって列国が保有していたものである。そこに暴民や暴兵が押しかけてきて掠奪するというのは、明らかに不法である(幕末や明治の初めに、横浜や神戸の外人居留地に日本人が集団で押しかけて、掠奪行為をやったら、どうなったかを考えてみれば分かる)。しかも、そこで工場を経営したり、商業に従事していた者は、財産を根こそぎ失うことになったのである。

南京事件以来、列国の外交団は蔣介石に対し、最後通牒に等《ひと》しい抗議文によって、謝罪と首謀者の処罰を要求するとともに、ただちに軍事行動に出ようという意見が強くなった。この時、音頭《おんど》を取ったのはイギリスである。これを知った幣原外相は、イギリスとアメリカの駐日大使を個別に呼んで、大要、次のような日本政府の見解を示した。

「最後通牒を出した場合、それを受諾すれば、蔣介石は屈辱的譲歩をしたと攻撃され、基礎の充分固まっていない蔣介石政権は潰《つぶ》れる可能性がある。そうすれば、国内はふたたび無政府的状態になるであろう。これは十数万の居留民を有する日本にとっては危険である。また、蔣介石が拒絶すれば、出兵して懲罰することになろう。しかし、無数の心臓を有するに似た現状のシナを武力制覇することは長期になるであろう。多くの利害関係を持つ日本はそんな冒険に加わりたくない」

南京事件や漢口事件のあとでも、幣原外交の方針は揺《ゆ》るがなかったのである。

日本が最後通牒にも共同出兵にも参加しないというのでは、イギリスもアメリカもフランスもイタリアも、どうすることもできない。英米などの提案どおりのことが行なわれていたら、幣原の言うごとく蔣介石は潰《つぶ》れるか、全土が戦場になるかのいずれかであったろう。

この時点で蔣介石の国民政府を救ったのは、まさに日本外交なのであり、それ以外の何ものでもない。

「幣原は大陸に対して認識不足だ」

後から分かった事実は、南京事件を起こしたのは程潜《ていせん》の第六軍で、その政治主任は共産党の林祖涵《りんそかん》である。そして、林は漢口にいるボロディンから、南京に入城して列国との間に事件を起こせ、という指令を受けていた。

共産党の意図は、列国と事件を起こさせて国際問題を紛糾させることによって、蔣介石を失脚せしめ、共産党が実権を奪取することであった。

さすが蔣介石は慧眼《けいがん》であり、南京事件の報を得《う》るや、ただちに共産党の陰謀だと察した。すぐに、次の危険のあると思われた上海附近の共産系ゲリラや武装労働者を武装解除して、上海に事件の移るのを未然に防ぐとともに、南京の第六軍を武装解除して、暴行事件の直接関係者を死刑にした。だが、林祖涵や、まだ武装解除されていない第六軍の多くは揚子江を遡《さかのぼ》って漢口に入り、そこでまた国際騒動の種になることになった。

蔣介石は処置の済《す》んだあと、上海で記者会見を行ない、彼の革命政府は、

「暴力や武力で国際関係の現状を変える意図はなく、平和的交渉で目的を達成することを欲《ほっ》し、平等に待遇する国とは過去の経緯《いきさつ》に関係なく、友好関係を結ぶ」

という意味の声明を行なった。蔣介石は、その行為においても、声明においても立派なもので、彼と幣原外交が組み合わされれば、幸福なる状況の展開がシナ大陸の上に期待されたことであろう。

しかし、そうはさせない邪悪な勢力があった。

その第一は、南京事件にすでに現われたような共産党である。国際紛争に蔣介石を捲《ま》き込むことによって、彼を窮地に陥《おちい》らしめ、それによって漁夫《ぎょふ》の利《り》を得《え》んとする国際共産党の方針ほど、危険なものはなかった。

事実、これにより、南京事件から一〇年後にはシナ事変（日華事変、あるいは日中戦争）が起こって、日中が徹底的に戦うことになるのである。

第二は、蔣介石の威令が軍に徹底しなかったことである。このため、隙《すき》あらば租界を侵《おか》したり、外国人の生命・財産を狙《ねら》う事件が引き続き起こった。

これらは、いずれも幣原外交の信用を日本国民の間で失わせるものであった。事実、南京事件や漢口事件の報道が、日本人を怒《おこ》らせ、また、海外の資産を失った日本人が引き揚《あ》げてくるにつれて、その人たちに国民的同情が湧《わ》き、同胞を守ってやれない外交――武力は充分にあったのだから――をやっている幣原を怨嗟《えんさ》する声が澎湃《ほうはい》として国民の中に湧《わ》き上がってきた。

「幣原は、大陸に対して認識不足だ」というのが、大陸を知っている人たちの声だった。その中でも前にのべた佐々木到一の観察は鋭《するど》いものがある（前掲書一四〇―一四一ページ参照）。

佐々木の観《み》るところでは、元来《がんらい》シナ兵は暴民に等《ひと》しいところがあるのであったが、外国の兵隊が駐在していると遠慮したものである。しかし、ボロディンやガリンの指導によって、共産主義化した国民革命軍には、イデオロギーとしての打倒帝国主義と排外思想が入ったため、きわめて危険なことになった。事件を未発に抑えるには、毅然《きぜん》とした態度が必要で、無抵抗主義とか、関東州《かんとうしゅう》（旅順《りよじゅん》、大連《だいれん》を含む、日露戦争以来の租借地）を含《ふく》めた大陸の利権を還付するというようなことは、暴兵をいい気にさせるだけで、事態は悪化する。この事実を無視するのは、ワシントン会議に縛《しば》られている外務省の奴隷根性によるもので、こうした国策のため、居留民は犠牲になってきている、と佐々木は語る。

だが、

「長江《ちょうこう》（揚子江）貿易と、大阪商人・三菱と閨閥《けいばつ》関係にある幣原外交が、はたして国策の全部であったか」（佐々木・前掲書一四一ページ）

となると、きわめて危険な感じ方で、これが陸軍に――そして国民一般に――生じていることを示している。

幣原は三菱の創立者岩崎弥太郎《いわさきやたろう》の長男久弥《ひさや》の娘と結婚していた。その私的なことから、「三菱と閨閥関係にある幣原外交」というレッテルを貼《は》られることは、けっしてよい徴候ではない。

「幣原には大陸の実情が分からない」という声が日増しに強くなり、昭和二年（一九二七）四月、田中義一《たなかぎいち》内閣（外相は首相兼任、外務次官は森恪《もりかく》）が成立したが、その翌月の五月には、すぐに山東《さんとう》半島に出兵しなければならないような事態が生じてきたのである（上村・前掲書二〇二―二一三ページ参照）。

蔣介石の改宗が示すもの

それは、蔣介石の北伐軍のために張作霖《ちようさくりん》の軍が各所で敗れ、山東軍も敗退し、山東半島が戦場に捲《ま》き込まれる危険が増大したからである。この地方には、日本人居留民が二万四〇〇〇名以上おり、投資額も当時の金で約二億円であった。今の価格に換算することはむずかしいが、国家予算比で計算すれば、一兆円以上だったのではないかと思われる。

幣原が外相であったら、これだけの居留民や投資を犠牲にしてもやむをえないという方針を貫《つらぬ》いたかもしれない。

しかし、田中義一首相兼外相も、外交の実権者であった森恪も、長年の合法的権益を犠牲にすることを好まなかった。特に、森恪は三井物産社員として、長い間シナ大陸に勤務したことのあるシナ通であり、そこの無政府状態の実情や、属する軍閥にかかわらぬシナ軍の掠奪習慣をよく知っていた。それで、現地保護主義、すなわち、危険な状態が生じたら、出兵して居留民の生命・財産を守《まも》るという方針にもどった。

この現地保護主義にもどるに当たって、田中内閣は慎重であり、列国の同意を求めたが、イギリスをはじめとして、アメリカ、フランス、イタリアの諸国からも、異議はないという回答を得ている。

昭和二年（一九二七）五月二十八日の第一次山東出兵がこれであった。それどころか、一〇日ぐらい後には、イギリスもアメリカもフランスも軍隊を派遣している。さらに、二カ月後にはアメリカはアメリカ人居留民保護のために、さらに海兵隊を送りこんだ。日本の山東出兵はけっして特別のものでなく、北清事変（一八五一一八六ページ参照）と同じ性質の国際協調型の出兵であった（現在の状況に置き換えるならば、国連軍の派兵に類比しうる行動であったと言えよう。当時、国際連盟には国連軍に相当するものはないから、列国がそれぞれの軍隊を、おたがいに外交的諒解を得て派遣することになる）。

ところが、シナ大陸では軍事情勢が一変して、蔣介石の北伐軍が、北方軍閥軍との会戦に敗れて一挙に揚子江南岸まで退《しりぞ》いたため、山東地方が戦場になる危機はなくなった。それで、内地から派遣された日本軍は九月初旬に帰還した。約三カ月半の出兵である。

日本軍の撤収は速《すみ》やかであったが、日本出兵とともに起こった反日運動と日本品ボイコット運動は全大陸に広まった。それが、北シナや満州の地方にも及びつつあることは注目を要する。

というのは、この背景にはアメリカの反日運動が連動しているとともに、元来は日本が好意を示していた張作霖が反日の姿勢を示しはじめてきているからである。満州にも、ソ連から共産党の影響が入りこんでおり、反日・排日運動を支持していたのである。アメリカは山東危機には自国民の生命・財産を守るために協調して出兵したが、広汎な分野で反日・排日を支持していた。

その頃、北伐に失敗した蔣介石は、浙江《せっこう》財閥の才媛、宋美齢《そうびれい》と結婚し、キリスト教に改宗した。

「これはおそらく、蔣介石が浙江財閥の宋家を通じて、アメリカと結んだことをも示す儀式であった」（江藤・前掲書二六八ページ）

再起した蔣介石は、翌昭和三年（一九二八）四月七日、ふたたび北伐の軍を発動した。今回の北伐は、前回とは比較にならぬほどの大規模なもので、それだけ居留民への危険は大きい。しかし、第二次山東出兵については陸軍内部においても反対があり、田中首相は決定しかねた。

出兵反対論者は、北軍の敗退は時間の問題だから、この際は蔣介石を信用し、あとはすでに駐在している軍隊で警備するだけで充分であると主張したのである。一方、出兵論者は、蔣介石自身は信頼できるとしても、その軍隊は南京事件の例もあり、信用できない。何しろ、昔からシナの軍隊は勝っても負けても、掠奪は役得《やくとく》と考える伝統がある。特に、今の蔣介石の軍にはソビエト人を教官とする共産系の者も入っていて危険である、と指摘した。

結局、蔣介石の北伐開始後、約半月後の四月十九日に至って、ようやく田中首相は居留民保護のため、第二次山東出兵を決定した。危険が去ったら前年のようにすぐ撤兵する予定であった。

済南《さいなん》事件の悲劇

先頭部隊の歩兵第十一旅団は四月二十六日頃に山東省の州都済南《さいなん》に到着した。退却中の北軍は二、三日後には済南附近を通過しはじめ、二〇〇〇人近い済南の在留日本人に危険な状況が生じたため、斎藤瀏《さいとうりゅう》旅団長は防禦《ぼうぎょ》陣地を構築して警備地区を確立した。そのため、北軍の掠奪はなくて済《す》んだ。つまり、この時は問題になる事故は発生しなかった。

五月一日には、すぐ蔣介石の南軍が続々と到着した。この先着部隊は四万に達したが、事態は平穏であった。

翌五月二日、蔣介石が入城して、治安の保証をするから日本軍警備地区を廃止してくれるように要求した。斎藤旅団長は蔣介石を信じ、かつ、その方が排日の口実を与えないと考えて、自《みずか》らの判断に基《もと》づいて警備地区を廃止し、造ったばかりの防禦施設を撤去したのである。そのため、防禦地区に革命軍が入りこんでもよいことになった。

ところが、掠奪はシナ兵の常《つね》で、翌日の朝から二、三〇人の兵士による掠奪が始まった。制止しようとした警察官は殴《なぐ》られたり、蹴《け》られたり、脅《おど》されたりで手が出ない。それで一小隊が派遣されたが、銃撃を受けた。撃《う》たれれば、撃ち返す。それでも、たかだか一小隊の話で済むはずであるが、それとほとんど時を同じくして、市中の至るところで中国兵による攻撃と掠奪が始まった。

かくして、戦火は拡大し、約一週間後の五月十一日に至って、ようやく戦闘は終了した。佐々木到一は、この時、蔣介石の北伐軍に随行して両軍の連絡に当たる立場にあり、現場に居合わせていた。

彼はこう書き残している。

「これより先、居留民は総領事館の命令を以《もっ》て老幼婦女は青島《チンタオ》に、残留する者は限定せる警備線内引き揚《あ》げを命じてあったが、それを聞かずして居残った邦人に対して、残虐の手を加え、その老壮男女一六人が惨死体となってあらわれたのである。予は病院において、偶然その死体の検案を実見したのであるが、酸鼻《さんび》の極《きわ》みだった。手足を縛《ばく》し、手斧《ておの》様のもので頭部・面部に斬撃《ざんげき》を加え、あるいは滅多《めった》切りとなし、婦女はすべて陰部に棒が挿入されてある。ある者は焼かれて半《なか》ば骸骨《がいこつ》となっていた。焼残りの白足袋《しろたび》で日本婦人たることが分かったような始末である」（佐々木・前掲書一八一ページ）

佐々木は、この写真を持って帰ったのだから、間違いない。写真の一部は、国民を刺激しすぎるとのゆえで検閲・削除のうえ、新聞にも出た。このほか、百数十戸の日本人家屋、数百人の日本人が被害を受け、日本人墓地も荒らされた。日本人の家屋以外は、だいたい無事だったことから、掠奪・放火は計画的だったと考えられている。

この事件に限っていえば、斎藤旅団長が、蔣介石を信頼して一度構築した防御施設を撤去していることから、日本軍から仕掛《しか》けたものとは考えがたい。また、当時の諸外国の新聞の論調もこれを支持している（江藤淳『昭和の宰相たち』Ⅲ・文藝春秋・三六―三七ページ参照）。

たとえば、

「居留民保護のために派遣された少数の日本軍が、その一三倍（実際は約二五倍）もある大軍に挑戦したとは、とうてい考えられないところである」（「ロンドン・デイリー・ニューズ」）

とか、

「日本が今日のごとく断々平《だんだんこ》として力強い行動に出たことに対しては一般に満足を覚えるものである」（「ロンドン・デイリー・メイル」）

とかいう論調が多い。

イギリスだけでなく、フランスの新聞も、

「日本が支那に対し戦争を試《こころ》みようとしたと想像するのは重大な誤解である……これは一

九二二年のワシントン条約違反ではない。ゆえに、日本のこの自衛手段に対し、ワシントンその他で憤慨するがごときは、理由のないことである」（「ル・タン」）

という見方をしていた。

シナ各地で発行されている英字新聞も日本の行動に、きわめて同情的で、

「もし、日本軍が出動しなければ、済南の内外人は、ことごとく殺戮《さつりく》されていたに違いない」（天津《てんしん》「京津《けいしん》タイムズ」）

といい、日本軍の行為を「正義」と呼び（漢口「セントラル・チャイナ・ポスト」）、これによって打撃を受けた蔣介石軍は「自業自得」（上海「ノース・チャイナ・デイリー・ニューズ」）とまで、言っている。

また、蔣介石の治安保証の約束を信じたため、この事件を起こしたとされた歩兵第十一旅団長斎藤少将はその後、責任を問われ、予備役編入処分を受けた。

すりかえられた事件の真実

この事件が、南京事件や漢口事件と違っていた点は、中国側が、激しい国際宣伝戦をやったことである。たまたま、この事件中に射殺された中国人の中に、外交官が一人交《ま》じっていた。

これを南京政府側は大々的に採《と》りあげ、

「日本軍は交渉に当たっていた中国人外交官を捕《とら》えて鼻を削《そ》ぎ、眼を抉《えぐ》って銃殺した」

などと世界中に報道した。

事実、この事件の死者の中に外交官が一人交じってはいたのであるが、それは、ある建物に立て籠《こも》って日本軍に射撃していた中国兵に対して、日本軍が応射して掃討《そうとう》した時、その死者の中にいたのであった。

だが、日本兵はそんな兵隊の中に外交官が交じっているとも知らないし、いわんや、その死体の目を抉ったり鼻を削ぐなどということをしてはいない。そういう習慣は、古来シナの敗残兵などのやることで、南京政府は、自分たちの知っている自国の兵士たちのやり口を日本軍に投射して、勝手なデマ宣伝をやったのである。

このデマ宣伝は、当時、国際的には問題にならずに済んだようである。当時は、日本軍の軍紀は国際的定評があり、特にシナ大陸に数多くいた欧米人は、北清事変以来の日本軍の行動規範をよく知っていたからであろう。しかし、そういうことを読まされた世界の人々の中には、特に非道な排日移民法をやって、日本人性悪説を信じたい気分の強かったと思われるアメリカ人の中には、これを信じた人もいたであろう。

日本としては、そういう宣伝を知ったら、ただちに、その外交官（蔣公時《しょうこうじ》）の死体の写真を撮《と》り、それを証拠として、デマ宣伝を流した南京政府の責任者の名を明らかにしたうえで、しかるべく処分をするように求めるなり、謝罪を求めるなりして、全世界にその結果を宣伝しておくべきであった（日本には、「真相はいずれ分かる」という信仰が強く、しばしば国際問題において大なる不利を受けた。一九八〇年代の末の日米半導体摩擦の遠因は、それより二、三年前に『フォーチュン』誌がカバー・ストーリィで、日本の企業がアメリカのシリコン・バレーで企業スパイ活動をやっているという悪意ある虚偽の特集をやった時、それに公然と抗議せずに、「真相はいずれ分かる」として、放置しておいたことにある、とは当時の真相を知る関係者が痛恨の念をこめて語っていることである）。

済南事件の場合は、日本居留民の被害も大きく、その写真も報道されたことから、日本国民を憤激させたし、外紙の多くも日本軍の行為を是認し、称賛したりしている。

だが、日本の新聞の中には、この事件を機会に、幣原外交の正しさを主張する社説を掲《かか》げた「時事新報《じじしんぽう》」のような例があったことは、注目すべきであろう。この新聞は、山東出兵に反対し、危険が生じたなら在留邦人を引き揚げさせるのが、安全の上からも、外交の上からも、経済的にも最善であると主張していたのである。この「時事新報」の社説は、幣原外交が第二次大戦後の世界の常識を先取りしていたことを雄弁に証明するものとして興味深い。

「われはローマ市民なり」の原則

在留邦人が虐殺されたことに憤慨した佐々木到一の場合も、それは残虐行為に対する憤慨であって、殺された日本人居留民に対して必ずしも同情的でない。

この人たちは日本軍が退避を勧告したにもかかわらず、危険な地域に滞在した人々であった。しかも、その多くはモルヒネやヘロインなど、禁制品の密売者であり、全員が蔣介石の兵隊に殺されたのではなく、そこの住民によって、どさくさまぎれに恨《うら》みを晴らすために殺された、というケースも相当あったと考えられる、という趣旨のコメントを加えている(佐々木・前掲書一八二ページ)。

商社員とか、現地で正業についている人々のほかに、こうしたいかがわしい日本人が相当多く含まれていたことも、その後の日本の大陸政策をむずかしいものにした一因である。

この場合の日本人とは、日本内地の人のみならず、日韓併合(一九一〇年)後の朝鮮・韓国出身のコリア人も含まれるから、話はさらに複雑になる。この問題は満州事変(三七二ページ以下参照）において、さらに顕著になる。

ここで、今日では忘れられかけている国家の原則に関する問題がある。それは、「われはローマ市民なり（civis Romanus sum《シヴィスロマヌススム》）」の原則である。これは、昔、ローマの市民が広大なローマ帝国のどこかで逮捕された時、この文句を言うと、死刑を許されたりする、という特権であった。まさにこの特権をローマ市民が持っていたから、ローマ市民はローマのために喜んで戦ったのである。

これに類する権利をイギリス人が持っていることを全世界に証明したのが一八五〇年（嘉《か》永《えい》三）の「パシフィコ事件」である。

デイヴィッド・パシフィコという人物は、ポルトガル系ユダヤ人であるが、イギリス領ジブラルタルで生まれたため、名目上イギリス国民（British subject《ブリティッシュ・サブジェクト》）であった（香港《ホンコン》生まれの中国人にもブリティッシュ・サブジェクトがいるがごとし）。彼はモロッコのポルトガル領事などやっているから、イギリス人というのも名目だけみたいなものである。のちにパシフィコは商人としてギリシャのアテネに住むようになったが、ここで騒動が起こった時、彼の家も民衆に荒らされた（同様の被害を蒙《こうむ》ったイギリス人が、ほかにも一人いる）。

ところが、パシフィコは被害を受けた家具代のみならず、裁判関係の書類もなくなったという口実で、途方《とほう》もない巨額の賠償金をギリシャ政府に要求したのである。ギリシャ政府はその補償責任を負《お》うことを拒絶した。

そこで、当時のイギリスの外務大臣ヘンリイ・テンプルことパーマストン子爵は、イギリス海軍を派遣してアテネ港を封鎖し、港の中の全船舶を拿捕《だほ》せしめたのである。これに関連して、仲裁しようとしたフランスとの関係もまずくなって、駐英フランス大使がロンドンを引き揚げる事態にまで立ち至った。イギリス上院は、パーマストンがアテネに住むポルトガル系ユダヤ人の一商人の法外な要求を支持するために、英国海軍を派遣し、英仏関係を危険にした責任を問題にして弾劾《だんがい》決議をして辞任を要求した。

この時のパーマストンの演説を有名にしたのが、シセロ（ローマの雄弁家）に由来する、「われはローマの市民なり」の原則であった。

パシフィコは、少なくとも国籍はイギリス人、つまりイギリス市民である。その市民の財産が外国において破損されたのである。パーマストンは、海外に住むイギリスの一市民の権利を守るためにはイギリス艦隊をも派遣するという方針を内外に明確にしたのである。パーマストンは四時間以上に及ぶ議会演説において、議員たちを魅了し、恍惚《こうこつ》たらしめ、賛同の嵐を起こした。

日本の生麦《なまむぎ》村で起こった事件（二八八ページ参照）は、このパシフィコ事件からわずかに十数年の後のことであるから、「われはローマ市民（イギリス市民）なり」の原則が発動されても不思議はない。ただ、イギリス人を斬《き》った薩摩《さつま》武士や、その他の日本人は、パーマストンの外交原則など知るわけはなかった。

外交原則の革命を起こした幣原外相

パーマストンの外交原則は一見、きわめて危険なものに見えるが、これによってかえって平和が維持されたという厳然たる事実がある。また、この外交姿勢によってどの国も「イギリス人に手を出すな」という教訓を学んだ。イギリス人のプライドや、それに基《もと》づく紳士的態度は「われはローマの市民なり」の原則に負《お》うところが少なくない。

北清事変（二八五―二八六ページ参照）や南京《ナンキン》事件（三三六ページ参照）などに見られるイギリスの態度も、それによるものであるし、日英同盟は解消したにもかかわらず、イギリス系の新聞が済南《さいなん》事件に対する日本の行為を支持する論調を打ち出したのも、その原則がまだ世界的に有効だと、イギリス人には信じられていたからである。

このパーマストンの外交原則に反対の外交原則を打ち出したというのが、幣原外交の本当の意味である。漢口《ハンカオ》事件（三四〇ページ参照）など、一連の事件において、日本の外務省がイギリス大使館の度重《たびかさ》なる要請にもかかわらず、シナ大陸出兵を拒絶したのもそのゆえである。

明治維新以来、日本は後進国であることを自覚し、先進国、特にイギリスを模範としてきたのであるが、大正末から昭和初年にかけて、イギリスを超《こ》えた外交原則を発見し、それを実行してきたことは特筆大書してよいであろう。

しかし、幣原外交は進みすぎていたために、日本人の間に大きな不満を起こした。世界中がパーマストン的外交原則を捨て、幣原的外交原則を採用するのは、第二次世界大戦によって、もっと明確に言えば大東亜戦争によって、植民地にされていた有色民族に意識の変化が起こり、独立しはじめてからであるといってよい。

幣原外交は南京事件のため、大陸の現状にそぐわないとして変更を求められ、田中《たなか》義一《ぎいち》内閣になった（一九二七年四月組閣）のであるが、その田中外交というのは、国際的に見れば、パーマストンの外交原則に戻るということであった。

日本の国民大衆はパーマストン外交を支持した。幣原外交を支持するのは財閥である、という見方が広がった。国民大衆か財閥か、となれば国民大衆の人気のある方を採《と》るほうが旗《はた》色《いろ》がよいのは当然である。

しかし、大陸における情勢は、日露戦争以後、急変していたのである。それこそクリスティーによれば、

「日本国民中の最も低級な、最も望ましくない部分の群衆が入って来た」（『奉天三十年』下巻二六四ページ）

のであった（二九六ページ参照）。

特に、事態をむずかしくしたのは、日韓併合（明治四十三年＝一九一〇）の後、大量のコリア人がシナ大陸に入りこんで行ったことである。

その概算は、日本内地人の約四倍から五倍と推定されている。

コリア人たちも、今や日本人であり、「われはローマの市民なり」の原則は、彼らにも適用されることになっていた。

パーマストンは、ジブラルタルというスペイン南端の島で生まれたポルトガル系ユダヤ人という、イギリス本土とは何の関係もない一商人をも、英領ジブラルタルで生まれて英国籍であるというだけの理由でギリシャに艦隊を派遣したが、今や百数十万人という内地日本人やコリア人が住む広大なシナ大陸で、その各人の生命財産を守るために、日本陸軍や日本海軍が動員されるとなれば、それこそ出兵に寧日《ねいじつ》ないことになろう。

まさに、昭和が直面した大陸問題とは、そうした性質のものであったのである。

少し時代は後になるが、日華事変の始まった昭和十二年（一九三七）にシナ大陸を旅行し

た詩人金子光晴《かねこみつはる》は、実にいろんな日本人が大陸にいるのを見て、

「うっかりすると、この戦争は、この人たちのために始まったのではないかという気さえしてくる」（『絶望の精神史』光文社・昭和四十年刊・一六二ページ）

と言っている。

この詩人の直観は正しかったと言ってよいであろう。

悲劇の始まり「張作霖《ちょうさくりん》爆殺事件」

済南《さいなん》事件の一カ月後の昭和三年（一九二八）の六月四日には、張作霖《ちょうさくりん》が爆殺された。いわゆる「満州《まんしゅう》某重大事件」と言われたものである。

張作霖は元来、当時の満州（中国東北部）によくあった馬賊《ばぞく》の頭《かしら》の一人にすぎなかった。ところが、満州駐在の日本軍（関東軍）に接近して庇護《ひご》を受けるようになってから急に勢力を伸ばし、満州の王者のごとき地位に就《つ》き、大元帥《げんすい》と称して北京《ペキン》にいた。これが北軍である。

これを討伐しようというのが蔣介石の革命軍で、これが南軍である。

南軍による北伐《ほくばつ》の経過中に済南事件が起こったのであるが、日本がこの事件を局地問題として限定する意向であることを知った蔣介石は、済南を避《さ》けて北上した。かくして北京の南方に二〇〇キロにも及ぶ長大な戦線が延《の》び、まさに南北大決戦の様相を呈《てい》してきた。

このあたりには列国の居留民も多い。そこで、列国は司令官会議を開いて方針を決定し、これを受けた日本軍の司令官が代表して、北軍と南軍の総司令官に警告を発した。

すなわち、列国のシナ駐在軍は南北いずれの軍にも味方しないが、居留民の生命や財産に危害が及ぼされた場合は、その加害者が南軍であれ北軍であれ、断乎《だんこ》たる処置を採《と》る、というものである。つまりは北清事変（一八五一一八六ページ参照）みたいなことを起こしてくれるな、という警告なのである。その背後にあるのがパーマストンの外交原理であることは言うまでもない。この点においては、田中内閣の日本は、列国と共同歩調を取っている。

戦場においては北軍が不利であった。張作霖が満州に逃げ、それを南軍が追うようになれば、満州が戦場になってしまう。ここは日露戦争以来、日本の権益が確立しており、それが戦争に捲《ま》き込まれることは望ましくない。

さらに差し迫った問題は、満州には当時、すでに一〇〇万のコリア人が入りこんでいたことである（戦時中の徴用、強制連行とはまったく関係のない時期の話である）。

内地からの日本人は約二〇万であり、彼らの多くは旅順《りよじゆん》や大連《だいれん》のような都市にいたり、満鉄（南満州鉄道株式会社）関係者で固まっていたりして比較的保護しやすい（いわゆる日本移民が農地開拓者として入りこんだのは、たいてい満州事変の後である）。

ところが、コリア人ははじめから農村にも入りこんでいて、戦乱が起こっても保護しにくい場合が多い。日本人はコリア人を自分たちの中では差別していたが、対外的には日本人として徹底的に保護する立場を採っていた。パーマストンがポルトガル系ユダヤ人のパシフィコのためにイギリス海軍を使ったように、満州のコリア人のために日本陸軍は武器を執《と》る覚悟であったのである。

当時、田中首相の頭にも、このことが大きな地位を占《し》めていたことは、当時の首相の談話に、「一〇〇万以上の在満鮮人（満州にいるコリア人）」という言葉が見えることからも推察されよう。

日本としては何としても満州の平和を保《たも》ちたい。

それには張作霖の奉天《ほうてん》軍が敗残兵となって満州に雪崩《なだ》れこまれるのが、いちばん困る。張作霖は蔣介石に勝ち目がなくなっているのだから、戦わないで奉天に帰ってもらいたい、というのが田中首相の、つまり日本政府の意向だった。

この頃になると、張作霖はなかなか日本の言うことも聞かず、反日的姿勢が見えるので、現地の日本軍の中には張作霖をこのままにしておけない、という強硬論者が出ていた。張作霖は満州に帰るのを好まなかったが、結局、日本の忠告を聞き容《い》れて、奉天に帰ることにした。

ところが、現地の関東軍の高級参謀河本大作《こうもとだいさく》大佐は独断で鉄道を爆破し、張作霖を殺してしまったのである。

この実情は田中首相にも最初のうちは把握《はあく》できず、また、実情が後で解ってからも犯人を厳正に処分しなかった。

そのため、昭和天皇――この方は幣原外交を最も気に入っておられたようである――の不信を招き、田中内閣は総辞職した（その三カ月後に彼は狭心症で死んだが、一方には自殺説もある。天皇に叱責されて恐懼《きょうく》したのだという。いずれにせよ、張作霖の爆死事件は、天皇の意向にも反し、首相の意向にも反し、参謀本部の意向にも反し、出先の一将校が勝手にやらせたものである）。

張作霖爆殺事件は、危機の徴候を示すものであった。それは出先の軍隊が勝手に行動を起こす初めになったものであり、しかも、この事件を命じた者が参謀将校であるということである。本来は参謀将校は計画立案者であり、司令官が命令を下《くだ》すはずなのであるが、独断専行で高級参謀将校が謀殺事件を起こしてしまった。

さらに重要なことは元老の西園寺《さいおんじ》（公望《きんもち》）公や田中首相は後で真相を知ると、それを公表するつもりであったのに、陸軍内の圧力によって、それを隠蔽《いんぺい》してしまったことである。表《おもて》沙汰《ざた》にならなかったから、軍の処分も軽く、河本大佐は停職、村岡《むらおか》（長太郎《ちょうたろう》）関東軍司令官は予備役編入、他は譴責《けんせき》であった。

国民的基盤を失った協調外交

しかし、天皇の叱責によって田中内閣が倒れると、浜口雄幸《はまぐちおさち》内閣が成立し、外務大臣には幣原喜重郎《しではらきじゅうろう》が復帰した。昭和四年（一九二九）七月のことである。ふたたび日本は国際協調を基本とし、大陸における利権についても、パーマストン原則、つまり現地保護政策を止《や》める方向に進んだ。

満州については、完全な形で居留民を現地保護しようとすれば、少なくとも一〇万以上の大軍を出さなければならぬ計算になっており、田中首相とても、そこまでやる気はなかった。満州で騒乱が起こったならば、だいたい、南満州鉄道の附属地まで引き揚げさせる方針であり、また、ハルピン（黒竜江省《こくりゅうこう》）あたりの居留民は必要の場合は奉天まで引き揚げさせる腹づもりであった。満州については、田中内閣といえども、幣原外交に近い線を採《と》ろうとしていたのである。

ところが、浜口内閣の幣原外交を不可能にする客観状況が続々と生じてきた。

昭和五年（一九三〇）になると、ロンドン会議を引き金にして、かの統帥権干犯《とうすいけんかんぱん》問題が生じてきたのである（二二三－二二五ページ参照）。そして、昭和の経済恐慌が日本を襲《おそ》いはじめた。

しかも、アメリカの支持を得てシナ大陸では盛《さか》んに排日・侮日《ぶにち》が行なわれた。同年七月には、長沙《ちょうさ》（湖南《こなん》省）の日本領事館が中国共産軍のために焼かれた。

この頃、列国の砲艦は蔣介石援助のため、中国共産党軍を砲撃しているといった具合で、シナ大陸は内乱続きである。その大陸にいる日本人居留民の生命財産は幣原外交では守れないことは、南京事件（三三六ページ参照）などで証明ずみである。しかも、排日・侮日の動きは満州にも及んできていた。

外交によって、日本がアメリカの排日移民法を抑《おさ》えることのできなかったことは、「日本もアメリカには歯が立たない」という印象を中国の指導者たちや運動家たちに与えており、そのアメリカの支持があるということでシナ大陸の排日・侮日運動は日を逐《お》って激化していった。

「幣原は現地の実情を知らぬ」というのが大陸にいる日本人の多くが口にするところとなった。幣原外交を支《ささ》える国民的基盤はすべての面で消失していたのである。

こうした時に統帥権干犯問題で浜口首相が銃撃を受け、幣原外相が首相代理を務《つと》めることになった（一九三〇年十一月）。浜口首相の病状悪化のため、第二次若槻《わかつき》（礼次郎《れいじろう》）内閣が成立した（翌年四月）が、外相は同じく幣原喜重郎である。彼は客観情勢の変化にもかかわらず頑強なまでに自己の信念に忠実で、軍部と国民による激しい批判にも屈せずに、国際協調路線を推《お》し進めようとした。

しかし、若槻内閣が成立して三カ月も経《た》たない昭和六年（一九三一）六月二十七日に、北満州視察中の中村（震太郎《しんたろう》）大尉らが中国兵に殺された（公表されたのは八月）。これは現役の陸軍将校が殺されるほど満州の治安は悪くなっていることを印象づける事件であった。

さらに、それから一週間も経たない七月二日に満州の万宝山《まんぽうざん》でコリア人（当時は日本人）の農民たちと、中国人農民との衝突があって、コリア人居住者たちは中国官憲によって弾圧された。

この報道は満州全土の日本人（コリア人を含む）に危機感を与えたのみならず、この報道が伝わると朝鮮半島の各地で、中国人居留民に対して、コリア人の集団的報復が行なわれ、華僑《かきょう》の店は次々に襲撃された。平壌《ピョンヤン》だけでも一〇〇人もの中国人居留民が死傷したのである。コリア人たちもまた、日本軍がパーマストン原則による現地保護を自分たちに与えてくれることを熱望していた。

こうした事件が満州では頻々《ひんぴん》として起こるのに、幣原紳士外交はまったく無能だったと言

「万宝山《まんぽうざん》事件」の波及

満州に住むコリア人農民への中国の弾圧（万宝山事件。1931年）は、たちまち朝鮮半島に飛び火し、各地で反中国暴動を生んだ。写真は平壌市内の中国人街の惨状。

ってよい。

かつて田中義一首相ですらも、

「満州全体に散在する居留民全体の生命財産を保護するには、一〇万の軍隊が必要だから、それは無理だ」

と言っていたのに、今や関東軍はまさにそのことを実行しようとしていた。満州に居留する全日本人の生命と財産を現地において保護しようというパーマストン主義である。

元来ならば、出先の軍隊にそんな決定ができるわけはないのであるが、統帥権干犯問題《とうすいけんかんぱん》は、出先の軍隊の高級参謀にも、それだけの自信を与えたのである。

かくして、昭和六年（一九三一）九月十八日に満州事変が勃発《ぼっぱつ》した。このため、その年の十二月に若槻内閣は瓦解《がかい》し、幣原は舞台を去った。

統帥権が内閣と独立して存在する、というような憲法解釈が横行し、しかも、満州事変が起き、満州国独立が既成事実となってからは、もはやいかなる首相、いかなるリーダーが出ても、日本を指導することができないことは、すでに見たとおりである。

この統帥権干犯問題が、幣原外交の反動として出てきたことは明らかである。

大正時代から昭和五年までの日本政府が誠実に、否《いな》、誠実すぎるほど国際協調路線を採《と》ろうとし、日本人の利権を犠牲にすることは、そのためには止《や》むをえないという努力をしたことについては、疑う余地がない。したがって、国際環境さえよかったならば――たとえば、今日のようであったならば――明治憲法の内包する欠陥にもかかわらず、統帥権干犯問題は暴走しないですんだ公算がすこぶる高い。

しかし西の方、アメリカでは排日移民法が成立し、さらにアメリカのホーリイ・スムート法によって全世界的不況と世界経済のブロック化が生じ、しかも日露戦争以来の大陸の利益まで排日・侮日《ぶにち》運動で危うくなるに及んでは、国際協調外交の基盤は失われたと言ってもよく、最も文明的に進んだ幣原外交――第二次大戦後の世界の先進国外交の原則――も、状況音痴の外交とか時代錯誤の政策とか見られてしまうに至《いた》ったのである。

(4) 満洲《まんしゅう》国建国の真実

満洲《まんしゅう》人国家としての清《しん》朝

満洲《まんしゅう》事変は統帥権干犯《とうすいけんかんぱん》を背景にして起きた事件であり、その後の昭和史は敗戦に至るまで、リーダーシップなき国民の悲劇という一語に尽《つ》きる。

その満洲事変は、日本帝国の侵略として片づけられてしまっている。しかし、満洲国独立そのものは、世界史的に見れば充分に評価する余地のあるものであった。その見方は評判になった映画『ラストエンペラー』の中にも部分的に現われていることなので、満洲国独立を満洲人（中国人、つまり漢民族《チャイニーズ》とはまったく違う）の立場から見てみよう。

満洲国とは、いかなる国か。歴史的に、ごく簡単に述べてみる。

満洲人（Manchu）は系統的には、ツングースに属する民族で、その言語もアルタイ語族に属するとされるツングース語の一方言である。つまり、民族的に漢民族とは、まったく系統を異《こと》にし、言語も漢語《チャイニーズ》とは別物である。

歴史的にはシナの文献のうえで、周《しゆう》の時代には粛慎《しゆくしん》、漢の時代には挹婁《ゆうろう》、六朝《りくちよう》時代には勿吉《もつきつ》、隋《ずい》・唐《とう》時代には靺鞨《まつかつ》、宋《そう》以後は女真《じよしん》と呼ばれている。

この女真族《じよしん》(Nurcheijuchen)が建《た》てた国が「金《きん》」である。後に長白山《ちようはくさん》の近くから起こった女真族の愛親覚羅《アイシンギヨロ》氏が、同族たる満州族を統一し、東蒙古《もうこ》族と組んで建てた国が「後金《こうきん》」である。この時のリーダーが努爾哈赤《ヌルハチ》であり、後に清《しん》の太祖《たいそ》と呼ばれた。

その子の太宗《たいそう》は、大いに明《みん》を破り、内《うち》蒙古に勝って「伝国の玉璽《でんこくのぎよくじ》」(秦《しん》の始《し》皇帝に始まる帝位の象徴)を得《え》たので、皇帝に即位し、国号を清《しん》と称した。清には「東方」という意味があり、また発音が「金」と似《に》ているので、それを国名にしたと言われる。

清の太宗は朝鮮が明に味方するのを憎み、自《みずか》ら一二万の兵を率《ひき》いて征服し、毎年、金、銀、米、茶などを進貢《しんこう》することを命じた。この時の清軍の侵略ぶりは、搶掠焚燼《そうりやくふんじん》、秀吉《ひでよし》の朝鮮の役《えき》より惨害がひどかったと、朝鮮の本には書いてある。

この太宗の子の世宗《せいそう》の時に、清軍は北京《ペキン》に入城し、世宗はあらためて皇帝の位に即《つ》き、シナ全土の皇帝であることを布告した。一六四四年(三代将軍家光《いえみつ》の正保《しようほう》元年)のことであった。

この王朝は一九一二年(明治四十五)、その前年に起こった辛亥《しんがい》革命(中華民国建国)によって滅《ほろ》ぶまで、十代二六八年間続く。

このように清朝は中国の王朝ではあるが、王室はツングース族であった。清朝の宮廷語は満州語であり、太宗は満州文字まで創《つく》ったのである。

しかし、時代が下がるとともに、文化的にも言語的にもチャイニーズになっていった。だが、清国宮廷が、自分たちの祖宗《そそう》の出身地が満州であることを忘れたことはない。先祖崇拝のきわめて強い民族であったのである。

溥儀《ふぎ》の家庭教師ジョンストンが伝えた真実

ラスト・エンペラー宣統《せんとう》皇帝こと溥儀《ふぎ》は、三歳で清朝第十二代皇帝として即位したが、革命が起きたので退位するに至った。

しかし、退位後もしばらくは紫禁城《しきんじょう》（今の故宮《こきゅう》）に居ることを許され、後に頤和園《いわえん》（北京の名園）に移ることになっていた（映画では革命後も溥儀が前と変わりなく生活している様子が示されていた）。また年金四〇〇万両を与えられ、皇帝の尊称はそのまま残し、外国君主に対すると同じ礼遇を受けることになっていた。また、宗廟《そうびょう》の祀《まつり》を続け、代々の皇帝の陵墓には警備をつけてもらい、皇族も位を保《たも》ち、私産を保護され、兵役を免ぜられるという特権も与えられていた。廃帝《はいてい》に与えられた待遇としては破格の優遇であって、フランス革命や、ロシア革命のごとき残虐さは、まったくない。これは、仲介に立ったイギリスの忠告があった結果だと思われる。

その後、ふたたび皇帝にもどそうという復辟《ふくへき》運動が、康有為《こうゆうい》らによって行なわれたが成功せず、溥儀は一七歳で紫禁城内で結婚し、そこに留《とど》まっていた。

そのコップの中の、否《いな》、紫禁城の中の平和も長く続かず、一九二四年（大正十三）に馮《ひょう》玉祥《ぎょくしょう》がクーデターを起こし（三二七ページ参照）、その軍隊は、溥儀と皇后たちに三時間以内で紫禁城から退去することを命じたのである。

馮玉祥はクリスチャン・ジェネラル（将軍）ということで、外人宣教師の間に一時は人気があったが、共産主義に共鳴していたのである。その後モスクワに行った時、その滞在中、レーニンの肖像画を描《えが》いて暮らしたという男であった。

溥儀の紫禁城脱出後の行為を、中国人たちは例のデマ宣伝で、日本人が溥儀の意志に逆《さから》って、その身柄《みがら》を誘拐したのだということを言い触《ふ》らし、この話はヨーロッパにも広まり、それを信じている人々も少なくないが、これはまったくのでたらめである。

この前後の事実の詳細を、溥儀の側にいてよく知っており、それを書き残してくれたのは、溥儀の個人教師を務《つと》めていたイギリス人レジナルド・フレミング・ジョンストン卿である。彼の *Twilight in the Forbidden City*（一九三四年＝昭和九、荒木武行訳『禁苑《きんえん》の黎明《れいめい》』大樹社書房）以外には、この問題についての信頼できる資料はないと言ってよい（本書については、荒木訳の他に関東玄洋社刊の訳書があるが未見である。一九八九年、岩波文庫より『紫禁城の黄昏』〔入江・春名訳〕が出たが、一〇章以上も削除され、原著の意義が損《そこ》なわれている）。

彼はエジンバラに生まれ、エジンバラ大学およびオクスフォード大学に学び、後にシナ各地を踏査をしつつ研究を続け、秀《すぐ》れた業績をあげた。その後、映画『ラストエンペラー』にも描かれているが、溥儀に忠実に仕《つか》え、イギリスに帰ってからも死ぬまで溥儀に忠誠心《しんし》を失わなかった。晩年はロンドン大学で教えたが、彼と政治的見解を異《こと》にする人も、彼の真摯で正直で飾り気のない人柄に尊敬を払わざるをえなかったという。

ところで、エドワード・ベアも『ラスト・エンペラー』という小説を書いており、やはりこのジョンストンの本を使っている。だが、ベア自身は病的とも思われるほどの日本人嫌いであるので、ジョンストンの書いている肝腎《かんじん》のところが伝わっていない（映画のほうが、ジョンストンの記述に忠実である）。

そこで溥儀が、いかにして祖宗の発祥地である満州に帰る決心をするに至ったかを、ジョンストンの本から要点を紹介してみよう。

一九二四年（大正十三）十一月五日、三時間以内に紫禁城から退去することを命じられた溥儀夫妻は、わずかな身の回りの物を持っただけで、父の邸《やしき》のある北府《ほくふ》に行くことになった。今や皇帝でなくなったのに、溥儀には居住地を決める自由も与えられなかった。馮玉祥らは、溥儀が自分たちの武力の及ばない外国公使館区域に行かれては都合が悪いと考えたからである。父の邸は北京市街の北端にあり、公使館区域（租界）からは五、六キロ離れていた。この邸は安全でなかった。

というのは、当時の北京にも「滅清興漢《めつしんこうかん》」、すなわち満州族の清を滅《ほろ》ぼして漢人《チャイニーズ》の国を造ろうという民族運動が盛んであって、テロの虞《おそれ》が充分あったからである。特に学生たちは共産主義にかぶれていた（ロマノフ王朝の人々に対してなされた大虐殺が手本になる可能性が、つねにあった）。溥儀一族に最も丁寧であったのは汪兆銘《おうちょうめい》（精衛《せいえい》）であったことは、注目に値《あたい》しよう。

そのうち北京にふたたびクーデターが起こるという噂《うわさ》が生じ、早く溥儀が公使館区域に逃げこまないと危うくなった。しかし、主要道路は馮玉祥の軍隊でいっぱいである。

十一月二十九日、その日は強風が吹き、砂塵濛々《もうもう》として視界が利《き》かなかった。溥儀は荷造《にづくり》もせず、宝石類をジョンストンの毛皮の服に隠し持たせただけで逃げ、まず、租界内のドイツ病院に入った。そこの医者は紫禁城に来たことがあって、知り合いだったからである。

そして、ジョンストンはすぐに日本公使館に行った。ジョンストンは日本公使館が最も効果ある保護を与えてくれると信じたからである。また、この考えには英国公使ロナルド・マクレー卿も同意してくれた。北清事変以来、シナ大陸に駐在する列国外交官たちの、日本に対する信頼は絶大なるものがあったのである。

日本公使（当時は、まだ大使の派遣はない）は、芳沢謙吉《よしざわけんきち》であったが、彼はジョンストンの依頼をすぐに引き受けてくれなかった。芳沢は部屋の中をぐるぐる歩きながら考えてから、ようやく溥儀を引き受ける決断を下《くだ》したのであった。それから芳沢は、「適当な部屋」を準備したいから、しばらく今いるドイツ病院で待ってくれるように言った。一時間ほどして日本公使館に溥儀は入ることになったが、芳沢夫妻が溥儀のために用意した「適当な部屋」とは、公使館の中の最善の部屋である自分たちの私室を含む、二階の三部屋であった。そして、溥儀は翌一九二五年（大正十四）二月二十三日まで、約四カ月間、この日本公使館の賓《ひん》客《きやく》として過ごすことになったのである。

溥儀の心を変えた、ある事件

溥儀が北府を脱出して日本公使館に入ったことは、正しい行為であった。というのは、馮玉祥の再度のクーデターの噂には根拠があった。そのプログラムによれば、張作霖《ちようさくりん》や段祺《だんき》瑞《ずい》とともに、溥儀も死刑になることになっていたからである。

その後、溥儀は比較的安全と思われた天津《てんしん》開港場にある日本租界に移り、一九二五年（大正十四）二月から一九三一年（昭和六）十一月まで、約七年間そこで世人の話題となることもあまりなく静かに生活する。ただ、反清同盟という中国人ナショナリストの団体などは旧皇帝の断罪を主張していたから、テロの危険はつねにあった。日本政府がちょっとでも訪日のことをほのめかしたら、溥儀は喜んで天津の無味乾燥な生活を止めて、自由な生活をするために、美しい京都附近か、富士山の見えるようなところにやってきたことであろう。

しかし日本政府は、絶対に溥儀を日本に招待したいというようなことをほのめかさなかった。かえってジョンストンを通じて、溥儀が日本や、満州にある日本の租借地に行くようなことがあると、日本政府は「はなはだ困惑《こんわく》する」と伝えてきているのである。幣原外交の日本は、溥儀を利用して中国革命政府を困らせるような気は、まったくなかった。この点においては田中《たなか》（義一《ぎいち》）内閣も同じである。

そのままでゆけば、溥儀は天津で退屈かもしれないが平穏な生活を終えたかもしれない。ところが、一九二八年（昭和三）の七月三日から十一日の間に、清朝の墳墓《ふんぼ》である北京の東陵《とうりょう》が荒らされるという事件が起こったのである。この犯人が正規軍の兵士であったか、匪賊《ひぞく》であったかは問題ではない。当時のシナ大陸の状況では、その区別はないに等《ひと》しかったからだと、ジョンストンは言っている。東陵の霊廟は頑丈《がんじょう》にできていたので、兵士たちはダイナマイトを使って爆破した。そのため、棺はばらばらになり、かの偉大なる皇帝乾隆《けんりゅう》（第六代）の遺骸も、新しいところでは西太后《せいたいごう》の死体も四散してしまった。この兵士たちの目的は、墳墓に埋《う》められている宝石や金銀などを掠奪《りゃくだつ》するためであった。

後に、溥儀の使者はその現場に行き、そのひどい光景を叙述したものが溥儀に報告された。これに関する記録の写しはジョンストンのところにも送られている。

皇帝の陵墓の掠奪者は、その末端の者が形式的に軽く罰せられただけであり、首謀者たる高位の軍人たちは、いっさい罰されず、それどころか、掠奪品を保有することも許されたのである。

ジョンストンによれば、溥儀は元来、寛大な性質だったという。それまでも、革命政府が行なった無法行為の数々に対しても、ジョンストンにこぼしたことはなかった。陵墓爆破のことも、国民政府から同情と遺憾の意を示してくれれば許すつもりでいた。

皇室の陵墓を保護することは退位の時の条件でもあり、その後も、その約束は再確認されていたことだった。しかし、ついに国民党からも、南京政府からも、悲しみも遺憾の意も表明してこなかったのである。

この時を境《さかい》にして溥儀の態度に、はっきりした変化が認められるようになったと、ジョンストンは明記している。

「父祖の地」を求めた満州人皇帝の心

この時まで、溥儀は満州において勢力を得てきていた独立運動に関係しようとはしなかった。また、先祖の発祥地である満州に帰国することも考えていなかった。彼の関心は内乱の続くシナ全土であった。しかし、陵墓爆破以後は、この凌辱《りようじよく》された祖先の諸霊と一緒に、シナを去って、三〇〇年前に帝国の基礎を置いた満州の地に戻ろうと考えはじめたのである。シナは自分をも、先祖の諸霊をも辱《はずか》しめた。もはや、溥儀はシナに対しても、そこのいかなる政府に対しても、忠実である義理はないと考えるに至ったのだ。

ジョンストンは、その本の最終章でこう言っている。

「……シナ人は日本人が皇帝〔溥儀〕の意志に逆らって彼を誘拐《ゆうかい》して行ったのだと宣伝している。この話はヨーロッパ人の間にも広くひろまっており、多くの人たちはその話を信じた。しかし、それは、まったくのでたらめである。皇帝と皇后が、南京《ナンキン》の蔣介石《しようかいせき》と、北京の張学良《ちようがくりよう》（張作霖《ちようさくりん》の子）にあてて電報を打ち、彼らの忠誠を求め、避難所を要求したという最近の発表も、まったくのでたらめであろう……皇帝が避難所を求められる、世界中で最後の人物は、おそらく蔣介石や張学良である……皇帝に忠誠を尽《つ》くし、献身している鄭孝胥《ていこうしよ》のような人物が皇帝を監禁している、などということは、まったくなく、絶対にありうべからざることである。皇帝が天津を去って満州に行かれたのは、ご自分の自由意志である。皇帝の信頼の篤《あつ》い同伴者は、現在国務総理の鄭孝胥と、その息子であったのである……皇帝はシナ政府に対して、すべての忠誠を抛棄《ほうき》し、また、皇帝の主権についてのシナ側の全要求を一蹴《いっしゅう》した、との声明を世界に向かって宣言して皇帝の位に即《つ》かれた。すなわち、満州国、あるいは満州帝国の皇帝になられたのである。太宗が満州皇帝の位に即いてから約三〇〇年余り経《た》って、彼の直系の子孫が、その先祖の土地へ、彼の一門血族があくまで自分らの母国とみなすことを止《や》めなかったその故国へ帰り、天子の資格をふたたび得られたのである」

もちろん、ジョンストンの記録は満州事変を説明するものでないが、それに先立つ三年前に、溥儀の気持ちが満州帰還に向いていたことを示す最も貴重な文献であり、疑う余地がない。また、溥儀は奉天《ほうてん》に行く途中、太宗の墓地に敬意を払っているのである。そして、溥儀が中国政府を見捨て、祖宗《そそう》の地・満州にもどるという明瞭な意志と欲求がなかったならば、日本の関東軍といえども、満州独立という奇想天外ともいうべきアイデアを思いつき、これを実行する気はなかったであろう。

昭和天皇と溥儀《ふぎ》

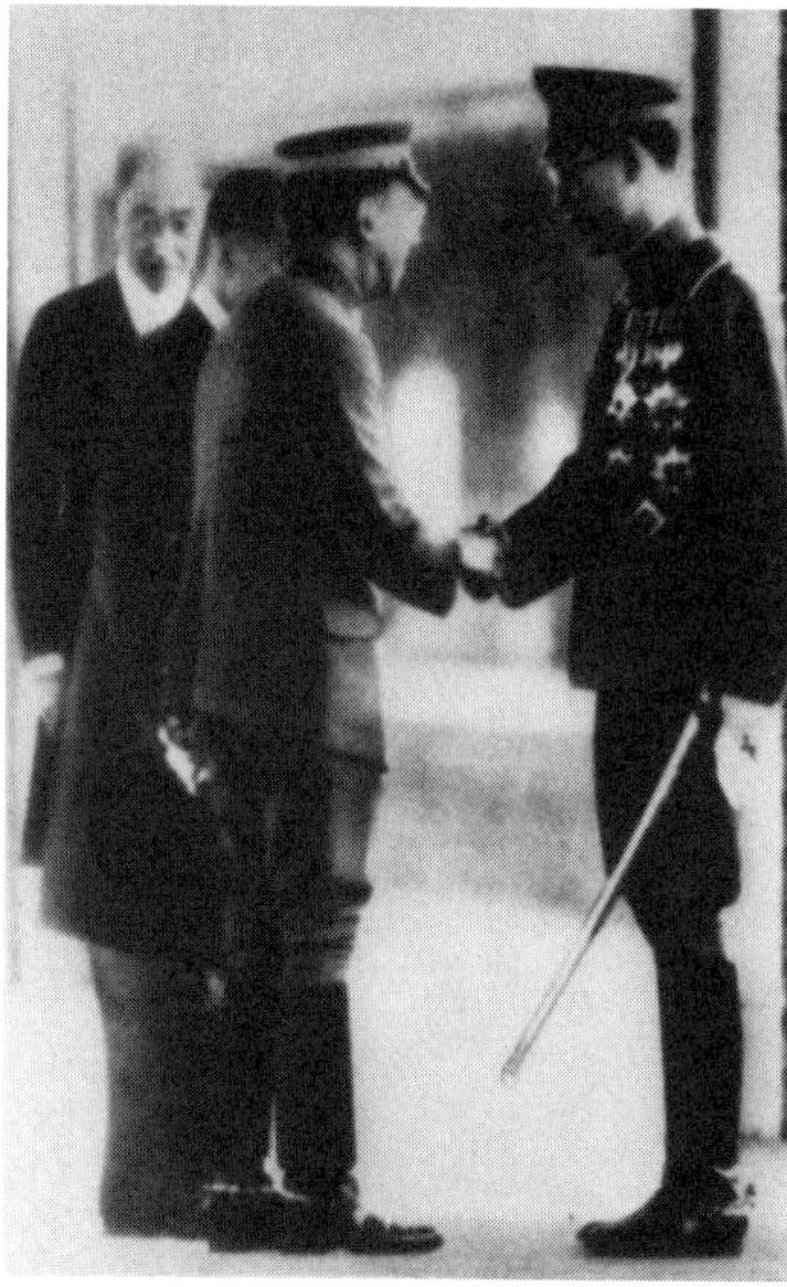

昭和天皇(左)を溥儀は心から尊敬していた。それは日本の敗戦によっても揺るぐことがなかった。写真は1940年、東京駅にて。

「下剋上《げこくじょう》」の産物——満州事変

満州事変そのものは、昭和六年（一九三一）九月十八日——統帥権の独立が広く認められるようになってから約一年経《た》っている——奉天の近くの柳条溝《りゅうじょうこう》附近で、王以哲《おういてつ》の部下が南満州鉄道を爆破し、これを警備中の日本の独立守備第三中隊が応戦したという、いわゆる柳条溝事件に発したものである。

この事件は、軍司令官の本庄繁《ほんじょうしげる》中将も知らないところで、関東軍の若い参謀将校たちが仕組んだものとされる。当時の満州の状況は、張学良が国民政府の国旗を掲《かか》げて反日・侮日《ぶにち》運動を進めているのに反し、日本政府が幣原外交によって現地の実情に応じた対応をしなかったため、現地の参謀将校が自分たちの司令官にも知らせず、東京の参謀本部にも知らせず、いわんや政府首脳にも知らせずに、勝手に兵を動かしたものである。

統帥権干犯問題は、一種の下剋上《げこくじょう》と言ってよいであろう。政府を蔑《ないがし》ろにして、軍部が行動することだからである。その下剋上の原則を振り回した陸軍は、いまや、陸軍部内の下剋上に悩まされることになった。国家は権力の秩序によって成り立つ。明治憲法はこの点において充分明示的でなかった。そのために、政府の言うことを聞かない軍部ができた。そして天罰覿面《てんばつてきめん》、その軍部が若い参謀将校のやることを抑《おさ》えきれなくなるのである（たとえば校長の言うことを聞かない教員が、生徒から暴力を受けるようなものと言うべきか）。

実際の戦闘となると、日本軍の敏速さは目覚《めざ》ましいものがあった。当時、満州にいた日本軍は派遣第二師団約五〇〇〇、独立守備隊約六〇〇〇、その他三〇〇〇の一万四〇〇〇人にすぎなかったが、中国軍は満州だけに二二万（三〇万とも言われる）の兵と二一六門の大砲を持っていた。

日本軍は南満州鉄道沿《ぞ》いの主要都市は、ほとんど一日で制覇したが、なにしろ満州は、実に北海道を含む日本全土の三倍もの広大な地域である。この各地において二年余りにもわたって、戦闘を行なうこと実に一〇〇〇回を超《こ》え、主要作戦だけでも二〇〇回を上回る。戦死戦傷者はほとんど一万人に近い。

政府も愕然《がくぜん》とし、軍部も愕然とした。上海公使であった重光葵《しげみつまもる》は幣原外相に対し極秘電報をよこした。そこには、次のごとき文句があるが、事の核心を突いている。

「今次《コンジ》軍部行動ハ所謂《イワユル》統帥権ノ観念ニ基《モト》ヅキ、政府ヲ無視セルモノノ如《ゴト》ク、折角築《セッカクキズ》キ上ゲ来《キタ》レル対外的努力モ一朝ニシテ破壊セラルルノ感アリ。国家ノ将来ヲ案ジテ悲痛ノ感ヲ禁ジ難《ガタ》シ」（守島・柳井『日本外交史』第十八巻一二一ページ）

多くの日本の識者も、これと似た感じを持ったであろう。

「大政奉還」と受け取られた満州国建国

しかし、間もなく満州事変に対する反対意見は、日本中からほとんど消えるのである。それは、満州の情勢が意外な展開をしたからであった。

張作霖・張学良の親子は、満州で悪政を行なっていたことは確かなのである。それで柳条溝事件のすぐ後、奉天省では袁金凱《えんきんがい》が、吉林《きつりん》省では熙洽《きこう》が、熱河《ねっか》省では湯玉麟《とうぎょくりん》が、ついで黒竜江省では張景恵《ちょうけいけい》が独立を宣言した。つまり、事件発生後、半年の間に四つの独立政府が出来上がった。

ここがそれぞれ代表を出し、関東軍の指導の下に新しい国家を作る相談として、満州国を建設し、溥儀を執政《しっせい》に迎え、内閣首班を鄭孝胥《ていこうしょ》にしたのが昭和七年（一九三二）三月九日である。二年後の昭和九年（一九三四）三月一日、溥儀は皇帝となり、旧東三《とうさん》省は満州帝国となった。

溥儀が執政として独立国の元首になった時から、日本人全体の態度が変わったと思う。当時の中学を出たくらいの人ならば、誰でも溥儀が清国最後の皇帝であること、また清国宮廷は元来は満州族の宮廷であることを知っていた。

したがって、満州独立は一種の大政奉還《たいせいほうかん》として受け取られるようになったのである。そして、満州族は扶餘《ふよ》（前二―五世紀の北満州の国家）や渤海《ぼっかい》（七―十世紀の満州地方の国家）と関係あるらしく、しかも古代日本は扶餘や渤海に対して特別の親近感を抱《いだ》いていた、という事実がある。

日本人の多くは、大陸に突如《とつじょ》として姉妹国ができたように感じた。

満州国の国是《こくぜ》は——日本側のアイデアであったに違いないが——五族協和《ごぞくきょうわ》、共存共栄であった。五族とは満州民族、蒙古《もうこ》民族、漢民族、朝鮮民族、日本民族である。

当時の満州は人口密度が日本の約一〇分の一であり、しかも、平地面積の比率が大きかったから、平地だけの比較をすれば、人口密度は内地の数十分の一になったであろう。当時使われていた英語の表現で言えばnoman's land《ノーマンズ・ランド》ある。「無人地帯」が広大で、これは放っておけば必ず国際紛争になるところである。そこに五族協和の旗印《はたじるし》の下、満州族の皇帝の国ができれば、こんな都合《つごう》のよい話はない。しかも、これは日本のソ連に対する防衛という軍事目的に叶《かな》い、産業目的にも人口目的にも叶うことであった。

関東軍が戦争を勝手に起こしただけだったら、当時の日本は、まだこれを非とする世論が充分強く出てくる可能性があった。しかし、満州族の皇帝が満州国を作った形になったのだから、形の上では文句のつけようもなく、帝国議会も満州国承認を欣々《きんきん》として行なった。

満州国が、日本の傀儡《かいらい》国家であることについては一点の疑念もないが、それが悪いことだとも言えないのである。少数民族が自分の古来の土地で独立したのであるから、独立しなかったよりは、はるかによかった。もっとも、当時の人口は漢民族《チャイニーズ》が圧倒的に多かったが、彼らはたいてい清朝末期に南満州を中心に流入したものであるから、広大な満州の領土の元首としては漢州族皇帝の子孫が最もふさわしいと考えられる。しかも、第一次大戦後は少数民族国の独立がよしとされる時代でもあった。

「ノーマンズ・ランド」に流れこんだ大衆の姿

これに対して、蔣介石の国民政府は国際連盟に提訴するなど、外交的に反対運動は盛《さか》んに行なったが、実際には、日本軍に対して、その軍隊の一人をも動かそうとしなかった。

蔣介石たちは東三省（満州）は関外《かんがい》の地、つまり山海関《さんかいかん》の北、万里《ばんり》の長城《ちょうじょう》の北で、伝統的なシナの領土ではない、という認識があったので、日本軍がそこから出てこないかぎりは満州国の独立は黙認してもよい、という考え方だったと伝えられている。

イギリスは元来がパーマストン原則の国であるから、シナ大陸におけるイギリスの利権が侵《おか》されないかぎり、つまり、日本が揚子江《ようすこう》沿岸で大人《おとな》しくしているかぎりは文句を言うつもりはなかった。むしろ、ソ連の進出を抑《おさ》える点ではイギリスの国益になるぐらいに考えていたようである。日英の利害関係は日英同盟以来、本質的に変わっていなかったとも言えよう。

最も激しく反対したのはアメリカであるが、それとても実力で介入してくる虞《おそれ》はなかった。

満州は元来、日清・日露の両戦役で日本が勝った戦場であり、特に北清事変（一八五一一八六ページ参照）の以後、ふたたびロシアが事実上占領していた広大な地域を清朝に返還させたのは、まったく日本の力である。しかも、日露戦争以後の莫大《ばくだい》な投資と治安維持の効果は、満州の経済的発展の推進力にもなっていた。それが満州独立後になると、その治安の改善や産業の進展のスピードは、さらに目覚《めざ》ましいものがあった。日本敗戦までの十数年の間に、ノーマンズ・ランドが、アジア大陸の中で最も発展した地域に一変しつつあったのである。

いかに満州国を認めない人でも、昭和十年代（一九三五―四四）、汽車で中国本部から満州に入れば、たちまち、その大きな差に驚かざるをえなかった。民衆も乗る汽車も綺麗《きれい》で、発着時刻も比較的正確ということは、満州が急速によくなっていることの動かしがたい証拠であった。

質の悪い日本人も多く出かけたかもしれないが、新型の多民族協和の国造りをしようという理想に燃えていた日本人も、少なくなかったことも確かである。一〇年そこそこでは評価してはいけないし、弊害や犠牲者もあったに違いないが、一つの理想国家の理念があったことは間違いない。

何よりも急速な人口の上昇がある。日本人やコリア人が入っていったのは別として、中国本土からの流入が多く、逆に満州から中国に流入する人が少なかったことは、忘れられてはならない事実であろう。東ヨーロッパと西ヨーロッパ、あるいは東独と西独の差ほど、はなはだしくはなかったかもしれないが、安定した治安と、安心できる生産活動や商業活動は大衆の最も望むところであり、それを満州国は大衆にも提供しはじめていたことは明らかである。

「敗れた大義《ロスト・コーズ》」再評価の時代

日本の敗戦とともに、満州国は一場の夢と化した。溥儀は東京裁判で、自分が心ならずも日本軍に操《あやつ》られたのだと証言して、当時の実情を知る者を憤慨せしめたが、これは命を助けてもらいたかったためであった。

ここで注目すべきことは、その際にも溥儀が、日本の天皇や皇室の悪口を言わなかったことである。彼は昭和天皇を心から尊敬し、そのような皇帝になりたいと願っていたのである。また、彼は日本の皇室が彼に示した同情と愛情は、何の政略もない純粋なものであることを知っていた。

今どき満州の意義を述べてもはじまらない話である。しかし、私は「敗れた大義《ロスト・コーズ》」という言葉を歴史から消すべきではないと思う。

白人と戦って滅《ほろ》んでいったアメリカ・インディアンの酋長《しゅうちょう》の主張はロスト・コーズだったのだし、ローマ軍に滅《ほろ》ぼされたイスラエルの民の信仰もロスト・コーズである。清《しん》に滅ぼされた明《みん》に忠義を尽くした鄭成功《ていせいこう》も、日本では楠木正成《くすのきまさしげ》も、あるいは真田幸村《さなだゆきむら》も木村重成《きむらしげなり》もロスト・コーズのために戦ったことになる。われわれが『三国志《さんごくし》』を読んで孔明《こうめい》に感激するのも、彼の行為はロスト・コーズに殉《じゅん》ずることだったからである。チベットの人たちの独立運動も、その連続である。

満州建国はロスト・コーズであった。

ただ絶対によくなかったのは、現地の関東軍参謀が統帥権干犯を盾《たて》に政府を無視し、さらに下剋上《げこくじょう》の精神で軍の統帥さえ無視したことである。国際連盟を日本が脱退し、外交上の孤児みたいになるに至ったのも、出先の外交官に情報が入らず、そのため会議に遅刻せざるをえなかったなど、諸外国の不信を買うことが多かったことにもよることが大であったのである。

何しろ出先の軍隊が何をやり出すか、陸軍大臣も参謀総長も分からず、首相も分からないのだから、どんな外務大臣でも諸外国の信頼を保《たも》つ外交交渉ができるわけはなかった。しばしば二枚舌を使ったような結果になることがあったのである。満州独立の成功は、さらに悪い前例を残した。「目的は手段を正当化する」ということで、出先の軍隊が勝手なことをやり出す前例ができたのである。

昭和十二年（一九三七）七月七日、盧溝橋《ろこうきょう》事件が発生した時、政府の度重《たびかさ》なる事変不拡大方針にもかかわらず、どんどん拡大していったのも、統帥権と下剋上のためである。そして戦争がはじまってしまえば、戦っている同胞に武器弾薬や食糧を補給せざるをえないと言って、議会が戦費支出を承認するというのも、満州事変のパタンであった。

また、北シナに独立政府（王克敏《おうこくびん》の臨時政府）を作らせたが、そのことを石原莞爾《いしはらかんじ》が非難すると、彼の後輩に当たる陸軍の参謀将校は、「石原将軍が満州でやったことを僕らにもやらせてくださいよ」と答えたという話が伝えられている。石原は満州事変の企画者であった。石原にしてみれば、「関外（三八八ページ参照）と関内では問題が違うぞ」と言うつもりであろうが、それは若い参謀たちには通用しなかったらしい。

かくして盧溝橋事件は、シナ大陸の全土に及び、まっすぐに大東亜戦争へと拡大していくのである。統帥権と下剋上のもとでは、日本は誰一人としてリーダーになりうるものはなく、ずるずると戦争に入りこんでいった感じである。昭和五年後の歴史は、要するに統帥権問題、つまりは明治憲法の欠陥問題にならざるをえないのだ。

ただ、日華事変の引き金になった盧溝橋事件について言えば、中国共産党軍が蔣介石軍と日本軍に発砲したことによるというのが、最近定説になってきていることに注目したい。日本軍と蔣介石軍は、おたがいに相手が撃ったと誤解して戦う羽目《はめ》になったのである。中国共産党にしてみれば、これによって国民党の勢力を消耗せしめ、政権を取るつもりであった。南京《ナンキン》事件の時は成功しなかったが、日華事変の場合は、結果的にはそうなってしまったことになる。とは言うものの、日本が、明治・大正時代のごとく、統帥権問題の出てきていない時代のような政府を持っていたら、小さな局地的な事件として事態を収拾しえたであろう。

まことに統帥権干犯問題は、歴史の急坂《きゅうはん》にさしかかった日本というバスからブレーキを取《と》り除《のぞ》いたような結果になったのである。いかに運転者が努力してもバスは谷に転落するであろう。乗客の被害も大きく、谷にある村の人々の被害も大きかった。

憲法のたった一条項の解釈の惹《ひ》き起こした内外の惨禍《さんか》を思う時、今なお痛憤に堪《た》えない。

(5) 第二次世界大戦――常識のウソ

「今度の戦争は、日露戦争のようにはいくまい」

日華事変（日中戦争）は、ずるずると始まった。北シナの小事件が上海《シャンハイ》に飛び火し、あれよあれよと大火になってしまったのである。

何しろ、出先の、しかも末端の軍隊の行為を東京の政府が抑《おさ》えることができない、という根本的な欠陥から由来しているのだから、断乎《だんこ》たる終結などは誰にもできなかったのである。

このような、日本という国家の致命的欠陥を指摘する声も聞かれず、大部分の国民も異《い》としなかったように思われるのは、今から考えても異常である。

しかし、私の周囲では最も学問的教養のない人が、そのことを直観的に感じていた。小学校の一年生ぐらいの時だったと思うが、母と伯母《おば》（母の姉）が声をひそめて話しているのを聞いて、思わず遊ぶ手を止めたことがある。何だかよく分からないが、とてつもないことをしゃべっていることが分かったからである。

「今度の戦争は、どうも日露戦争のようにはいくまいのう」

と、伯母が言って、母がそれに相槌《あいづち》を打っているのである。

この二人は、子どもの時に両親を失い、テレビの「おしん」以上の苦労をして育っていて、学校教育は受けていないに等《ひと》しい。書けるのは仮名《かな》だけで、新聞に出てくる漢字は理解しなかった。ラジオも、母がそれを聞いている姿を見たことがない。時に、天気予報はどうなっているかを、いつもラジオを聞いている祖母や父に聞くぐらいであった。しかし、伯母には超自然的な力があって、失《う》せ物や未来の事故などを予言した。一番その霊力があった時期は、文字どおり、門前市《もんぜんいち》をなすほど人がやってきて、警察が監視にきていたという。大本教《おおもときょう》の事件（大本教は出口《でぐち》ナオを開祖とする新宗教。戦前、不敬罪や、治安維持法違反などで弾圧された）などもあり、警察は人の集まる宗教に神経質であったのである。伯母は特別の宗派というのではなく、自分の家の田に隣接した谷にある不動尊《ふどうそん》を信仰していて、お祈りする時に憑依《ひょうい》現象が起こったもののようである。

しかし、私が小学校に入る頃は、そういうこともほとんどなく、ただただ素朴で、正直で、底抜けにやさしいおばさんだった。私の家内も結婚後たった一度会ったことがあるが、内《うち》からやさしさと善良さが溢《あふ》れ出るような感じであったと、三〇年も経った今でも、その印象をよく覚えている。この伯母と母は、二人っきりの姉妹で仲がよかった。それで時々、伯母は私の家に遊びに来たのである。そういう時の世間話を、私は側《そば》で遊びながら聞いていたことになるが、何も覚えていないと言ってよい。

ただ、始まったばかりの日華事変が日露戦争のようにはいくまい、ということだけは鮮《あざ》やかに覚えている。おそらく、当時の日本の男の子は一人残らず軍国少年で、戦争のことに対しては特別の関心があったからであろう。

「日露戦争のようにはいくまい」ということは、ひょっとしたら、日本は勝てないということを言っているのではないか、と思ったのである。それは、当時の日本人にとっては「太陽が、ひょっとしたら西から昇ることになるかもしれないぞ」というぐらい、考えにくいことだった。

考えてみると、母も伯母も日露戦争の頃はティーンエイジャーである。戦争のことなど、何一つ直接知るところはなかったのであるが、日露戦争が断乎として始められ、断乎として終結せしめられた、という印象ぐらいはあったのではないか。しかし、今度の戦争は、お上《かみ》は「やらない、やらない」と言っているのに、大きくなっている。これは、何かたいへん悪いことが起こっているのではないか、と感じたのではなかったかと、今になって思うのである。

統帥権などという観念もなければ、そんな字は読めもしない無学な女たち——しかし、きわめて鋭敏な直覚と宗教心のあった女たち——は、何か日露戦争の時とは違った禍々《まがまが》しいことが日本に起こっている、と感じたのであろう。

石油禁輸で開戦を決断した海軍

ずるずると拡大した日華事変は、ずるずると日本の外交関係を悪くしていった。

そして、いつの間にか日本はABCD包囲陣の中に置かれていた。Aはアメリカ（フィリピンを含む）、Bはブリテン（イギリスおよびカナダ、オーストラリアなどの英連邦の国々）、Cはチャイナ（中国）、Dはダッチ（オランダ、具体的にはインドネシア）である。これに、さらにソ連とフランス（インドシナ）が加わるのだ。

時間が経《た》てば経《い》つほど、日本の立場は危険になった。戦争には石油、鉄、錫《すず》、ゴムなど戦略物資が要るが、そのうちで日本国内で産出するものは、まずないのである。「大東亜新秩序の建設」ということが、東条《とうじょう》（英機《ひでき》）内閣の国策に採《と》りあげられたが、それは戦争目的というよりは、まず戦争遂行《すいこう》のための絶対必要な手段であり、戦争遂行の結果として、それが実現されるだろうということだった（瀬島・前掲書一〇九ページ）。

アメリカを牽制《けんせい》するためだったはずの日独伊三国同盟は、昭和十五年（一九四〇）の秋に成立したが、これは、かえってドイツの犠牲になっているオランダや、ヨーロッパで戦っているイギリスを敵に回すことになり、アメリカの対日姿勢を硬化させた。

戦争の継続に絶対必要な石油などを確保するために、日本軍は翌昭和十六年（一九四一）七月二十八日に、当時フランス領であった南ヴェトナムのナトランとサンジャックに進駐した。これに先立つ三日前に、アメリカはアメリカにある日本資産を凍結し（翌年三月没収）、オランダもこれに続いて、インドネシアにある日本資産を凍結した（当時インドネシアはオランダの植民地）。さらに二、三日後には、オランダは日本にインドネシアの石油を売ることを停止し、アメリカもまた、対日石油輸出を全面的に禁止した。

当時の日本連合艦隊は地上最強・最大と言ってもよいものであり、零戦《ゼロせん》などの航空隊も史上最強のものであった。しかし、石油がなければ何ともならない。海軍が備蓄していた石油は六五〇〇万キロリットルと言われるが、輸入を断《た》たれてしまえば、数カ月でなくなる。

元来は、アメリカやイギリスを敵に回すことに反対してきた日本海軍が、急に開戦準備に肚《はら》を決めたのは、石油の補給が危うくなったからにほかならない。山本五十六《やまもといそろく》のような偉大な提督も、海軍次官の時に、海水から重油が取れるというペテン師にだまされたことがあった。

とにかく、石油が手に入るメドがあれば、日本海軍はアメリカやイギリスと戦う必要がない。大戦は回避できるのだ。その痛切な思いのため、山本のような理性のある人も、そんな愚《おろ》かしい話に一時は乗ったことを考えると、当時の状況が分かるというものであろう。

「石油の一滴は血の一滴」という標語がその頃あったが、子ども心にも、それはよく分かった。

日米開戦の年の昭和十六年（一九四一）、私はまだ小学校五年生であったが、その小学生にも、芳沢謙吉《よしざわけんきち》大使が蘭印《らんいん》（オランダ領インドネシア）へ石油交渉に行っていることの重要性が、よく分かっていたのである。

その頃、新聞が来ると最初に開いて見たのは、石油交渉の成行きであった。当時の小学生は、ませていたのであろうか。私の仲間では、蘭印の石油が最大の関心事の一つであった。戦争ということになると、当時の日本の男の子は、小学生といえども、きわめて敏感だったのであろう。

こんな体験のせいか、昭和三十年代に石油ストーブが流行した頃、ストーブに石油を入れることが、とてつもなく贅沢《ぜいたく》に思われた。

アメリカとイギリスの幕僚会議がワシントンで、ひそかに開かれたのは昭和十六年（一九四一）の一月二十九日から三月下旬にかけてのことだった。いわゆるレインボー5戦略である（レインボー計画そのものが承認されたのは前年の六月七日であった）。

日本はと言えば、この米英協同の対日戦略がアメリカの陸・海軍で承認されてから、実に五カ月も遅れた九月五日の御前《ごぜん》会議——つまり、大本営政府連絡会議——において、はじめて開戦の準備をすることにしたのである。

なぜ、泥縄《どろなわ》式の「真珠湾攻撃」を決断したか

ここで注目すべきことは、アメリカにある日本資産、イギリス領全土にある日本資産、オランダ領インドネシアにある日本資産が凍結され、日英通商航海条約の廃止通告を受けて二カ月も経ってから、ようやく日本は開戦準備の決断をしていることである。アメリカは、これよりさらに二年前の昭和十四年（一九三九）の七月に、日米通商航海条約の廃棄を通告してきているのだ。

日本が、いよいよ開戦もやむなしとしたのは、昭和十六年（一九四一）十一月五日であるが、まだ一筋《ひとすじ》の望みをつないでいた。だが、十一月二十六日にハル国務長官から、今までの日米交渉の経過をまったく無視した強硬な提案、いわゆるハル・ノートを提出してきた。こ

れは、実質的な最後通牒《さいごつうちょう》であると日本側は認識した。

これは日本側だけの認識ではなく、日本を裁《さば》いた東京裁判において、パル裁判官は現代の歴史家の言葉として、次の一文を引用している。

「……真珠湾攻撃《しんじゅわんこうげき》の直前に〔一一日前に〕、米国国務省が日本政府に送ったものと同じような通牒《つうちょう》〔ハル・ノート〕を受け取った場合、モナコ王国やルクセンブルグ大公国でさえも、合衆国に対して戈《ほこ》を執《と》って起《た》ちあがったであろう」（『パル判決書』下・講談社学術文庫・四四一ページ）

それでもまだ、一縷《いちる》の望みを野村大使の外交交渉に託し、アメリカ側の譲歩が得られる場合は、すでに真珠湾攻撃に向かった連合艦隊も途中で引き返すことになっていた。

なぜ、日本がこれほどまで対米開戦を躊躇《ちゆうちよ》したかと言えば、海軍が嫌《いや》がったからである。その海軍が開戦の肚を決めたのは、石油がなくなることが明らかになってからである。

なぜ、石油がなくなるような事態まで行ったかと言えば、まずい外交の繰り返しによって、ずるずるとそこまで引きずられたとしか言いようがない。なぜ、そこまで外交がずるずると

まずくなったかと言えば、つまり、昭和五年（一九三〇）の統帥権問題にもどることにな

る。真珠湾の奇襲《スニーク・アタック》は国際的に悪名が高く、「日本人はずるい民族で、何をやるか分からない」という印象を世界に与え、また、アメリカ人全体の意見をまとめて、戦争に突入させる力があった。

しかし、その海軍はそんなに以前から準備していたわけでない。海軍が大戦突入の研究にとりかかったのは、実に昭和十六年（一九四一）の六月、つまり、開戦半年前からであり、真珠湾攻撃の図上演習は三カ月前の九月、しかも、そのための魚雷や、大型航空母艦の洋上補給のやり方などは、その後の二カ月間に工夫され、準備されたのである。また、飛行士の養成も、年間たった一〇〇名以下の養成計画でやってきていたのであるから、日本海軍の真珠湾攻撃計画は、よく言えば急速、世間なみの表現で言えば泥縄《どろなわ》式だったのである。

日本が全面的共同謀議で戦争を計画した、という東京裁判の論告要旨がナンセンスなものであったことは、言うまでもない。

私が、アメリカの大学で教えていた時、クラスで真珠湾攻撃の話をしたことがあった。

石油問題に触《ふ》れて、「首を絞《し》められて――チョーキングで――、気絶しそうになった時、その寸前に一撃――パンチング――を与えたのが真珠湾《パール・ハーバー》攻撃であった。チョーキングとパンチングは、どちらが悪いかと言ってもはじまらない」という趣旨のことを言ったら、何人かの学生が席を立って退席した（アメリカ人は、野次《やじ》や暴力で発言を止めないで、退席するということを、この時に体験した。その後、別のテーマで国際会議の基調演説をした時も同じ体験をした）。

しかし、何人かの学生は、あとで私の所にやってきて、「どうして小さい日本がアメリカを攻撃してきたのかと思っていたが、よく分かった」と言い、「サンキュー」とまで言ってくれたものだった。

ところが、その頃（一九六〇年代後半）、アメリカに行って教えている若い日本人の先生は、この石油のことを知らず、ひたすら日本のみが突如攻撃したのだと思いこんでいた。日本人とは、理由もろくになく、突如、真珠湾を攻撃するような邪悪な民族であるというイメージは、戦時プロパガンダによりアメリカに普及しているらしいし、戦後の日本でも、日本性悪説を教える教育の中では、戦前の石油問題という明白なことも、子どもに教えられることはないようである。

日本が負《お》うべき、日米開戦「二つの責任」とは

海軍が、突如として開戦に踏みきったことは、今日なお、充分に同情されるべき決断であ

る。しかし、それですむかと言えば、当然すまない。日本が負わなければならない責任が、二つはあるからである。

一つは、最後通牒が真珠湾攻撃以前に手渡されなかったことである。

これは、日本が無通告攻撃という不正をやったことを世界に示し、アメリカを団結せしめ、今日に至るも、「真珠湾を忘れるな《リメンバー・パール・ハーバー》」というスローガンは対日警戒心、あるいは、反日感情を搔《か》き立てるに最も有効な呼びかけになっている。この一事が日本人のイメージに及ぼした重大な打撃は、半世紀以上も経《た》つ今日に至っても、消えていないのである。

しかも、これが日本が意図した無通告攻撃であるならば、あきらめもつく。しかし、これはまったく出先の外交機関の怠慢によるものであった。日本政府も連合艦隊も無通告攻撃にならぬよう手配していたのである。

だが、ワシントンの日本大使館は、開戦直前の緊迫した空気の中、いつ緊急電報が入るか分からない時に、なんと人事異動に伴う送別パーティをやっていて、一人の大使館員も宿直していなかった。パーティの翌日、大使館員が出勤してみると、何と緊急も緊急、重要も重要、これ以上に緊急で重要なことはない日本側の最後通牒が入っているではないか。暗号を解読し、慣《な》れぬ手つきで大使館員がタイプを打ち上げ、それを持って野村《のむら》(吉三郎《きちさぶろう》)特使がアメリカの国務省に出かけた時は、その八五分前に真珠湾に爆弾が落ち、魚雷が発射されて

準備不足の日米開戦

真珠湾攻撃は確かに成功したが、石油禁輸によって窮地に陥った日本が、いわば苦しまぎれに開戦に踏み切ったものだった。

いたのである。

この信じがたい在米大使館の怠慢によって、日本人全体が今日に至るも迷惑しているのであるが、当時の責任者は咎《とが》めを受けることなく出世したというから、日本の官僚組織の身内の庇《かば》い方は、たいしたものである（詳しくは徳岡孝夫《とくおかたかお》「誰が十二月八日を国辱の日にしたか」・『文藝春秋』昭和六十一年一月号参照。また、古手の外交官から私自身も確かめた）。

これに対して、アメリカ大統領は暗号を解読して、あらかじめ真珠湾攻撃を知っていたという点から、むしろアメリカの大統領を非難する議論もある。暗号の件が本当だとしても、日本の在米大使館の怠慢の言い訳にはならない。また、当時の在米大使館員のせいにしても日本の責任は免《まぬが》れない。

しかし、日本人性悪説の弁護材料としては、日本人全員が知っていてよいことであるし、機会あるごとに、外国人の日本研究者や一般外国人にも知ってもらいたいことである。

日本側の責任の第二は、海軍が外交の失敗のツケを精算させられるような形、つまり石油輸出が停止されてから、急に開戦の決意を固めざるをえなくさせられた統帥権問題である。

幣原《しではら》外交の下《もと》では、在米日本資産の凍結や石油禁輸などは起きなかったであろうから、また同じ根にもどる。そして、統帥権問題を起こしたのは結局は日本人であり、日本人以外の何物でもない。日華事変から日独伊三国同盟など、亡国に導《みちび》いた行為は、日本の陸軍の責任と言ってもよいであろう。また戦後には、「海軍が、どうしてもアメリカとは戦争はできないと断言してくれれば、戦争はしなかったはずだ」と陸軍の弁護者は言う。海軍の方は「石油が一日一日と減ってゆき、そのうち一隻の軍艦も一機の飛行機も飛べなくなるまで待てというのか」と答える。

結局は、石油が日本にこなくなるようなところまで追いつめられたのが悪いのであるが、その根源も、つまりは統帥権問題で、日本政府が、政府の責任で外交ができなくなったからである。

日米開戦後も続いた英語教育

大戦が始まってからも、はじめの二年間は、その影響は生活に感じられなかった。

私が小学校六年生の時の夏、父は私を連れて仙台《せんだい》に遊びに行ったことがある。日本海岸から太平洋岸までであるから、戦前としてはちょっとした旅行であった。仙台駅でソロモン沖海戦の臨時ニュースを聞いた記憶があるから、昭和十七年の八月八日か、九日のことだった。

物見遊山《ものみゆさん》の旅行ができるぐらいだから、呑気《のんき》なものである。松島《まつしま》の遊覧船にも乗ったし、帰りにお土産《みやげ》も買っている。途中、瀬見《せみ》温泉で眼鏡を盗まれた。温泉宿で小学生の近眼鏡が盗まれるようになったことは、だいぶ人気《じんき》が悪くなったことを示すものである。しかし、旅館の食事は悪くなく、鮎《あゆ》の塩焼きもうまかった。宿の縁側から見ると、下の渓流には魚がいっぱいいいた。

帰りに山形市に立ち寄って、眼鏡を買った。特定の品物は買えなかったのであろうが、小市民の買いたいものは、まだ何でもあった感じである。東京でも、かなりの物が出回っていたことを山本夏彦《やまもとなつひこ》氏が書いておられる。その頃、新しい雑誌も発行できたという。

日華事変は、よその国の戦争みたいなもので生活には関係なく、そして日米開戦九カ月目でも、そんな呑気な旅行ができたのである。汽車も空《す》いており、切符を買う苦労もなかったようである。

旧制中学に私が入学したのは、昭和十八年(一九四三)四月である。

今から考えるとガダルカナル島転進の後であり、敗色が濃厚だった頃であるが、中学にはかなり自由主義的・教養主義的なところがあった。英語の時間も、リーダーと文法・作文の二種類があり、リーダーは神田乃武《かんだないぶ》男爵の『キングズ・クラウン・リーダー』であった。

その中の物語は、イギリスの上層中流《アパー・ミドル》の生活が基調になっていた。そこに出てくる子どものお父さんはバンカー（銀行家）であって、バンク・クラーク（銀行員）ではなかった。イギリスと開戦して二年もなるのに、教室ではイギリス中産階級の生活を描《えが》いた教科書を読んでいたのだから、呑気な話である。呑気なのは、私が田舎の中学にいたせいばかりでもないようだ。というのは、教科書は東京の出版社のものだったからである。交戦中の敵国の生活を美化しているような教科書を、少なくとも戦争の最初の二年間は使っていた、ということをイギリス人が知ったら驚いたのではないか。

イギリスは、すでに何年も前から、日本と交戦中の蔣介石《しょうかいせき》政権に対して、中立国にはあるまじき戦略物資援助をやっていたうえに、大戦が始まる前から、その広大な植民地を含めた全版図《ぜんはんと》の中にある日本の資産を凍結していた。何年も前からイギリスは、日本に敵対行動を取っており、しかも、本当の戦争が始まってから二年にもなるのに、表紙にイギリスの王冠のついた英語教科書を日本の中学校は使っていた。

その頃の——そして、今まで続いている——イギリスの反日プロパガンダと比《くら》べるならば、日本の敵国に対する反感の少なさは注目すべきものであった。ただ、アメリカに対してはもっと強い敵愾《てきがい》心があったと思われる。それは、移民問題と、シナ大陸における多年にわたる反日運動と、直接には石油を止められたという実感があったからであろう。

当時、日本軍の敵はアメリカ軍以外になかった

日本軍の本当の敵はアメリカだけであった。イギリスも、オーストラリアも、オランダも、問題にならなかった。

イギリスの最新鋭戦艦プリンス・オブ・ウエールズと、戦艦レパルスは、ともに白昼、日本の飛行機によって沈められてしまった。インド洋や、ベンガル湾にあったイギリス飛行部隊も艦隊も、あっという間に消えてしまった。日本の機動部隊のインド洋作戦は、イギリスの巡洋艦二隻、航空母艦一隻を沈めて短期間に終結した。

この時の日本海軍の強さについては、チャーチルも、その大戦回顧録の中で驚嘆している。チャーチルは戦士であり、戦士的気質があったから、日本の強さが、あらゆる予想を超《こ》えたものであることを率直に認めているのである。

これはヒトラーの空軍とも桁《けた》違いの強さなのであって、もし、ヒトラーが日本の機動部隊の一つでも持っていたら、いな、零戦隊を持っていたら、バトル・オブ・ブリテン（昭和十五年＝一九四〇年九月七日から約二カ月間、イギリス上空でイギリス空軍とドイツ空軍が行なった激烈な空中戦）に勝ち、イギリスを制覇し、したがって全ヨーロッパを支配したことであろう。イギリスでさえ、その程度であったから、日本海軍の前にはオランダ海軍も空軍も、ジャワ沖、スラバヤ沖、バタビヤ沖の三海戦で消えてしまった。日本にとって、本当の敵として意識されたのは、あくまでもアメリカだけである。旧植民地帝国だけなら、束《たば》になってかかってきても、日本軍の前には鎧袖一触《がいしゅういっしょく》であった。

オーストラリアも、日本に宣戦布告したのだそうであるが、普通の日本人は、誰も気にかけなかった（戦後、日本の年表でもその記述は見当たらない。大戦中の昭和十八年＝一九四三年発行の平凡社『世界歴史大年表』には書いてある）。日本が宣戦布告しないうちに——日本が宣戦布告したのは、イギリスとアメリカの両国——、日本に対してオーストラリアが宣戦布告したことを気にしているオーストラリア人に、戦後会ったことがあるが、そんなことがあったとは、こっちもその時に初めて聞かされてびっくりした。

イギリスはビルマを奪回したが、それは日本の軍艦も飛行機もアメリカのために敗れた後であるし、むしろ日本軍がインパールまで無謀な進出をして自潰《じかい》したのだという認識だった。

ソ連は、二個目の原爆が落とされてから満州に進出して、関東軍を破ったと言うが、精兵が引き抜かれたところに雪崩《なだ》れこまれたという感じが強い。たとえば、日本の航空隊が健在であったならば、満州の広野にソ連は進出できなかったであろう。戦闘機が制空権を持っている平原に、戦車や歩兵が進出できるわけがない。日本がソ連とだけ戦ったと仮定するならば、日本の戦闘機が制空権を確保する公算は確実にあった。零戦を破りうる戦闘機を開発し、それを大量生産し雲霞《うんか》のごとく戦場に送ってよこしうるのは、アメリカだけだったのである。

ミッドウェイで消滅した日本の人的資源

戦争の分水嶺が、ミッドウェイ海戦（昭和十七年＝一九四二年六月五日から七日）にあったことは、時間を隔《へだ》てて見れば、ますます明らかになる。

ハーマン・ウォーク（一六七ページ参照）の仮定によれば、もし、ミッドウェイの海戦に日本が勝てば、ただちにアメリカ西海岸の守備が緊急の問題になる。そこに米軍が貼《は》りつけられることになれば、ヨーロッパにおいてヒトラーの制覇が成功したであろう。ヨーロッパがヒトラーに制圧されれば、アメリカは日本やドイツと講和せざるをえなかったであろう、という筋がはっきり出てくるのである。

日本はミッドウェイ海戦において、四隻の主力空母とハワイ・マレー沖以来のヴェテラン飛行士を失った。日本海軍は、対米戦に長い間準備したわけでなかったから（四〇二ページ参照）、熟練した飛行士が、そんなにいなかったのである。毎年、数十人しか新たに養成していなかったのであり、彼らは飛行技術のエリート中のエリートとして育てあげられていた。

その多くがミッドウェイで戦死すると、補充が充分につかなかった。日本には、当時、自動車が普及していなかったから、エンジンのついた機械に慣《な》れた人間が、そもそも少なかった。どうしても飲《の》みこみの早い青年を集めなければならない。そういう青年は学生であるが、日本の学生には近視が多かった。少し学生を訓練すれば、いくらでも飛行士が作れたアメリカとの人的資源の差も大きかったのである。しかも、工業力の差は、さらに大きかった。

あとで分かったことだが、ちょうどこのミッドウェイ作戦と関連して行なわれたアリューシャン列島作戦（キスカ、アッツ両島占領）の時に、日本にとって思わざる不幸が起こっていた。

それは、零戦の飛行士が空中戦で撃《う》たれて墜落死したが、飛行機そのものは、ひっくり返っただけで、ほとんど無傷で陸地に着陸したのである。これがアメリカ側の手に入って徹底的に研究されることになった。零戦の神秘が明らかになったのである。

それまでの零戦は、まったく神秘とも言える活躍をしていた。広大なシナ大陸から敵機の影をなくしたのも、零戦だった。それ以前は、シナ大陸にはアメリカ製、イギリス製、ソ連製の飛行機がいて、なかなか手強《てごわ》かったのである。

ところが、昭和十五年（一九四〇）の夏頃に、約三〇機の零戦がシナ大陸に登場してからほぼ一年以内に、敵の飛行機を撃墜・撃破すること実に二百六十数機、わが方の損害はたった二機。しかも、地上砲火による犠牲であって、撃墜されたものはゼロである。これだけ撃墜されると、敵には飛行機もなくなるが、それはまた援助してもらえるとしても、何より飛行士がいなくなったのである。

日本軍が敗戦の時まで、あれほど広大なシナ大陸を保持できたのは、これによるところが多い。

フィリピンのアメリカ航空勢力を一掃した時も、零戦は台湾の基地から飛び立っていった。当時、それほど航続力のある戦闘機は、アメリカ軍には想像できなかったので、てっきり航空母艦から飛び立ったのだと思いこんで対応していた。マッカーサー元帥《げんすい》は戦後に至るも、フィリピンを攻撃した零戦は航空母艦から発進したに違いない、と思いこんでいたという。

悲劇のミッドウェイ海戦の時も、零戦の活躍は、まさに鬼神のごときものであった。ミッドウェイ島に出かけた三六機の零戦は、上空で待ち受けていたアメリカの戦闘機約五〇機を叩《たた》き落として完全に制空権を握り、また、わが機動部隊を襲った敵機も、すべて艦上砲火と零戦に落とされたし、さらに、敵空母から襲ってきた雷撃機《らいげき》約七〇機もすべて撃墜して、わが方の零戦は、なんと一機も失われなかった。

ミッドウェイの悲劇は、その直後に雲を利用してやってきた敵空母の艦上爆撃機が行なった急降下爆撃によるものである。

ハーマン・ウォークの大著『戦争と追憶』は、その主人公の一人が、この急降下爆撃隊に加わっていたことになっている。ウォークは、この一撃によって第二次世界大戦の勝敗が決まったという立場から、零戦に撃ち落とされることが分かっているのに、ただひたすら突っこんでいったアメリカ雷撃機隊員に同情し、その全員の氏名と出身地を小説の中に並べている。アメリカ雷撃機隊は一機の日本機も落とさず、一隻の日本の船をも沈めなかったが、そのために、その後の急降下爆撃が成功したのだと考えてのことであった。

戦闘機で勝負がついた太平洋戦争

まことに太平洋戦争は、飛行機の軍艦に対する優位を余《あま》すことなく証明した戦争であった。

ハワイ・マレー沖、さらにインド洋作戦などで、それを疑う余地なく証明してみせたのは日本だったのに、その教訓をよりよく学んだのはアメリカ側だった。

アメリカは、空母を主体とした機動部隊の価値を日本に教えられた形で認識したのであるが、ひとたび、その認識に至るや、卓越した工業力を動員して飛行機を造り出したのに、日本は、これというリーダーがなかったために、零戦が圧倒的優位を占《し》めるうちに、次期戦闘機開発に全力を尽くすどころか、なけなしの資材を陸海軍で奪い合うことのほうに熱心であった。

　完全な零戦を手に入れたアメリカは、続々と新鋭機を開発して、しかも、大量に戦場に投入してきた。零戦の二倍、あるいは三倍もの馬力の戦闘機がソロモン戦線に現われたが、総合的な戦闘力では、まだ零戦優位がしばらく続いた。だが、昭和十八年になると、アメリカの新鋭戦闘機のグラマン・ヘルキャットが登場してきた。一対一ではともかく、相手は雲霞《うんか》のごとき大群なのである。搭乗員も戦闘機も補充が充分でなかった。日本の国力は明らかにこの面で底をついてきたのである。

　もっと早く紫電改《しでんかい》の大量生産があれば、戦局は、しばらく不利になることなく経過したかもしれないが、敗戦へ向かうのは時間の問題であったろう。やはり、ミッドウェイをもって、勝機は去ったと言うべきである。

　ひとたび零戦の優越性が失われると、日本はよいところなしに敗け続けに敗けて、敗戦に至ることになった。第一次大戦までは、制海権を握ることが肝要であったが、第二次大戦は制空権が死命を制した。そして、制空権とは戦闘機が勝つことなのである。

戦闘機は小さく、吹けば飛ぶようなものである。しかし、これが勝ってくれないと、爆撃機も雷撃機も使えない。海上の船も動けなくなり、補給もできなくなり、海戦にも必敗する。陸軍も補給がなければ、掠奪するか餓死するかである。

要するに、太平洋戦争は戦闘機で勝負がついた。戦闘機が勝てなくなると、山本五十六大将も戦死するし、その後継者の古賀峯一《こがみねいち》大将も亡《な》くなる。

昭和十九年（一九四四）の二月に、アメリカ機動部隊がトラック島（第一次大戦後は日本の委任統治領になっていた）を襲った時は、日本は二七〇機の飛行機と四七隻の艦船を失っている。この数字は、日本の戦闘機の性能も、飛行士の熟練度も、昔のごとくでなくなっていることを雄弁に示している。そして制空権がないところでは、船は情《なさ》けないほど簡単に沈められてしまうことも示している。

これより四カ月後の昭和十九年（一九四四）六月十九日にはマリアナ沖海戦があるが、もうこの時は、日本側が一方的にやられるだけになっている。水上勢力は、そんなに違うわけではないが、艦載《かんさい》機の比率はアメリカ側が約二倍である（四三九機vs.九〇二機）。

これが開戦当初だったら、零戦の圧倒的な勝ちとなり、したがってアメリカ海軍も致命的打撃を受けたであろう。しかし、この頃になると、アメリカの戦闘機は零戦に劣《おと》らず、しかも、日本の飛行士は熟練度が低かった。

このため日本の艦載機は、実に九〇パーセントに及ぶ三九五機を失ったのに対し、アメリカ側は約一二パーセントの一一七機を失ったにすぎない。どんな戦いでも、九〇パーセントの兵力を失うというのは、只事《ただごと》でない。日本は九隻の空母が参加して三隻が沈没、四隻が破損したのに対し、アメリカは一六隻の空母（うち七隻は軽空母）が参加し、沈んだのは一隻もなく、破損したのも二隻である。これはもはや、戦争というより一方的な殺戮《さつりく》に近い。この海戦を、アメリカでは「マリアナの七面鳥撃ち」と称した。あの恐ろしい零戦は、もういないのである。いな、七面鳥なみになったのだ。

しかし、落とされ続けながら最後まで攻撃しようとした航空兵のことを思えば、胸が痛む。この青年たちは、まだ熟練度が低かったのだ。ミッドウェイの後、海軍は急いで飛行兵を作り出した。われわれの中学にも割当てが来た。そうして志願した青年たちは、充分な訓練を受けたり、戦場に慣れるひまもなく、今や性能的には優位を保《たも》てなくなった飛行機に乗って、倍以上もの敵機と戦い、七面鳥が撃たれるように、易々《やすやす》と撃ち落とされたのである。

「無駄死《むだじに》の美学」を生んだ神風特攻隊の悲劇

制空権がなければ制海権もなく、したがって、サイパン島では日本軍は玉砕《ぎょくさい》し、民間人も多く自決した（昭和十九年七月七日）。それまでも玉砕はあったが、民間人は初めてである。

サイパンからは、アメリカの大型爆撃機の行動範囲に東京が入る。まともなリーダーシップがある国ならば、降伏するところだが、当時の日本にはできない話であった。東条内閣が辞職しただけである（同年七月十八日）。この時、アメリカ軍は、そのまま日本本土に向かって攻撃しようという案があったという。昭和十九年（一九四四）の夏頃は、日本本土防衛の準備はろくになかったわけだから、戦争は簡単に片《かた》がついたかもしれない。

しかし、それまでの日本軍の強さから、アメリカが日本軍を買いかぶっていたことと、マッカーサーのフィリピンを奪回するという意向が強かったため、次の戦場はフィリピンになった。

フィリピンの米軍総司令官であったマッカーサーは、「私はもどるぞ《アイ・シャル・リターン》」と言い残して、昭和十七年（一九四二）五月、マニラ湾のコレヒドール要塞から脱出したのであった。そのマッカーサーの約束を果たすためにフィリピンは戦場になったと言ってもよい。これは戦略的に無駄な戦場であったと言えよう。このため、マニラも戦場となり――マニラをオープン・シティ（非武装都市）にせず、首都攻防戦をやったのは日本軍の罪である――フィリピン人にも犠牲が出、日本軍の多くも死んだ。

この時のレイテ湾での戦闘以来、神風《かみかぜ》特攻隊が出現した。それまでも決死隊というのはあったが、必死隊という概念は、日本軍にもなかったものである。しかし、日本軍飛行士の熟練度と、相対的に性能の劣っていた航空機を考えると、かならず命中させるためにはこれしかない、ということなのであった。

この第一回特攻隊には、私の中学の卒業生が入っていた。校長先生は、「わが校の名誉である。諸君も続け」と、われわれを励《はげ》ました。われわれの側《そば》にも戦争はやってきていたのである。地方紙は、この青年の子どもの頃や、中学の頃のことを憶《おぼ》えている人たちの談話をいろいろ掲載《けいさい》した。物静かで、温和な青年だったそうな。

神風特攻隊員と言えば、外人の目からは狂信《ファナティック》的な人間のように思われたらしいが、実は穏《おだ》やかな好青年が多かったようである。日本の兵士の日記やメモを研究したアメリカの学者は、そこに書かれていることは哲学者の手になるかのごとくに冷静で、内省的であると感嘆している。

戦争は喧嘩ではない。かっとして殴《なぐ》りあうこととは違うのだ。冷静、温厚な者がしばしば最も勇敢であったことは、多くの人が観察したとおりである。

特攻隊を「神風」と名づけたのは、言うまでもなく元寇《げんこう》の時の記憶によるものである。菊水隊《きくすい》というのは、楠木正成《くすのきまさしげ》の家紋にちなんでである。「七度生まれ代わって敵（足利尊氏《あしかがたかうじ》）を滅《ほろ》ぼそう」という意志に共鳴したと思われる（正成に、その弟正季《まさすえ》が湊川《みなとがわ》の戦いで、こう語ったと伝えられる）。若くして死ぬのだから、七度でも八度でも生まれ代わりたかったのであろう。「七生隊」というのも、あったように記憶している（『日本史から見た日本人・鎌倉編』2章3節参照）。

「万朶隊《ばんだ》」というのもあった。万朶《ばんだ》（「朶」は「枝」の意）の桜の花びらが散るように、国のために散る覚悟を示した。「散兵線《さんぺいせん》の花と散」るのは陸軍であったが、爆弾を抱《かか》えた一機一機が一片の桜の花びらに擬《ぎ》されたのである。

最も苛烈残酷な戦場で、雅《みやび》やかな名前を付けたのは、日本人の美学の伝統によるものであった。後になると、特攻専用の「桜花《おうか》」という有人爆弾のようなものになった。本来は残酷の極《きわ》み、グロテスクの極みと外国人に言われるものを、散りゆく桜の一片としてイメージするところに、出撃する本人も、送り出す方も、ぎりぎりの慰《なぐさ》めを感じたのではあるまいか。

国のため散る一ひらは惜しまねば徒《あだ》にぞ散るな大和桜《やまとざくら》は

これは、日露戦争の時の旅順《りよじゆん》の戦いで戦死した兵士との関連で朗詠《ろうえい》された和歌である。日本人は旅順の戦死者を「徒《あだ》に散った」とは思わなかった。

敗戦国の悲劇は、それを「徒《あだ》に散った」と思い、また、そう言う人が多く出たことである。

靖国《やすくに》神社に天皇が参拝するのを妨《さまた》げる勢力が公然とあることこそ、敗戦の意味であろう。

マリアナ沖海戦の頃から、中学にもヒステリックな先生が出てきた。英語の教科書も昭和十九年（一九四四）からは、さすがにキングズ・クラウン・リーダーは廃止になって、第一課が軍事教練《ミリタリー・トレイニング》というようなものになった。どうも正常とは思われない数学教師は、無闇《むやみ》に生徒を殴《なぐ》った。「日本海に、すでに敵の潜水艦が入っているのだぞ」と興奮して、生徒を叱《しか》りつけたが、だからといって、われわれに何もできるわけのものではなかった。ちゃんと数学を教えてもらいたかった。どうせ、われわれの日は数えられていたのだから。

日本が急に悪くなるのは、サイパン陥落後であると言ってよいだろう。

戦争の通念を変えた「無差別爆撃」の残虐性

フィリピンの次は硫黄島《いおう》だった。

この小さい島には、短期間に、不充分な武装と資材で防衛設備がなされたものである。しかも、地表が全部変形するほど徹底的な艦砲射撃と空爆を受けた。

それにもかかわらず、米軍の被害は玉砕した日本軍の数とあまり変わらなかった。これは、司令官栗林忠道《くりばやしただみち》中将のリーダーシップによるものである。司令官が有能であれば、絶望的な状況においても、奇蹟的な奮闘をし、敵味方を驚かせる成果をあげるものであることを、ここに見る。

陸の孤島のごときビルマのミートキイナや雲南《うんなん》の拉孟《らもう》や、騰越《とうえつ》の守備隊も昭和十九年（一九四四）の九月中旬、まったく救援もなく補給もない状態で、数十倍の敵に囲まれつつ、四カ月も戦い続けて玉砕している。これを攻《せ》めた蔣介石は、今やアメリカの補給を受けて優《すぐ》れた装備をした数十倍もの人数の中国軍に対して、これほど徹底的に戦った日本軍に感激し、全軍に対して「あのように戦うべし」という趣旨の布告をしている。

またインパールの絶望的状況から、一人の負傷兵も捨てずに、しかも戦いつつ引き揚げた宮崎部隊も指揮官の質さえよければ、日本軍は世界最善の戦士であることを示す一例として挙《あ》げうるであろう。

サイパンが落ちてから日本への大空襲が始まるが、硫黄島が落ちてからは、さらに本格的になった。日本の大都市は、東京をはじめとして、ほとんど残らず破壊しつくされ、焼きつくされる。これはカーチス・ルメイの戦略爆撃によるものである。これに使われた爆撃機B29は新兵器と言ってもよいほど大型のものであり、戦略爆撃というのも新思想であった。

はじめから軍事目的を限定せず、爆撃の対象が市民であるということは、第二次大戦中にイギリスとアメリカが始めたものである。誤爆とか、個々の飛行士のやった民間住宅攻撃は、どちら側にもありうることであったが、意図的に大仕掛《おおじか》けにやったのはイギリスであり、アメリカであったことに間違いはない。ヒトラーも、はじめはロンドン市街地空襲を禁じていたぐらいである。

イギリス空軍は、一九四二年（昭和十七）三月に、ドイツのリューベックを二百数十機で空襲して焼き払った。ここには軍事目標がないのに、それを知ったうえで、ドイツ人の戦意を失わせるという目的で、無防備の歴史的文化都市を攻撃したのである（ヒトラーはもちろん報復した）。

ケルンやその他、似た例はいくらもあるが、一九四五年（昭和二十）二月十三日のドレスデンに対するイギリスとアメリカの空軍の空襲は、歴史に残るものであろう。おそらく、世界で最も素晴らしいバロック建築の多く残っているこの都市を徹底的に爆撃した。イギリス

連合国の戦争犯罪

ナチス・ドイツは強制収容所を「発明」したが、連合国側も無差別殺人の方法として空襲を「発明」したのである。

は第一波が二百数十機、第二波が五百数十機で市街地を爆撃し、さらにアメリカの四五〇機のB29が、六五万個といわれる焼夷弾《しょうい》を落とし、そのうえ戦闘機が機銃掃射をやった。このため死者は一三万五〇〇〇人でたという。

やられたのはドイツの町だけではない。イタリアでも、ベネディクト会修道会発生の地であるモンテカッシノの修道院が、イギリス空軍のために破壊しつくされ、中にいた修道士と避難民数百人が死んだ。

ところが、ここにいたドイツ軍の司令官は、修道院の貴重な文献などの疎開を行ない、しかも、ドイツ兵は修道院の周辺に近寄ることを許さなかったのである。

ドイツ軍がそこを陣地にするのは廃墟にされてからのことである。どちら側の軍隊が文明的であったかを示す一例である。歴史家アーノルド・トインビーが、戦後ここを訪れた時、自分の国の飛行機が西欧文明の母とも言うべきこの大修道院を破壊し、多くの修道士らを殺したことを知って、ショックを受けたと書き記《しる》している。

ユダヤ人大虐殺の思想がヒトラーの発明であるとすれば、一般市民大虐殺の思想はイギリスとアメリカの発明である。

それまでの日本人の通念によれば、爆弾自体が貴重なのであり、狙《ねら》って軍事施設に落とすものだった。民間家屋に落としては価格的にも間尺に合わないし、第一、絨毯《じゅうたん》爆撃するほど豊富に爆弾はなかったのである。それに、民間人を組織的に殺すという発想は日本人には欠けていた。

しかし、それまでの世界の知らなかった生産力をフルに働かせたアメリカと、そこから豊かな援助を受けたイギリスは、空から民間人を大量に、組織的に殺すことを考えつき、それを実行したのである。

昭和二十年(一九四五)三月十日の東京に対する絨毯爆撃にはじまって、長崎への原爆投下に至る空襲の思想は、目標は軍事施設でなく、一般市民、特に老人と女・子どもを主とする日本人を殺しつくすことであった(健全な男の多くは出征していて、町に残っているのは主として女・子どもであることぐらいは分かっていたはずである。ドレスデンに集まった人々の多くが、東部からの避難民であることを知っていたように)。

今も残る「カミカゼ」の後遺症

硫黄島の次は沖縄であった。多数の民間人の住むところが近代戦の戦場になるということを、日本人ははじめて体験したことになる。

沖縄は「県」であり、そこはどうしても救わなければならない場所であった。陸軍は制空権を失った状況の下で、独自の作戦による持久戦を試《こころ》みたが、現地を知らない大本営の命令のために、無理な総攻撃をやって一挙に防禦力を失った。沖縄の学生や女学生の健気《けなげ》な戦闘参加も伝えられ、本土の学生たちも「明日は、わが身」と考えていた。

何といっても沖縄戦の特徴は、大量の神風特攻隊の出撃にある。そして、必死攻撃は日本人の国民性として世界で考えられるようになり、「カミカゼ」という言葉は英語にも入った。日本側では、事の性質上、その効果は知りようがなかったが、アメリカ側が戦後に発表したものに基づくカミカゼの実態は、どのようなものであったろうか（伊藤正徳《いとうまさのり》『大海軍を想《おも》う』文藝春秋・昭和三十一年・四九〇―四九四ページ参照）。それによると、日本軍が沖縄戦の期間中、基地および戦場で失った飛行機は、実に七八三〇機であり、そのうちカミカゼは約二八〇〇機である。それによって被害を受けたアメリカ海軍の軍艦は、戦艦一〇隻、空母九隻、重巡洋艦三隻、軽巡洋艦二隻、駆逐艦一一八隻、その他四〇隻の一八二隻である。そのうち沈没したのは一三隻であった。

アメリカ機動部隊長官スプルーアンス中将（この人はミッドウェイ海戦の英雄である）は、ニミッツ長官に打電して、カミカゼによる米海軍の被害は堪《た》えがたいので、全空軍を動員して、九州と台湾にある日本の航空基地を粉砕するように要請した。四月、五月、六月と、九州の基地はアメリカ機動部隊による猛烈な攻撃を受けた。

だが、カミカゼは吹きやまず、沖縄のアメリカ海軍は物質的にも精神的にも打撃を受け、

「なお数日、カミカゼの攻撃が衰《おとろ》えない場合は、アメリカ艦隊は、一時退却して、再挙の方法を考えるべし」という説に傾いたという。

しかしその時には、日本のほうも飛行機がなくなり、搭乗員も不足し、燃料まで尽きて六月二十六日が最後の攻撃になった。この頃になると、搭乗員は未熟のため、ようやく飛んで体当たりするだけの技倆の者も多かったと言われる。

零戦がはじめてシナ大陸に登場した時は、まったく無敵であり、搭乗員は充分に飛行機に慣《な》れ、戦闘に慣れる余裕があった。そのベテランたちであったからこそ、ソ連のイ—15やイ—16、イギリスのハリケーンやスピットファイア、アメリカのP—36、P—40、バッファロー、ワイルドキャットといった世界的に名の轟《とどろ》いていた戦闘機を、ばたばたと落とすことができたのである。

今や神風特攻隊員は、空中戦をできるほどの練度をまだ持てない若者たちであった。いみじくも英語で自殺攻撃《スイサイド・アタック》と言われるものになった。そして、特攻攻撃は空中に限らなかった。水中では魚雷を操縦する「回天《かいてん》」が、また、水上部隊でも、戦艦大和《やまと》を中心として、沖縄に向かった連合艦隊の残存部隊は、帰還用の重油も持たぬ特攻だった。

カミカゼも戦艦大和も沖縄を救うことはできなかった。しかし、救うために必死の攻撃を繰り返したことは確かである。日本の最後の戦艦も三〇〇〇機に近い特攻機も、沖縄のために出かけたのであり、沖縄の犠牲になったのだ。そのことは、沖縄の人たちにも無視してもらいたくないと思う。

3章

戦後の歩み
国際政治を激変させた

——なぜ、わずか四〇年で勝者と敗者の立場は逆転したのか

(1) 敗者の悲劇――「東京裁判」と「南京《ナンキン》大虐殺」

「宗教戦争」に逆戻りした二十世紀の戦争思想

昭和二十年(一九四五)の夏、日本中の都市の大部分が焼き払われ、原爆が二個も落ち、ソ連までが参戦しても、日本の軍部は戦い続ける気であった。

ドイツでは、すでに四月の末日にヒトラー総統がベルリンの地下壕で自殺し、ドイツはその一週間後の五月七日に降伏した。ドイツの敗戦が動かしがたいものであることは、ずっと前から分かっていたのに、徹底的に戦ったということは、当時の日本人には美談のごとく見えた。当時の新聞の見出しは「降伏なき民族の終焉《しゅうえん》」を荘厳なものとして称《たた》えた。

同盟国のイタリアが、まことにだらしなく、二年前の昭和十八年(一九四三)の夏にムッソリーニ失脚の後を受けたバドリオ元帥が、さっさと無条件降伏してしまったことに、みんな立腹し、かつ軽蔑していたからであった。

しかし、敗戦になることが分かってからも、国民を道連れにして戦うのは、考えてみれば褒《ほ》めるべきことではない。戦う以上は、とことん戦わねばならぬ、という観念が世界に広まったのは、第一次大戦の後始末がよくなかったからである。それまでは、戦争は利害の戦いであると考えられていたから、勝者が敗者を正義の名で裁《さば》くという観念は、宗教戦争以後のヨーロッパではなくなっていた。

ビスマルクは、一八六六年（慶応二）オーストリアを軍事的に完膚《かんぷ》なきまでに破った（普《ふ》墺《おう》戦争）が、正義の名で裁くことなど、夢にも考えなかったし、領土の割譲も賠償金も求めなかった。

ついで一八七〇—七一年（明治三—四）のフランスとの戦い（普仏《ふふつ》戦争）の時も、敗れて捕虜になったナポレオン三世を裁くなどという発想は露《つゆ》ほどもなかった。ナポレオン三世がイギリスに亡命したのは、パリで革命が起こった（一八七一年、パリ・コミューン成立）からである。フランス国民が、敗れたナポレオン三世を皇帝として受《う》け容《い》れることを続けたとしても、ビスマルクはオーストリアの場合と同じく、何の反対もしなかったであろう。

十九世紀末までのヨーロッパの戦いは、敗者を辱《はずか》しめたり、正義の名で裁くことをしなかった。だからこそ、戦争の勝敗が明らかになれば、無駄《むだ》な戦争を続けなかったのである。日清・日露の両役も、同じパタンであり、日本にも、勝ったからといって清国の責任者やロシア皇帝を裁くという発想はまったくなかった。

ところが、第一次大戦の時は、主としてイギリスの「ロンドン・タイムズ」などが中心となり、これに多くの安っぽいジャーナリズムがくっついて、ドイツを悪者にしたのである。

ドイツの降伏後、大戦の責任はドイツ皇帝にあるから、「正義の名で裁け」という声が連合国に強まった。ドイツ皇帝は、中立国オランダに亡命し、オランダ政府は皇帝の身柄《みがら》の引渡しを拒否した。あやうくドイツ皇帝は戦争裁判にかけられるところであったのである。しかも、戦争に正義がくっついたから、勝った側がドイツに対して押しつけた賠償金は、それまでの通念にない、ひどいものであった。

戦争に正義を持ち込むという、きわめて危険な考え方、すなわち、宗教戦争的な考え方がヨーロッパにふたたび入りこんだのである。正義といっても、勝ったほうが裁く側にまわるわけだから、ほんとうは「力は正義なり《マイト・イズ・ライト》」という非文明的な原則を、偽善的に表現したにすぎない。

第二次大戦でも、勝者が敗者を裁くことは明らかであった。裁かれると決まっている人間は、どうせ殺されるなら、戦って死んだほうがましだと思うであろう。

ムッソリーニが残虐な殺され方をしたことも、ヒトラーに降伏する気をなくさせたことに関係があったとみてもよい。それで、ヒトラーは一九四五年（昭和二十）の三月十九日に、いわゆる「ネロ指令」を出すのだ。戦争に敗れれば国民も滅ぶのだから、ドイツが国内で敵に役に立ちそうなものは、すべて破壊しつくせ、という命令である。これは、戦争後に「勝者の都合《ビクトリー・ジャスティス》」によって敗者を裁くことになった時代の悲劇というべきものであろう。

暗殺者によって封じられた降伏論

日本の場合、玉砕《ぎょくさい》思想は、軍の首脳部が捕虜になることを否定する方針を採《と》ってきたことと、最も関係があると思われる。

昭和十六年（一九四一）一月、第二次近衛《このえ》（文麿《ふみまろ》）内閣の陸軍大臣であった東条英機《とうじょうひでき》は「戦陣訓《せんじんくん》」を出したが、これには「生きて虜囚《りょしゅう》の辱《はずかし》めを受けず」という一句があり、この点が、また特に強調された印象が残っている。

つまり、「日本軍人は捕虜になるな」ということであるから、それは文明国の慣習にも反するし、明治以来の日本軍にも、その規定はなかった。ただ日清戦争の時、シナ軍に捕虜になった日本兵が、あまりにも残虐な殺され方をしていることが判明したので、「捕虜になるぐらいなら自決しろ」という指導があったが、それは陸軍全体の方針というわけでもなかった。

日露戦争の捕虜は、おたがいに相当出したが、それはあまり問題にならず、むしろロシア兵の捕虜に対する優遇が目立つぐらいであった。

第一次大戦の時の山東半島《さんとう》で捕虜になったドイツ兵は、日本の温《あたた》かい待遇に感激し、帰国をしない者もあり、かえって草の根の国際交流となった。本場のソーセージ作りやベートーヴェンの第九番の合唱の流行など、その時のことと関係があるという話も残っているくらいである。

しかし、「戦陣訓」が捕虜になることを悪として全軍に布告したことは、はなはだ悪い影響を与えた。捕虜になることは軽蔑すべきものという通念を植えつけたからである。日本兵や日本人が今からみると、やらなくてもよい自決をしたのは、これによるところが多いし、敵の捕虜に対しても、日露戦争や第一次大戦のようでなかったのも、生活そのものの余裕がない状況だったこともさることながら、この教訓が心理的に大きく働いていたことには間違いない。

捕虜になることを禁じていた軍隊が降伏することは、自分たち自身が禁じられていた捕虜になることである。司令官クラスは自決することになろう。自決するぐらいなら、本土決戦をやろうという考え方が最後まで強かったのは、この理由からと思われる。

それに、統帥権干犯から始まった下剋上《げこくじょう》の精神はいたるところに滲透していたから、上が降伏の命令を下《くだ》したとしても、それを無視する部隊が多く出てくることであろう。

また、降伏を画策する者を殺すことを正義と考える軍人が、いくらでもいた。平和であった昭和十一年（一九三六）の二・二六事件の時ですら、首相以下の政府首脳を殺そうという部隊がいたのだ。

相次ぐ敗北で捨《す》て鉢《ばち》になっていた軍隊には、降伏を策略する政府要人を殺すぐらいは朝飯前であった。鈴木貫太郎《すずきかんたろう》内閣が、原爆が落ちて周囲の状況が絶望的になった時も、最後まで聖戦貫徹という主戦論を唱《とな》え続けなければならなかった理由は、これにほかならなかった。首相が少しでも降伏のことを口に出せば、間違いなく殺されていただろう。

当時の日本人には、これは自明なことであったが、今では、その雰囲気を伝えることが、まことにむずかしい。

したがって、天皇の降伏の決断――聖断――が、いかにむずかしいことであったかも、理解しにくくなっている。

統帥権で始まり、統帥権で終わった戦争

昭和天皇の崩御の前後、イギリスのジャーナリズムには反天皇の意見も多くあった。しかし、イギリスの良質のジャーナリズムは、さすがにこのことを知っていた。

「ヒロヒトが降伏を決意することは、まことにむずかしいことであった。それは自《みずか》らの軍隊に殺されるおそれがあることであり、また、それを免《まぬが》れた場合でも、敵側によって処刑されるおそれが充分あった」という趣旨の記事が見えるのである。

「聖断」には、昭和天皇の私心が一点も見えぬところが尊い。

いかにして全軍の兵士に武器を置かせることができるのか。唯一の方針として考え出されたのが、天皇が全国民に呼びかけること、つまり玉音《ぎょくおん》放送であった。軍部はすべて天皇の名の下《もと》にやってきた。その天皇が直接に、つまり、統帥機構を通じないで国民に呼びかけるという非常手段を使おうというのである。

これは統帥権干犯を逆手《さかて》に取ったことになる。

昭和五年（一九三〇）以来、軍は「統帥権は天皇に直属するから、内閣は軍のやることに口出しできない」という原則で国を引きずってきた。それは、天皇が直接に命令することはありえないことを知ってのうえでの主張であるから、偽善の最たるものである。統帥権とは、軍が政府に掣肘《せいちゅう》を受けることなく勝手なことをするための、明治憲法の隙間《すきま》をついた詭弁《きべん》である。

では、本当の統帥者である天皇が統帥権を発揮したらどうなるか。これが昭和二十年（一九四五）八月十五日の玉音放送だった。輔弼《ほひつ》も輔翼《ほよく》もなしに、じかに天皇が国民に呼びかけられたのである。

もちろん、この玉音放送の計画を知った陸軍部隊の一部は、玉音の吹き込まれた音盤《レコード》を奪うためた動いたが、幸いにも、それはうまく守りとおされたのである。

国民には、前日から、すでに八月十五日の正午に天皇の「重大放送」があるから、みんなそれを聞くようにという知らせがラジオなどで流されていた。当時は空襲警報などの情報のため、ラジオはみんな聞いていたから、これは一番確実な伝達手段であった。


その日、われわれは学校を工場に転換する作業に従事するため、中学に登校していた。廊下に並んで頭を下げながら玉音放送を聞いた。

はじめて聞く天皇のお声は、独特な抑揚《よくよう》があって印象的だった。漢文の書きおろし文のような文章であるから、今の中学生は辞書を与えても、なかなか読めないであろう。その点、旧制中学の生徒たちの学力は大したものだった。ガーガー雑音の入るラジオを、放送の最初の数行のご朗読を聞いただけで降伏だと分かったのである。

「朕《チン》ハ帝国政府ヲシテ米英支蘇（米英中ソ）四国ニ対シ其《ソ》ノ共同宣言ヲ受諾スル旨《ムネ》通告セシメタリ」が、それであった。これがポツダム宣言であることを知っていた者もあったし、また、ラジオの解説にもあったようである。


玉音放送は、統帥者から初めて発せられた本当の命令であり、その効果は、電撃のごときものがあった。

東京都下では一部の叛乱将校が出て、近衛《このえ》師団長を殺すというようなこともあったが、実質的に、すべての軍隊が武器を置いたのである。

「戦士的気質」が生んだ終戦後の平穏

アメリカ占領軍は、進駐軍と呼ばれた。

彼らは、それまでの日本軍の戦いぶりから見て、頑強な抵抗やゲリラがあるのではないかと予期していた。ところが、まったくそういうことはなかったのである。国中が焼き払われていたのであるから、アメリカ軍を恨《うら》み、抵抗する集団がいくら出てもおかしくなかった。しかし、アメリカ兵はどこへ行っても安心だった。一人で出かけても安心だった。極言すれば、アメリカ国内にいると同じぐらい安心だったのである。

これは、日本人には戦士的気質（二八九ページ参照）がまだ濃厚にあったことと関係があるであろう。充分以上に戦ったし、大元帥陛下からの降伏命令が出ている。悪あがきすれば、ゲリラ討伐という報復を受けることになり、同胞の血を流すことになるし、天皇の存続を危《あや》うくすると感じたのである。後から理屈はいろいろつくが、要するにこれは戦士的気質の特徴なのだ。それは、数百年も続いた武家政治、特に戦国時代のことを記憶の底に持ち、明治維新後も、唯一の有色民族の軍事大国として生きてきた国民の直観なのである。

日韓併合は、外国人の目には悪あがきと思われた日露戦争後の李王朝の行為が、直接の引き金になったのであり、シナ大陸での便衣隊《べんいたい》（ゲリラ）が、いかに悲惨な報復を招《まね》いたかは、体験済《ず》みであった（日露戦争後、韓国の外交権を日本の下に置く協約ができた。当時のヨーロッパでも類似のことはよくあって、現在でもモナコなどがその例である。しかし、ヘーグの会議に韓国皇帝の密使が働きかけ、列強の力を借りて日本の勢力を韓国内から放逐《ほうちく》しようとして、オランダに拒否され、新協約ができ、ついに併合に至った）。

「俎《まないた》の上の鯉《こい》」という美学を持つ日本であり、「往生際《おうじょうぎわ》」の悪いことはマイナスになることを民衆レベルでも知っていた。それに、勝者というものに対する畏敬《いけい》の念があった。

最初、日本に上陸したアメリカ兵たちは沖縄戦などの体験者であった。彼らも戦場を知る者たちであり、しかも神風《かみかぜ》特攻隊の攻撃を見た者たちであった。その猛烈に勇敢であった国が、ひとたび降伏して銃を置くや、一カ所からもゲリラが起こらず、日本中どこに一人で出かけて行っても安全で、むしろ歓迎的に受け容《い》れられることを知った時、彼らの戦士的気質も、それに応ずるものがあったと思われる。

これらの進駐軍兵士は、まず例外なく親日家になって帰国した。

激しく戦い合った剣士が、勝負がついた時、負けたほうが「拙者《せっしゃ》の及《およ》ぶところでございません」と平伏《へいふく》する気質が日本にあった。その時は殺されても仕方がないが、勝ったほうもその場合は、それで仕舞《しまい》にする。第一次大戦以前のヨーロッパの戦いも、そんなところがあった。

日本は、そういう負け方をしたのである。

昭和天皇あっての日本の復興

昭和天皇が敗戦後も退位されないでいたことは、日本人にとって、何にもまして幸いなことであった。天皇廃止のなかったことは、マッカーサー元帥とアメリカが日本に与えた最大の恩恵であるし、辛《つら》い立場にもかかわらず、退位を最後まで口にされなかった昭和天皇の偉大さは、時間とともに明らかになってくる。

敗戦から半年後の昭和二十一年（一九四六）二月から始まった天皇の全国御巡幸は、敗戦にもかかわらず、日本人の一体感が、少しも揺《ゆ》るがぬことを示すものであった。当時の日本人は、それを当然と考えていたが、民主主義の国々には深甚《しんじん》な印象を与えたもののようである。

日本人は、それを意識したわけではないが、本能的に昭和五年以来、軍が濫用した統帥権の支配から自由になったと感じて天皇を歓迎したのである。警備もろくにない敗戦直後の日本中を回られ、時には役所に、時には駅の引込線の中に宿泊されてもテロの危険がなかったことは、今から考えても奇蹟のごとく思われる。

敗戦による大変革——農地改革や教育改革などなど——が行なわれていても、同じ天皇がおられるということで、日本人の魂の深い所にある連続感と一体感は破壊されなかった。

これは「感」の問題であるが、この感が失われていたならば、収拾のつかないことになっていたであろう。

たとえば、天皇が退位されていたとすれば、そのうち激しい復辟《ふくへき》運動（退位した君主を元にもどす運動）が起こったことであろう。もし、天皇が処刑されるようなことがあったら、そのあとで成立する、いかなる日本人の政府をも認めない数千万人の日本人がいて、皇統再興運動が起こり、そのためには大量の血が流されたであろう。いな、今日に至るも流され続けていたかもしれないのである。

同じ天皇がおられることで、日本人の根本的な生活感は破壊されなかった。

天皇が神格否定の人間宣言を行なわれても、その影響力は大したことはなかった。戦時中の中学生でも、天皇を一神教の神のように思っていた人間はいなかった。神聖の意味は、「かけがえのないお方」という意味なので、キリストやアラーの神を否定するのとは、そもそも次元が違っていたのである。外国の雑誌などは天皇の人間宣言を大きく報じたが、肝腎《かんじん》の当時の日本人は平気と言えるような反応だった。重要なのは、同じ天皇がおられることなのである。

それは、黒船が来た時、約八〇〇年続いた幕府体制が崩壊しても、同じ皇室があるということで統一の原理が誰にも見えたため、王政復古を行ない、明治維新を成功させることができたのと同じことである。幕末の大変革はあったけれども、それは武士階級の話で、日本人の大部分の統一感は続いたのである。まさにこれと同じように、敗戦の大変革で消えたのは近代的武士階級――職業軍人――の存在であったとも言えよう。

それに、同じ天皇が在位されることは、過激な右翼を産む契機をなくしたことをも意味した。

日本人は、久しぶりに心から平和を謳歌《おうか》することができた。敗戦したら国中が明るくなったというのは、まことに残念なことであるし、また、おかしなことであるが、この現象の根底には、同じ天皇がおられたという事実があるのである。

あとは、日本人は心を一《いつ》にして経済復興に没頭すればよかった。内戦の心配はまったくないのだ。

そして、戦前から、すでに世界的な業績のある銀行や商社は、財閥解体にもかかわらず人材とノウハウを持っていたし、産業界も戦艦大和《やまと》や零戦《ゼロせん》を作る技術を蓄積していた。戦争中

天皇御巡幸の意義

天皇御巡幸は日本人に、時代が変わったことを教えたが、同時に日本という国は変わらなかったことも知らせたのである。写真は1946年2月撮影。

は大量の理工系の学生を養成していたが、彼らは戦場に送られて死ぬこともなく温存されていたから、工業技術の基盤は広かった。あとは、実力を発揮する機会さえふたたび与えられればよかった。

それは昭和二十五年(一九五〇)の朝鮮戦争の勃発《ぼつぱつ》という形で現われた。満三年間、日本はアメリカ軍のための補給生産基地と化した。アメリカからの技術移転もあったから、なおさら好都合であったと言えよう。朝鮮戦争は、日本の重工業復活のための引き金であった。

そして、早くも昭和三十一年(一九五六)には、造船量は世界の首位に立ち、それは今日に及んでいる。排水量六万四〇〇〇トン、史上最大の戦艦大和が沖縄に出撃の途中、徳之島《とくのしま》の北三七〇キロのところでアメリカ空軍に沈められてから一一年目である。これは、日本の復興の最も幸せな予兆であった。

また、それからわずか一二年後の昭和四十三年(一九六八)には、国民総生産(GNP)はアメリカについで第二位になった。もはや大国である。荒廃した国土を知っている者にとっては夢のごときものであったが、天皇は、その時と同じ方《かた》であった。

チェスタトンが、かつて、こういう趣旨のことを言ったことがある。

「ローマが偉大になったのは、ローマ市民がローマを愛したからである。ローマ市民はローマが偉大だからローマを愛したのではない。ローマ市民が愛したから、ローマは偉大になったのだ」と。

焼き払われ、原爆まで落とされた国土の、どこに愛すべきところが見えたであろうか。しかし、日本人には、日本列島はこよなく愛すべきところに見えたのである。

第一、世界のどこの国の物指しで計《はか》っても、殺されたり、処刑されたりする可能性の最も高かった天皇は、どこにも逃げも隠れもなさらなかった。日本人にとって、天皇が外国へ亡命するなどということは、そもそも頭の中に浮かんでこないことなのである。

そして、アジアの各地にいた日本人たちは、いかなる利権にも少しもこだわらず、全員引き揚げてきた。ソ連に抑留された数十万人や、ごく少数の例外的なケースを除いて、徹底的に引き揚げたのである。引き揚げなかったのはアメリカ移民ぐらいのものであった（これはアメリカの名誉である）。

日本人は日本国を愛し抜いたと言ってよい（したがって土地が高い）。日本の復興は日本人が日本を愛したからである。

なぜ、国籍問題はタブーとなったか

逆に、日本にいたコリア人や台湾人の相当数は引き揚げなかった。

この人たちは、交戦国の人ではない（日本人でも米英人などでもない）ということで、戦後、しばらく「第三国人」と呼ばれていた（この言葉は、後に差別語だと言う人も現われるが、当時は単に国籍による分類を示したものであるから、便宜上、これを使う)。

戦争直後の日本の大都市の特色は、闇市《やみいち》であった。そこで幅をきかせたのは「第三国人」、特にコリア人である。そこには警察力の及ばない面があった。何しろ、日本人でないと言うし、戦勝国民だとも言う。占領下の日本の警察は外国人には手が出せなかったのである。

この人たちは戦時徴用令で日本の炭鉱などに働きに来た人もいるし、それとは関係なく、日本に来ていた人たちも少なくない(コリア婦人たちが多くいるのが、そのことを示している)。

徴用で来ていた人たちの多くは、戦後帰国した(私の中学の同級生にも、近くの炭鉱で働いているコリア人の息子がいた。旧制中学は、当時の日本の農村や一般市民の家からでも、なかなか経済的に進学できなかったものだったのに、どうしてだったろうかと、今もその事情が分からない。この人は敗戦とともに引き揚げて行ったとのことであった)。

しかし、日本に残留したコリア人は、一人残らず一時的には金持ちになったといえよう。戦災を受けた駅の近所の土地を不法占拠するのが、その始まりであった。闇《やみ》の物資をさばくには、警察の手の出しにくい人たちのほうが便利という面もあったろう。関西では、警察がコリア人に襲撃されても充分の対応ができず、ＭＰ（アメリカ軍の憲兵）の応援を頼むということもあった。町の治安は一時、暴力団が引き受けるという時代もあって、「銀座警察」などという名前もあった。こういう日本の「組」がコリア系や華僑系の暴力団と戦った。今でも、その頃、警察に代わって「第三国人」と戦ったことを誇りにしている「組」もあると聞く。

そのようなことは、そのうち治安の恢復《かいふく》、警察力の恢復でなくなる。再び貧しくなったコリア人も、相当いるであろう。しかし、その頃に蓄《たくわ》えた経済力を元にして、正業を発展させ、今では立派な経済人になっている人もいる。一時は銀座をはじめとする目抜きの土地がすべて「第三国人」の手になるのではないか、と心配された時期もあったのである。今でも、在日コリア人の平均財産は、日本人の平均財産より少ないということはないであろう。

指紋押捺《おうなつ》の問題の際にも出るのは、「日帝三十六年の横暴」であるが、日本人にしてみれば、わけの分からない話である。「そんなに嫌いな日本なら、日本から帰国すればよいのに」という素朴な感想を持つ日本人は少なくない。どんな状況の下で日本に来たにせよ、帰る機会は、戦後はずっと開かれていたのであるから。

また、指紋押捺が人種差別であるというのもおかしい。どうして永く日本に住んでいて、子どもが生まれても日本に帰化する気がないのか、その理由が分からない。帰化すれば指紋の問題などは、まったくなくなるのに、である。

アメリカに渡ったコリア人は、なるべく早く市民権を取ろうとする。子どもが生まれたら、アメリカの国籍にすることに躊躇しないと思う。それが当然なのである。

では、なぜ同じことを日本においてはやらないのか。まさか「第三国人」時代の特権の甘い追憶からではないであろう。長く外国に住み、定着し、子どもも、そこで育てようとするのならば、その国籍を取ることを第一の努力目標とするのが国際的に一般的な慣行である。日本において、その努力をしないでいるのは、日本だからである。日本を差別していることになる。

国籍を取ったコリア人や台湾人は、それほど差別されるわけでない。

自民党代議士の新《あら》井《い》将敬《しょうけい》先生は戦後、一八歳の折に国籍をお取りになった。東大を出られて大蔵省のキャリアになられ、若くして税務署長などを歴任されたあと、自民党衆議院議員になられたのである。東大も、大蔵省も、元コリア人を差別はしなかった。また、保守系の東京都民も彼を選挙した。二世議員でないと自民党の衆議院議員には出にくいと言われる中で、堂々と上位当選を果たしておられるのである。私も面識があり、最も尊敬する政治家の一人である。そのうち大臣にもなられるに違いない。また、台湾人で戦後に日本国籍を取り、東大から文部省のキャリアになった人もいる。一国の文教の中心が、新しく国籍を取った人をキャリアとして受け容《い》れているのだ。

日本が古代から大量の帰化人を受け容れ、相当の要職を与えていたことは、『古事記』や『日本書紀』に枚挙に暇《いとま》がないほど、その例が挙《あ》がっている。

日本人は、その時と同じ皇室を持っている。帰化人を受け容れる心はあるのだ。

しかし、国籍を取る努力もせずに、何代も日本に住んでいる人が差別と騒ぐのはおかしい。外国籍の人がまったく差別されないということは、国境がないということであり、そんなところは地球のどこの国にもまだない。もし、日本に帰化し、日本籍を取っている人が不当差別されているというのであれば、それはまったく別の話である。

「第三国人」の問題は、戦後では、一方的にしか扱われない問題である。

しかし、あえて私がこれに触《ふ》れたのは、やはり真実は言っておいたほうがよいと思うし、個人的にも、ひじょうに親しいコリア人や台湾系の人が何人かいるからである。こんなところで触れるのは、不適切かもしれないが、個人的体験をたった一つだけ挙げておく。

今から一〇年ほど前、一家全員で一年ほどイギリスに行くことになった。

問題は、留守を誰に頼むかである。書庫も書斎も、そのままにして行くつもりだったから、完全に信用できる人でなければならない。親類の学生などでは、火の不始末のような心配さえある。

それで、韓国籍のKさんに頼むことにした。彼と私は同じ年であり、共通の友人もいて、まったく儒教的に（彼の宗教はカトリック）信用できることを、長い間交際して知っていたからである。

私は、彼に郵便貯金の通帳と印鑑を渡し（家の修理などに金がかかることもある）、電気、水道などは銀行からの自動引き落としにし（大学の給料は銀行に入る）、家中のすべての戸棚も部屋も彼に空《あ》け渡して、まる一年間出かけた（もちろん家賃とかは取らない）。

彼は、ちゃんと住んでくれた。

こんな例を挙げておくのは、私が個々のコリア人に対しては、何ら含むところがなく、むしろ儒教的な立派な人がいることを知っており、そういう人とは国籍に関係なく信頼と尊敬を持って付き合っていることを示したいからである。

一年間の留守という問題に直面した時、最も信頼できそうな独身者は、私の学生でもなく、親族の子どもでもなく、韓国籍のKさんだったということは面白い発見だった。

東京裁判が歪《ゆが》めた戦後の歴史観

日本が敗れた時、ビスマルクがオーストリアやフランスに対するがごとく、アメリカが対等の態度で日本に対する、ということは期待しがたいことであったにしても、極東軍事裁判(東京裁判)は、やるべきでなかった。

これによって、日本は犯罪国家としての烙印《らくいん》を押され、戦前の日本の国際的行為が、すべて悪行のごとき印象を国の内外に残すことになった。

終戦直後の占領軍の権限は、絶大であって、しかも戦争犯罪人容疑者が逮捕されたり、広《こう》汎《はん》な公職追放が行なわれていたため、東京裁判は天下の正論として通用した感がある。そして、東京裁判を国際裁判として肯定するかのごとき破廉恥《はれんち》な、曲学阿世《きょくがくあせい》の論を述べた国際法学者が東大教授になったり、また、司法の最高の地位に上がる時代であった。さらに、この裁判の検事側証人として登場した左翼系の学者たちが、日本の学界の主流を占め、その方面で権威のある書店や、大新聞の論調を大幅に決定した。しかも、当時の占領軍の言論の検閲は、戦前・戦中の日本政府の検閲よりも悪質で徹底したものであったから、新聞などもはなはだしい自己規制をやっていたのである。

このようなわけで、敗戦から、東京裁判が終結し戦犯の死刑が行なわれた昭和二十三年(一九四八)の暮れまでに、いわゆる東京裁判史観は、戦後の日本の思想と教育の大筋となってしまった観がある。しかも、日本がサンフランシスコ平和条約を調印した昭和二十六年（一九五一）の秋までは公職追放令が有効であったから、東京裁判も批判する声はないと言ってよかった。

東京裁判史観は、日本の言論界やマスコミや著述業界における一種のエスタブリッシュメント（思想的権威）となり、これを批判することはタブーとなった。そのうえ、その史観で教育を受けた者は、それを信じこんでいた。東京裁判史観は左翼政党の熱狂的に支持するところであるから、その影響下にある教員組合を通じて日本の児童・生徒の頭の中に、この史観が注《そそ》ぎこまれた。

最も有力な大学の法学部教授たちが東京裁判史観を説《と》けば、その出身者の少なからざる者は、その史観を持ったまま、高級官僚になり、司法官になる。そして、その史観に基づいて一度発言したり論文を書いた人は、それにコミットしてしまうのだ。

素人《しろうと》ならば、もっと説得力のある意見や発言を聞けば、こだわりなく見解を変えるが、専門家と称する人たちは、その切替えが、かえってできがたいのである。

もう一つ、東京裁判の結果に信憑《しんぴょう》性を与えたのは、その記録の尨大《ぼうだい》さであろう。日本語に翻訳された裁判記録でも、ほとんどワン・セット十数巻の百科事典ほどの分量で、私は一セットを買い求め関係部分を精読したことがあるが、一般の読者にそう簡単に読めるものではない。また、その審判の過程においては、連合軍の権力を背景にして証拠の蒐《しゅうしゅう》集や証人の喚問が行なわれたため、個人の歴史家などの調査力の及びもつかぬ調査が行なわれた、と信ずる根拠があった。

しかし幸いに、この東京裁判という批判を許さぬ大城郭に、その土台から崩《くず》すような大亀裂を入れてくれた人がいた。

それは、この裁判のインド代表裁判官であるパル判事である。彼の判決書は、東京裁判をも東京裁判史観をも、ぶっ飛ばすメガトン級の爆弾であった。

しかし、彼の判決書は法廷でも朗読されず、また、講和会議締結までは占領軍によって公刊を禁じられた文書であった。それは、占領政策に有害なものであるという理由からであったが、それほど、この判決書にはパワーがあるのである。

パル判事はインドの豊かならざる家庭に生まれたが、奨学金によって大学に進み、数学を研究し、数学教授となった。カルカッタ大学では卒業まで、つねに首席だったという。その後、さらに法学の研究を始め、法学博士となり、カルカッタ大学のタゴール教授という名誉ある地位についた。昭和十二年（一九三七）にヘーグで開かれた国際法学会の総会では、その議長団の一人に選出されている。カルカッタ高等法院判事、カルカッタ大学総長を歴任したが、東京裁判のインド代表判事として、ネール首相に指名されて来日したのである。東京裁判の裁判長・判事一一名、うちただ一人の国際法専攻の法学博士だったそうである（彼の伝記的事実は、田中正明《たなかまさあき》『パール博士の日本無罪論』慧文社・昭和五十八年による）。

日本に来てからは、裁判終了までの二年八カ月の間、宿舎のホテルと市ヶ谷台《いちがやだい》の法廷を往復するほかは、一切《いっさい》の娯楽を求めず、他の同僚判事との交際をも断《た》ち、ホテルに閉じこもりきりで、尨大《ぼうだい》な証拠書類や参考資料を検討、研究した。

彼は、後に自《みずか》ら当時を振り返り、

「私は、一九二八年（昭和三）から四五年（昭和二十）までの歴史を二年八カ月かかって調べた。とても普通では求められないような各方面の貴重な資料を集めて研究した。この中には、おそらく日本人の知らなかった問題もある。それを私は判決文の中に綴《つづ》った……」

（昭和二十七年＝一九五二年十一月六日広島弁護士会における講演）

この言葉に、嘘はないであろう。つまり、東京裁判の全体について、彼ほど広く精《くわ》しく調べた人はないと言ってよいのである。この『パル判決書』を中心として、日本人として――また世界中の人が――知っておくべきことを、思いつくまま列挙してみよう。

『パル判決書』は、講和条約締結後間もなく、『日本無罪論』(田中正明編・太平洋出版社・昭和二十七年。新版は慧文社・昭和五十八年) として出されている。判決書全文は、『パル判決書』(上・下、講談社学術文庫・昭和五十九年) に収《おさ》められている。これは朝日新聞法廷記者団と東京裁判研究会同人の刊行である。

この『パル判決書』の理解を助ける読み物としては、瀧川政次郎《たきがわまさじろう》『新版・東京裁判をさばく』(上・下、創拓社・昭和五十八年)、清瀬一郎《きよせいちろう》『秘録・東京裁判』(読売新聞社・昭和四十二年)、冨士信夫《ふじのぶお》『私の見た東京裁判』(上・下、講談社学術文庫、昭和六十三年) などがある。

「裁判」と「復讐」を混同したマッカーサー

第一に、東京裁判は「国際裁判」だと言われているが、そうであろうか。

なるほど、正式の名称は「極東国際軍事裁判」であり、多くの国籍の人々が関係しているが、それは国際法に基づいて行なわれたものではない。

これは、占領軍の最高司令官であるアメリカ陸軍元帥ダグラス・マッカーサーの昭和二十一年(一九四六)一月十九日付による特別宣言書に基づいて設定されたものである。その裁判の具体的な構成や規定の一切は「極東国際軍事裁判所条令」によって決められており、これに基づいて行なわれた。この「条令」は、アメリカ陸軍参謀団員・陸軍少将・参謀長R・J・マーシャルと、アメリカ陸軍軍務局員・陸軍代将・軍副官部主任P・M・フィッチの二人が、マッカーサー元帥の命令で発布したものである。東京裁判の法的根拠は、すでに確立していた国際法によるものではなく、駐日アメリカ陸軍が作成した条令であることは、いくら繰り返しても繰り返しすぎることはないであろう。

つまり、東京裁判は、裁判という形式を取った占領行政措置なのである。

このような明々白々な事実は、当時の国際法学者にも知られていなかったわけはない。にもかかわらず、この事実が国民に指摘されることは、当時まったくなかったと言ってよいのである。これは、占領下で言論が厳しくアメリカ軍によって統制されたため――敗戦後、講和条約成立までの期間の言論の自由は、敗戦前の日本を批判する自由のことであり、占領政策に都合《つごう》の悪いことに関する言論はタブーであった――このような基本的事実を指摘することさえできなかったことによる。

もっと悪いことは、これを立派な国際裁判であるかのごとく称《たた》える国際法学者がいたことである（こういうことには言論の自由があった）。さらに悪いことは、東京裁判礼賛者たちが、この数年の間に戦後日本の言論の中枢に座を占《し》め、それが体制化されたため、その路線で発言する若手の学者などが生産され続け、しかも、左翼政党や左翼団体の熱烈な支持を得て、今日に至っているのである。

マッカーサーにしてみれば、文明国の裁判のあり方を示して、野蛮国・日本に手本を示すつもりであったと思われる。彼の主観では、検事に告発させ、弁護人を立て、堂々たる公平さを世界に示しつつ、犯罪国家日本と、その責任者を断罪できるはずであった。だから、アメリカ人の弁護人も参加させた。形の上では立派なアングロ・サクソン国の法廷にした。

ここにマッカーサーの驕《おご》りと間違いがあった。彼は敗戦前の日本を性悪国、日本人を残虐な野蛮人と思いこんでいたふしがある。彼は、立派な軍人であったろうが、法律家ではなかったから、文明国の法律のABCも弁《わきま》えていないところがあった。

彼は、フィリピン攻略の司令官の本間雅晴《ほんままさはる》将軍を、バターン半島で捕虜を歩かせた「死の行進」の責任のゆえに、マニラ裁判で死刑にした。しかしマッカーサーはバターンの戦闘では敗走した軍人であったのであり、その軍人があとで勝ったからといって、自分を以前に負かした人間を裁くというのは、復讐にはなっても、裁判にはならない。

裁判官は、その事件の当事者や、その関係者であってはならないということぐらいは、法律を知らなくても分かっているはずなのに、マッカーサーという人は、この程度のことも分からず、自分が作らせた裁判によって正義を実現できる、と考えることができた人であった。心理学者や精神病学者は、こういう行動を示す人に対して、適切な名称を見つけてくれるはずである。
東京裁判も、裁判長を含む判事一一人すべてが、日本の敵性国から出ている。
すなわち、以下のとおりである。

オーストラリア	W・F・ウェッブ（裁判長）
カナダ	E・S・マックドウガル
中華民国	梅汝敖《ばいじょごう》
フランス	H・ベルナール
オランダ	B・V・A・ローリング
ニュージーランド	E・H・ノースクロフト
ソ連	I・M・ザリヤノフ
イギリス	ロード・パトリック
アメリカ	M・C・クレーマー
インド	R・パル
フィリピン	ジャラニラ（ハラニーヨ）

当時、フィリピンとインドは、まだ独立していなかったが、フィリピンはアメリカの植民地で独立予定国だったし、インドもイギリスの植民地で、そのうち独立することになるだろうと思われていた。

これは、たとえばA暴力団とB暴力団が喧嘩《けんか》して、A暴力団が勝った時、A暴力団の組長の命令で、その配下の一一の組から出てきた組長が、B暴力団の幹部を裁く、という構図と本質的に変わりはない。

裁判官は中立国からのみ出るか、あるいは、中立国と敗戦国からも代表を入れなければ、公平な国際裁判にならない。判事の出身国を見ただけでも、裁判の名に値《あたい》しないことは、誰にも明瞭であろう。それは紛《まが》うことなく、勝者が敗者に復讐する形なのである（この裁判官の中にコリア人が入っていないのは、コリアと日本は一体とされ、裁かれる側に入っていたからである）。

「事後法」で裁く野蛮な慣習の出発点

しかも、裁判の冒頭において、ウェッブ裁判長に清瀬《きよせ》一郎《いちろう》弁護士から忌避《きひ》中立ての動議があった。ウェッブは、ニューギニアにおける日本軍の不法行為に関する調査を行ない、報告書の作成をやっていた。それが裁判中に証拠として提出されてくることは、当然予期される。すると、日本軍の戦争犯罪の証拠集めに検察官としての役割を果たした人が、同じ裁判の裁判長になるということになる。検事と裁判官が同一人物であるような裁判がありうるであろうか。

しかし、この動議も却下されている。

裁判の形は取っていても、その意図が復讐にあったことは、次のような細かなことからも明らかである。A級戦犯の起訴は、昭和二十一年（一九四六）四月二十九日の天長節《てんちょうせつ》（昭和天皇の誕生日）に行なわれ、昭和二十三年（一九四八）十二月二十三日の皇太子（今上陛下）誕生日に、七名を死刑にして終わった。これらの日付を偶然と言う人はいないであろう。

マッカーサーは法律に素人の軍人であるから、日本の犯罪はすぐ裁けると思ったらしいが、弁護側は法律家としての良心を優先させた。特に、アメリカ側の弁護人の中には、当時の、そして、今日の日本人をも感激させてくれる人たちがいた。その中には、横暴な裁判長の法廷指揮に腹を立てて辞《や》めた人や、裁判に批判的な言動があったというのでクビにされた人もいた。

おそらくは、マッカーサーも、実際に裁判をやらせてみて、その裁判の根拠となった「極東国際軍事裁判所条令」というものが、本物の国際法や法律一般の原則から見て、いかに土台薄弱なものであるかを悟り、驚いたのではなかろうか。

裁判の「衣《ころも》」を着た復讐劇

東京裁判は、いかに体裁を整えても、勝者が敗者を裁く法廷そのものだった。写真は被告席。

まずポツダム宣言は、日本の無条件降伏を求めたものでなく、日本軍の無条件降伏を求めたのである。

そして東京裁判が日本を裁く主要な罪状とした、開戦したという意味での「戦争犯罪」とか、「平和に対する罪」などは国際法の下《もと》ではなかった概念である。つまりマッカーサーの指示で作られた法廷が、勝手に法律を定め、それを時間的に逆行させて裁くということ、すなわち「事後法」による裁判ということであり、これは、文明国では絶対にやってはいけないことなのである。

これを占領軍が強行したことについて、文明の裁判や国際法を野蛮にもどすものとして批判されたのは当然であった。アメリカのタフト上院議員などは、ナチスを裁いたニュールンベルク裁判も事後法による復讐《ふくしゅう》裁判であって、アメリカの歴史上の汚点となるとし、特に、日本に対してはアメリカの復讐という名目さえも成り立たないとしている。つまり負けた者は、酷《ひど》い目に遭《あ》う、というだけの裁判にならざるをえないのだ。

自《みずか》らの誤りを認めたマッカーサー

悪名高き「侵略戦争」にしても、「侵略」の意味などは、それまで国際法的に定義されたことがない。最初に宣戦布告したのが悪いといえば、ドイツに宣戦布告したのはイギリスのほうが早かった。最初に攻撃したのが悪いといえば、ソ連は日本を最初に攻撃している。

戦争を計画した「共同謀議」と言っても、日本はしょっちゅう内閣が交代しており、そんなことはそもそも不可能である。東条首相さえも、アメリカとの関係を調整するために選ばれたのである。

真珠湾攻撃でキッド提督が死んだことが殺人罪ということになっている。これは真珠湾攻撃の計画者を有罪にするためである。しかしアメリカの原爆投下については、それを投下した者も、計画した参謀長も、その国の元首の名前も分かっているが、この人たちは殺人罪を犯《おか》したとは意識していない。それは、戦闘行為における殺人は正義であり、戦争自体は犯罪でないと思っているからである。

このような議論が弁護団側から続々と出されてくるとは、マッカーサーも予期しなかったと思われる。弁解の余地のないと思われていた日本のシナ大陸の行動も、中国共産党の意味が分かるにつれてマッカーサーにも、よく分かってきた。

戦前のアメリカはシナ人を善玉、日本人を悪玉として割り切り、日本つぶしを応援した。ところが、日本軍がいなくなってみると、中国共産軍がたちまち勢力を得て、シナ全土はソ連と手を組んだ中国共産党の手に落ちた。そのうち、朝鮮戦争が始まり、マッカーサーは、朝鮮の共産軍や中国共産軍と満三年の激戦を行ない、多数のアメリカ人将兵を死なせた。マッカーサーは共産国を敵と考えていたのであるが、日本軍がいなくなった今や、それと直面しなければならなくなったのである。

マッカーサーは、中国共産軍の策源地《さくげん》である満州（中国東北部）に原爆を使いたいと思った。しかし、トルーマン大統領と意見が合わず、解任されて帰国した（一九五一年四月）。

帰国後にマッカーサーは、上院において「東京裁判をやらせたのは間違いであった」と述べている。しかし、その時には、東京裁判は終わり、処刑も済み、さらに悪いことには、日本の思想界や言論界や教育界において、東京裁判史観、つまり、マッカーサーの当初の偏見は、動かしがたい根を張り、主流となっていた。そして、左翼政党を支《ささ》える史観として、つねに利用されていたのである。

パル判事の判決書をはじめとし、法律家、特に国際法の研究家たちの意見は、東京裁判は国際法に基づく裁判ではないという認識に落ち着いているように思われる。法律家も認めず、かつ、その軍事法廷を作らせたマッカーサー自身が、公《おおやけ》の場でその設置を後悔しているのであるから、東京裁判に対する一種の無効宣言がなされるべきであろう。

それも、日本がやるのでなく、その裁判を設置せしめたアメリカにやってもらうのが、最も有効である。

もちろん、このことは言うは易《やす》く行なうは難《かた》い。特に、東京裁判を利権として活用してきた国々や、国内の団体や個人は、それに反対するであろう。それを政治日程などに載《の》せることは、もとより不可能である。

しかし、日本はそれを、将来のいつの日かの目標として、持ち続けなければならない。日系市民を強制収容所《リロケーション・キャンプ》に入れたのはルーズベルトの間違いである。こんな明白な間違いをアメリカ議会や政府が公然と認めて、補償措置を採《と》ったのは、約四五年後である。今後、四〇年から五〇年もすれば、東京裁判無効宣言の機会があるだろうと期待しよう。

「捕虜虐待」の罪は、どちらが重いか

捕虜虐待などの犯罪は「通常の戦犯」、すなわちパル判事の言う「厳密な意味での戦争犯罪」である。これについては、日本側において遺憾《いかん》なところがあったとしなければならない。

しかし、次のようなことを考慮しなければ、日本人が特別に残虐非道な民族ということになってしまう。捕虜虐待や民間人虐待という、日本側の非を責《せ》めるにしろ、日本人が反省するにしろ、次の諸点を考えない場合は不当な、あるいは、差別的なことになるであろう。

第一に、「バターン半島死の行進」として喧伝《けんでん》されたような捕虜虐待行為である。炎天下《えんてんか》を歩かされたアメリカ兵の中には犠牲者も出たろうし、虐待と受け取った者も多かったであ

ろう。

しかし、それだけの捕虜を行進させるために、日本軍も武装のまま同行していたのである。苦しかったのは日本兵も同じ、あるいは警備の責任があっただけに辛《つら》さは捕虜以上であったろう。トラックに乗せてもらいたかったのかもしれないが、自分の軍も乗るものがないのだから、仕方がない。捕虜は賓客《ひんきゃく》ではない。このような場合、「辛かった」という捕虜の記憶のみで虐待というのは当たらないであろう。食糧の補給についても同じことで、充分あるのに与えないのは、虐待であろうが、自分の軍でも充分でなかった。いわば日本軍の生活水準が低かったのである。

似たようなことは、イギリスの日本批判にも見られる。

『戦場にかける橋』や『クワイ河のマーチ』で名高い泰緬《たいめん》（タイ・ビルマ）鉄道の完成のために、多くのイギリス兵捕虜の犠牲が出た。この鉄道は、昭和十七年（一九四二）七月から測量が始まり、翌年十月に至って完成したものであるが、その期間中コレラやマラリアのような病気や、栄養失調の犠牲者が出た。

この死亡は意図的な虐待より出たものでなく、日本軍につきものの、補給の不充分さと、現地の気候によるものである。したがって、日本兵の犠牲も少なくない。

この捕虜たちの死を悼《いた》んで、日本軍鉄道部隊は昭和十九年（一九四四）二月、高さ四メートルの大理石の慰霊碑を、タイのカンチャナブリに建立《こんりゆう》した。

後にそこを占領したイギリス軍は、この慰霊碑は残したが、日本兵の墓標は、すべて棄て去った。彼らの日本人への憎しみは死者にも及んだのである（田上憲治ほか『日本人が虐殺された日本史』新人物往来社・昭和四十八年・三四ページ参照）。

この泰緬鉄道工事に捕虜として使われたイギリス人に、昭和三十三年（一九五八）の秋に私は出会った。日本人が一人もいないバス・ツアーでイギリスの田舎《いなか》に行った時である。

片目の潰《つぶ》れたその男は、私に近づいてきて、「日本人か」と聞く。「そうだ」と答えると、「自分は、ビルマで捕虜として使われたが、それはひどかった」と語った。

今から三〇年以上も昔のことで、対日感情が――今もよくないが――はなはだ悪かった頃である。私は、薄気味悪くなった。

しかし、このきわめて人相のよくない日本軍の元捕虜は、最後にポツンと言った。

「俺たちもひどかったが、日本軍の兵士は、もっとひどかったな」

と。私の若い頃に体験した一例にすぎないが、英米人の言う捕虜虐待は、多くは炎熱下という気候条件、熱帯地方の病気、それに日本軍の貧乏によるものであるということを洞察せしむるに充分であった。日本兵が快適な生活をしながら、捕虜をいじめたのでなく、多くの場合、日本兵はそれに劣《おと》らず、あるいはそれ以上の厳しい条件下にあった。

ついでに、虐待にはコリア人も関連していたことを付け加えておく。

私がドイツ留学中に友人になったインドネシア人のT・ゴバン君は、こんなことを言ったことがある。彼は法律家であった。

「インドネシアにいた日本兵には、ひどい奴がいた。しかし、最も困ったのはコリア人だったよ」

前後の脈絡もなく、こんなことを言ってくれたのは、ゴバン君の好意だったようである。

たまたま、最近同じことを示す二例を読んだ。

平成元年（一九八九）二月十二日付「毎日新聞」には、中井特派員とイギリス極東捕虜協会全国連合会長ハロルド・ペインのインタビューがあり、その発言の中に、

「日本人将校と日本人・朝鮮人兵士、かれらの残酷さは異様だった」

というのがある。

また、元パリ・マッチ特派員アルフレッド・スムラー著『ニッポンは誤解されてい

る』（日本教文社・昭和六十三年・一一九ページ）には、

「別に日本人戦犯の責任を軽減するつもりは毛頭ないが、占領地域で最も嫌われたのは、このころ日本国籍を持っていた朝鮮人だったことに注意しておかなければならない」

という記述がある（以上の二例は『月曜評論』平成元年二月二十七日「ズームレンズ」より）。

この頃のコリア人を非難する気はさらさらないが、コリア人善玉、日本人悪玉という図式も、そんなに簡単に成り立つものでない、ということは分かる。

捕虜虐待という点から言えば、戦後も捕虜に強制労働させ続けることのほうが一〇〇倍も悪い。

その点において、きわめて悪いのは、ソ連である。数十万の日本人捕虜を戦後にシベリアなどの極寒地帯に抑留して労働せしめ、五万人を超える人を死亡せしめた。この明々白々な戦争犯罪、国際法的基礎のある戦争犯罪は、まだ裁かれていない。

またイギリスも、小規模ではあるが同じようなことをやっている。

『アーロン収容所』（会田雄次《あいだゆうじ》・中公新書）で知られるように、ここでも戦後に日本人捕虜は抑留され、強制労働せしめられていた。

戦後の捕虜の待遇でよかったのはアメリカであって、これは称讃されてもよい。蔣介石《しょうかいせき》の国民政府も、戦後の捕虜は可及的速《すみ》やかに帰国させている。これも立派であった。

戦勝国の「戦争犯罪」

第二に、戦後の捕虜問題のほかに、戦時中の捕虜問題がある。捕虜として投降した者をも、捕虜として認めず、殺してしまう方法である。

これは捕虜問題を起こさない一つの方法と言えよう。捕虜になるつもりで降伏した兵士を皆殺しにすれば、戦場における戦果であり、捕虜ではないのだ。

この方法をよく用いたのはアメリカ軍である。この点に関しては『チャールズ・リンドバーグの戦時日記』（*The Wartime Journals of Charles A. Lindbergh, 1970*）が、最も信頼できる証言となるであろう（田上憲治ほか・前掲書二一一—三九ページ参照）。

リンドバーグは、一九二七年（昭和二）に、ニューヨークからパリまで、スピリット・オブ・セントルイス号に乗り、世界最初の単独無着陸飛行に成功した空の英雄である。『翼《つばさ》よ、あれがパリの灯《ひ》だ』で広く知られている。

彼は第二次大戦にアメリカが参戦することに反対であった。ルーズベルト大統領と対立する立場にあったため、空軍士官を辞めるに至った。しかし、ひとたびアメリカが大戦に突入すると、ユナイテッド航空機会社《エアクラフト・コーポレーション》にコンサルタントとして勤務し、その資格で太平洋の各基地を回る機会があり、実際、五〇回も空中戦に参加したという。しかし、ルーズベルトに反対した人間ということで人目につかず、戦後もパンナムや国防総省のコンサルタントということで、ひっそり暮らしていた。

彼の功績が再認識されたのは、アイゼンハウワー大統領になってからであり、米国政府は彼を予備空軍少将に任じた。彼こそは、よき時代のよきアメリカ人的偉人であると言えよう。

その彼の日記にしばしば出てくるのは、「アメリカ軍は日本兵を捕虜にしようとしなかった」という事実である。たとえば、次のような個所もある。

「わが海兵隊は、この島の日本軍の降服をめったに受けつけなかった。戦闘は激しいもので、わが軍兵士の損失も甚大だった。それゆえ、みなの欲するところは、日本兵はすべて殺害してしまって、けっして捕虜にはせぬ、ということだった。たとえ捕虜として連行してきたときでも、彼らを一列に並ばせ、誰か英語を話せるものはいないかと質問し、もし話せるものがいたら彼らだけひきぬいて、尋問のための捕虜とした。残りの者は捕虜にも

しなかった」(田上ほか・前掲書二六ページ)

このような記述が並んでいるのを見てゆくと、日本軍が玉砕したというのも、捕虜になろうとしたら鏖殺《おうさつ》(みな殺し)された、というにすぎない場合が多かったようである。

また、日本兵の死体に対する取扱い方も、リンドバーグを憤慨させた一つである。

日本兵の死体に金歯があると、靴で踏みつけたり、棒でつついてその歯を取り出して集めて、小さい袋に貯《た》めこんでいる兵士が何人もいる。砲弾でできた穴の中に日本兵の死体を投げこむ。その上をゴミ捨て場にする例もある。死体処理はブルドーザーでなされ、墓標が立てられることは、けっしてない。

一方、アメリカ兵の死体に対しては、一人一人別の墓が作られ丁重《ていちょう》に埋葬し、十字架を立てる。

日本兵の場合は、四―五〇〇〇人の死体を埋《う》めた所にも墓標一つない。ちょうどその頃、日本軍は泰緬《たいめん》鉄道の捕虜犠牲者のために、四メートルの大理石の慰霊碑を建《た》てていたことを考え合わせてみよ(四六八―四六九ページ参照)。

捕虜虐待による戦争犯罪の裁判を受けなければならなかったのは、どちら側か。死者に対する敬意の念を保持していたのは、いずれの側であったか。

一般市民の住む軍事施設のあまりない市街地に、一晩に何十万発の爆弾を落としたり、原爆を落としたりするセンスは、われわれの持ち合わせていないものであったが、戦争中に捕虜を認めずに殺すことを方針にするセンスもなかった。しかも、彼らは補給に困ることはないから、捕虜にしても食わせるものに苦労はしなかったはずなのである。

逆説的な話になるが、日本軍が捕虜虐待問題を起こしたのは、補給も足りない状況なのに、国際法に従って捕虜を受け容《い》れたからであった。チャーチルも言っているように、マレーでは一〇万人のイギリス兵が三万四〇〇〇人の日本軍に降伏するという異常事態が起こったため、日本軍はその管理に当惑した。自分たちの食糧補給も充分でなかったのだから。

南の島のアメリカ兵やオーストラリア兵のようにしておれば、「戦果」はあっても「捕虜虐待」はなかったことになる。

ゲリラと民間人の区別がつかなかったアメリカ軍

第三に、ゲリラ戦というものをアメリカ人は体験したことがなかった。

フィリピンやマレー・シンガポールやシナ大陸で、日本人が民間人を殺したというので裁かれた。残念ながら、そういうことはあったであろう。

しかし、それはすべてゲリラ戦があったところである。便衣隊《べんいたい》というのは、外見上は一般市民の男女と変わらない。それが、隙《すき》を見せれば銃器や爆薬をもって殺傷したり、あるいは、スパイ活動をする。戦場の兵士は敵の正規兵のいないところから飛んでくる弾丸や、ただの少年や少女と思っていた子どもに仕掛けられた爆薬に戦友が殺された時に、どんな気持ちになったか。すべてに対して疑心暗鬼を生ずる心境になって、本当の民間人をも便衣ゲリラと思い込んで殺すことになりやすい。

ビルマやタイで日本軍による民間人殺傷の例が、ほとんど問題になっていないのに、マレー・シンガポールやフィリピンやシナ大陸で、それが問題になったのは、まさにこのことによる。陸戦の法規慣例に関するハーグ条約（明治四十年＝一九〇七）が、敵に見えるように武器を持ち、正規兵の服装をしない者は、条約の与える保護を受けることはできない、としているのは、まさにこの危険を知っていたからである。

占領下の日本人が便衣隊を作らなかったのは、この危険を知っていたのが一因であろう。日清・日露の両戦争は正規兵同士の戦いだったから、民間人が便衣ゲリラと間違われて殺される例はなかった。戦場になった満州や、コリアでもその問題がなかったのは当然であり、それが戦争の文明化ということだった。

アメリカは便衣ゲリラの体験が、それまでなかったので、日本軍は民間人をも殺傷する残虐な野蛮人だと考えた。しかし、自分が同じ状況に置かれれば同じことをやるのである。

「便衣隊《べんいたい》」というゲリラ

日本軍はシナ大陸で「便衣隊」に悩まされ続けた。アメリカがゲリラの恐怖を知るのは、ヴェトナム戦争になってからである。

たとえば、ヴェトナム戦争をテーマにした二つの映画『ランボー』と『プラトーン』を見るがいい。ランボーは子どもの靴磨きの仕掛けた爆発で戦友が殺されるのを見て、少しでも怪《あや》しい奴は民間人でも殺さねばならぬことを知る。『プラトーン』の兵士も、戦友が村で虐殺されているのを見ると、その村の年輩の女をも撃《う》ち殺す。

ヴェトナムでは、アメリカ軍は補給に困ることは一切なく、敵に囲まれれば、すぐにヘリコプターなどが援助に来てくれるという、余裕のある戦争であった。また、兵士の交替も休暇もよくあった。

しかし、日本軍の多くは、ろくに補給もないところで便衣ゲリラにやられたのである。残念ながら被害が民間人に及ぶ可能性は避《さ》けられない。

アメリカもヴェトナム戦争後であったら、便衣ゲリラに対する日本兵の反応を、もっと同情的に理解してくれたことであろう。

「南京《ナンキン》大虐殺」の真相とは

東京裁判と関連して、今日なお問題として熱いままにあるのは、いわゆる「南京《ナンキン》大虐殺」である。

この問題の研究はひじょうに進んでおり、どの部隊がどの時刻にどこにいたかも、かなり明確で、ホラは吹きにくい状態になっている。それらの研究に基づき、誰の判断力でも動かしがたいと思われるワクをはめてみたいと思う。

いわゆる「大虐殺」とはいかなる動かしがたい条件の下に論じなければならないかを知れば、おおよその真相が浮かび上がってくるであろう。

この問題については、実に多くの本が出ている。しかし、長い間その方面の業績を眺《なが》めていると、無理のない議論というものが見えてくる。

『パル判決書』の中にも、中国人の証言を信じがたいとする判断が見えるが、その当時は法廷に提出された文献で虐殺証拠として採用されたものがあった。しかし、この最重要証拠文献が偽物であることも最近は分かっているから、昭和六十二年頃以前のものは、あまり価値がない。

田中正明《たなかまさあき》氏の『南京事件の総括』（謙光《けんこう》社・昭和六十二年）は、多年この問題に従事した人の総括であって、最も参考になる。

田中氏は『松井石根《まついいわね》大将の陣中日記』（芙蓉《ふよう》書房）の中において、九〇〇カ所をも改《かい》竄《ざん》したとして「朝日新聞」（昭和六十年十一月二十四、五日）によって大きく採《と》りあげられたため、インチキと思われやすいが、それは不幸なことによるものであった。松井大将の日記は、戦陣において書き記《しる》されたもので、読解がむずかしく、不明な個所（問題の本質には関係ない）もあったらしい。また、仍而《よって》とか、不鮮《すくなからず》とか漢文調のものを、田中氏が仮名まじりにしたり、新仮名遣《づか》いに直したため、「九〇〇カ所原文とズレ」（朝日新聞）ということになった。

だが、問題となるのは、松井大将が東京裁判において弁護人に与えたメモを、この日記に挿入（二カ所）し、日記本文と峻別《しゅんべつ》しなかったということである。これは文献学的に大きな不手際であることには間違いないが、大虐殺を隠すことには関係がない。

松井大将の日記には、大虐殺事件などの話が、そもそも書いてないのだから、隠すこともなかった。それを充分知っているはずの大新聞が、文献学的ミスを大虐殺隠蔽《いんぺい》のための謀略のごとく二日間にわたって報じたことは、東京裁判エスタブリッシュメント（四五四ページ参照）が、いかに性悪なものであるかを示すものである。

田中氏のもののほかでは、阿羅健一《あらけんいち》氏や板倉由明《いたくらよしあき》氏らの調査活動に共感を持つ。冨士信夫氏（前掲『私の見た東京裁判』下・五六四―五八一ページ）の総括も貴重である。

これと反対の立場の、いわゆる大虐殺派の人のものもあるが、本書は、この問題の専門書ではないので、立場には関係なく、誰でも認めなければならないし、認められうることのうち、重要と思われるものを、右に挙《あ》げた人たちの研究を踏《ふ》まえつつ述べるにとどめる。

まず、三〇万という数字への疑問

「南京大虐殺」は東京裁判中、日本人を寝耳《ねみみ》に水のごとく驚愕《きょうがく》せしめた報道であった。

戦後のラジオ放送に「真相箱」というのがあった。戦争中――特にミッドウェイ海戦敗北後――大本営発表というデマに馴《な》れていた日本人に、「真相箱」は、驚くほど信憑性《しんぴょうせい》が高かった。大本営は日本海軍に空母がなくなったことも、大和・武蔵の大戦艦が沈んでしまったことも、国民には少しも知らせなかった。大海軍も、敗戦になったら、ほとんど何も残ってない状態だった。

そんな時に「真相箱」は駆逐艦一隻の沈んだ場所も時間も知らせてくれた。戦時中の報道は、特にミッドウェイ海戦後はまったくあてにならない大本営発表ばかりだったのに、戦後の報道は「真相箱」に象徴されるように信用できる、ということを国民は強烈に脳裡に烙《や》きつけられていたのである。

そんな時に、「南京大虐殺」が東京裁判の法廷から証拠付きで報道されはじめたのだから、日本人は、それを頭から信じたのも無理はない。

私もその一人であった。ところが、しばらくすると、その報道を信じた時には、気がつかなかったことを、いろいろ思い付くようになったのである。

まだ、小学校の六年生の時だった。近所の高等小学生だったO君が、「もう赤城《あかぎ》も加賀《かが》も沈《しず》んだってさ」と話しているのを聞いて、実に実に不愉快な気持ちになったことを覚えている。赤城、加賀といえば、アメリカのレキシントン、ヨークタウンに対比される日本の代表的空母である。それが沈んでしまっていると聞いては、心が穏《おだ》やかでない。

戦後になって考えてみると、それはミッドウェイの敗戦のことだったし、O君の情報は正確だったのである。

高級軍人や政府要員などとまったくコネのない東北の小市民のところにも、そうした機密情報は、実に素早く伝わっていたことに驚かざるをえない。軍当局は、ミッドウェイの敗戦と損害の程度は、軍事機密として国民に知らせなかったのである。しかし、それは役に立たなかった。生きて帰った水兵たちは、どんなに口止めされても近親者や水兵仲間に洩《も》らすこともあろう。

軍機に与《あず》かる高級将校でなくとも、軍が隠したい情報は、このようにして民間に流れていた。

これに反して、南京大虐殺などという話は聞いたことがなかった。

日華事変のはじめの頃に出征した人たちの中には、途中で帰還してきた人もずいぶんいる。私の家のすぐ隣の家のご主人も、事変が勃発すると、すぐに出征したが、二、三年で帰ってきていた。そういう例は、ほかにもあった。

日本中に、そういう帰還兵がいたのに、三〇万とか四〇万もの市民を虐殺した話をした兵士が一人もいないということは、実にありえぬことである。

これが、私が南京大虐殺に首をひねりはじめたきっかけだった。

また、一口に三〇万とか四〇万とか言うが、それは途方《とほう》もない数である。

昭和二十年（一九四五）三月十日の東京空襲は、約三〇〇機のB29が、住宅焼尽・住民殺傷を目的とし、二時間半の間に、約一六六五トンの焼夷弾を投下したものである。広大な東京は一挙に燃え上がった。その時の死者が八万強である。

広島の原爆の場合は、市民三〇万六五〇〇人あまりのうち、推定で二四万七〇〇〇人が死亡、長崎の場合は約七万四〇〇〇人が死亡している。最近のソ連の地震では、全地域全滅で見渡すかぎり廃墟である。そこでの死者は、全地域で四万人ぐらいと報ぜられている。

このようなことを念頭において「南京大虐殺」を考えてみなければならない。

一般に数の把握というものは、はなはだむずかしいもののようである。

『名将言行録《めいしょうげんこうろく》』（岡谷繁実《おかのやしげざね》）に、こんな話が載《の》っている。

武田信玄《たけだしんげん》の姉は、今川義元の妻である。

この姉から、貝掩《かいおお》い（女子用の遊び道具）にするようにと言って、たくさんの蛤《はまぐり》が送られてきた。信玄は大粒のものと小粒のものを選《よ》り分《わ》け、大粒のものを母のところに届けさせた。

残った小粒の蛤は畳《たたみ》二畳《じょう》分ぐらい、高さ一尺ぐらいあった。小姓たちに数えさせたら、三七〇〇ぐらいあった。

そこで出仕してきた将士に、この蛤の数を当てさせた。いずれも戦場で手柄《てがら》を立てている武士たちで、兵士の数の見積もりなどはできるはずの人だった。

ところが、どの武将も二万とか一万五〇〇〇とか言う。

これを聞いていた信玄は、

「戦場の人数というものは、言われるほど多いものではないに違いない。五〇〇〇人の人数があったら、何万人とでも称しうるであろう」

と言ったという。

この時の信玄の年齢は、わずか一三という。信玄は後になって、クーデターで父を追い出した形になるが、家来たちが信玄に従ったのは、このような天才だったからである。

「五〇〇〇以上の数は、何万と言っても同じ」という話は、戦国時代だけに特別な切実感がある。

考えてみると、旧制中学時代の全校生徒が査閲《さえつ》（軍事教練を査閲官という高級軍人に見てもらって、その学校の評価を受けること）のために校庭に整列すると、広い校庭が見わたすかぎりいっぱいという感じであった。しかし、今考えてみると、七〇〇人ぐらいのものである。

これが、全員死体となって転《ころ》がっているとすれば、見わたすかぎりの死体で、何千と言われても、そう思うだろう。いわんや、五〇〇〇人もの死体だったら、信玄の言うとおり、何万と言っても通じるであろう。

戦場の昂奮状態で、印象だけで何万人の死などと言っても、何の信憑性《しんぴょうせい》もないと言ってよい。

なんと、全員殺しても三〇万に満たない！

では、まず第一に、昭和十二年（一九三七）十二月十三日の南京陥落の直前に南京にいた人口はどのくらいであったか。それは当時の数多くの証言から、かなり正確に分かっているのである。まず、市民のほうから見てみよう（田中・前掲書『南京事件の総括』一六一ページ）。

一五万人――フランクフルター紙特派員リリー・アベック女史が、陥落直前の南京を脱出して書いた『南京脱出記』（『文藝春秋』昭和十三年二月号）

一五万人――『ライフ』誌

一〇万人――張群思《ちょうぐんし》少佐（日本軍捕虜）

二〇万人――劉啓雄《りゅうけいゆう》少将（日本軍捕虜・のち汪兆銘《おうちょうめい》政府軍官学校長）

一二万余――松井大将の『陣中日記』

これらは、いずれも当時の証言であることに注目したい。

では、守備していた唐生智《とうせいち》将軍の軍隊の数はと言えば、公文書では五万人。しかし、もっと丁寧に見ると、三万五〇〇〇人ぐらいである。したがって、一番多い見積もりをしても、軍民合わせて二五万、一番少ない見積もりで一六万である。よしんば全員殺されても、それだけということになるが、しかも、なんと、陥落直後に人口は急増しているのだ。

今日は忘れられがちであるが、日華事変はあくまでも事変であり、日中戦争でなかった。おたがいに宣戦布告はしていなかったのである。したがって、当時の南京には欧米諸国の外交機関も赤十字もあり、機能していたのである。

戦争が南京に迫ると、金持ちたちは避難のため退却するものが少なくなかった。一方、欧米人が中心になって、南京安全区国際委員会が作られ、退去しない非戦闘員の市民の保護にあたっていた。この委員会は、安全区に保護している市民の食糧について心配しなければならないから、人口の把握はかなり正確である。

これによると、南京陥落の最初の一月ぐらいは二〇万人であるが、一ヵ月も経《た》つと、五万人増加している。当時の新聞記者も、落城の数日後には銭荘《せんそう》（両替屋）が開かれていたのを目撃している。治安恢復《かいふく》が口コミで伝わると、続々と避難民が帰ってきている。当時の中国人の民衆は、自分の国の敗残兵よりは、日本軍の治安を信用していた。その後、南京は八年近く日本軍の下にあるが、民衆は増えこそすれ減らないのである。

「不祥事」を徹底して戒《いまし》めた日本軍司令官

第二に、何十万人という大虐殺には入念な準備や設備が要《い》る。上からの命令があって、科学者や技師が加わらなければできない相談である。

しかるに、松井司令官は南京攻撃に際して、次のような訓令を発している。これは、いかなる戦争のいかなる司令官の命令としても、手本になるような立派なものである。

一、皇軍ガ外国ノ首都ニ入城スルハ有史以来ノ盛事ニシテ、永《ナガ》ク竹帛《チクハク》ニ垂《タ》ル（歴史に残る）ベキ事績タルト、世界ノ斉《ヒト》シク注目シタル大事件タルニ鑑《カンガ》ミ、正々堂々将来ノ模範タルベキ心組《ココログミ》ヲモッテ各部隊ノ乱入、友軍ノ相撃、不法行為等絶対ニナカラシムベシ。

二、部隊ノ軍規風紀ヲトクニ厳重ニシ、中国軍民ヲシテ皇軍ノ威風《イフウ》ニ敬仰帰服《ケイギョウキフク》セシメ、イヤシクモ名誉ヲ毀損《キソン》スルガゴトキ行為ノ絶無ヲ期ス。

三、別ニ示ス要図ニモトヅキ、外国権益、コトニ外交機関ニハ絶対ニ接近セザルハモチロン、トクニ外交団ノ設定シタル中立地帯ニハ、必要ノ外《ホカ》立入リヲ禁ジ、所要ノ地点ニ歩《ホ》哨《ショウ》ヲ配置スベシ。マタ城外ニオケル中山陵《チユウザンリヨウ》ソノ他革命志士ノ墓オヨビ明孝陵《ミンコウリョウ》ニハ立入ルコトヲ禁ズ。

四、入城部隊ハ師団長《シダンチョウ》ガトクニ選抜シタルモノニシテ、アラカジメ注意事項、トクニ城内ノ外国権益ノ位置ヲ徹底セシメ、絶対ニ過誤ナキヲ期シ、要スレバ歩哨ヲ配置スベシ。

五、掠奪行為《リャクダツコウイ》ヲナシ、マタ不注意トイエドモ火ヲ失スルモノハ厳重ニ処罰スベシ。軍

隊ト同時ニ多数ノ憲兵オヨビ補助憲兵ヲ入城セシメ、不法行為ヲ防止セシムベシ。（『パル判決書』下・六一六ページ）

何しろ、日本に好意的でない欧米の外交団や牧師や大学教授が城内に残っているのに攻撃するのだから、細心の注意をして、誰からも後指《うしろゆび》を指されないようにしなければならない。市民の大虐殺の計画など、微塵《みじん》も入りこむ可能性がないのである。

特に、第三項目で中国革命の父たる孫文の眠る中山陵《ちゅうざんりょう》などの名を挙《あ》げて、そこに立ち入らないようにと指令しているのは注目すべきである。しかも中山陵や明孝陵《みんこうりょう》は南京郊外にあって、戦略地点となりうるところである。この陵を傷つけないために、この方面を進撃した部隊は余計な苦労をした。

敵国の死者の墓まで気にして進む軍隊が、民衆大虐殺のプランなど持っているはずもなく、プランがなければ、市民三〇万もの大虐殺などは、歩兵にできるわけがない。

では、南京占領は理想的であったかと言えば、そうではなかった。不法行為はあったのである。

松井大将は、こういう通達を入城式の一〇日後に出さなければならなかった。

「南京デ日本軍ノ不法行為ガアルトノ噂《ウワサ》ダガ、入城式ノトキモ注意シタゴトク、日本軍ノ面目ノタメニ断ジテ左様《サヨウ》ナコトガアッテハナラヌ。コトニ朝香宮《アサカノミヤ》ガ司令官デアラレルカラ、イツソウ軍規風紀ヲ厳重ニシ、モシ不心得者ガアッタナラ厳重ニ処断シ、マタ被害者ニタイシテハ賠償マタハ現物返還ノ措置《ソチ》ヲ講ゼラレヨ」（『パル判決書』下・六一七ページ）

これは、日本軍に不法行為がなくはなかったことを司令官が認めた文書として重要である。しかし、よく読めば、大虐殺の反対の意味になることがよく分かる。

「不心得者があったら厳重に処断せよ」と言っていることは、不心得者は憲兵がつかまえて罰する程度のもの、つまり、散発的な事故だったことを示しているし、財産の被害を受けた中国人には、その品物を返してやるか、弁償するかしてやれ、と言っているのである。

語るに落ちた最重要証人の証言

こういう不心得者が何人か出たことと、市民三〇万の殺害などとは、まったく無関係なことである。これも、その当時のことを再現しないと分からなくなっているが、当時はまだ、第二次大戦以前のことだったことを忘れてはならない。

南京《ナンキン》事件（三三六ページ参照）では、一人の自殺が国民的話題であったし、済南《さいなん》事件（三四九―三五一ページ参照）も、一六人の民間人が殺されたので国民は大きなショックを受けた。昭和十二年（一九三七）七月二十九日の通州《つうしゅう》事件では、通州に在住していた民間人の日本人とコリア人三〇〇人のうち、二〇〇人あまりの老若男女が虐殺されて「暴支膺懲《ぼうしようちょう》」（乱暴なシナ人を懲らしめよ）という世論を煽《あお》りたてることになった。それまでは、民間人が殺されて事件と言われるのは、一桁《けた》のケースが多く、二桁になれば大事件で、一〇〇人以上などということはニコライエフスク港事件（二四七ページ参照）以外は、通州事件まで例がない。当時のセンスは、このようなものであった。

だから、松井司令官が不心得者をよく取り締まり、掠奪や家財の損害を受けた者には、品物を返してやったり、弁償《べんしょう》してやれ、と命令した時、司令官の頭の中にあったのは、せいぜい済南事件の規模ぐらいのところで、極端な場合でも、通州事件以上の規模の事件が起ったということを頭に描《えが》いたとは考えがたいのである。

もちろん、非戦闘員を一人でも傷つけたり、犯したり、掠奪したりしたら、それこそ皇軍の司令官として面目《めんぼく》ないことだと痛感したはずである。特に、皇族が司令官として加わっているから、諸外国の人々のいる場所の戦闘で、少しでも皇軍の不祥事件があったら、それこそ涙を流して残念に思い、腹を切りたいぐらいの気持ちだったろう。

ヒトラーやスターリンや毛沢東《もうたくとう》などの大量虐殺や、あるいは英米軍の絨毯《じゅうたん》爆撃や原爆などがあった後では、何万人とか十何万人の市民が殺されるということに、みんなの感覚が慣れてしまった。しかし、日華事変当初は市民の殺傷は一人でも問題になるようなセンスが、まだ生きていたのである。

この数の感覚を証明するものに、東京裁判におけるマギー牧師の証言がある。この人は「南京大虐殺」の証言者としては最も重要であり、しかも、人格的に信用のある人物である。したがって、彼の口から出た言葉が大虐殺説を広めるのに最も有力なものだったのだが、このマギー牧師が、東京裁判の反対尋問において「何人が殺されるのを目撃したか」と聞かれて、まことに正直にも「たった一人」と答えているのである。

しかも、その目撃した状況は次のようなものであった。日本兵の歩哨《ほしょう》が一人の中国人に誰《すい》何《か》した（「誰か」と呼びとめて聞いた）。ところが、この中国人は逃げ出したという。それを歩哨が背後から撃った、というのだ。

歩哨の誰何を受けて逃げる者があったら、これを撃つのが歩哨の正当な義務である。警察の不審尋問を受けた者が逃げ出したら、日本以外の警官なら少なくとも威嚇《いかく》射撃し、止まらなければ撃《う》つであろう。

はじめから撃つ国もある。いわんや戦闘状態が終わるか終わらないかの戦場である。これは絶対に、いかなる尺度をもってしても大虐殺ではない。

また、マギー牧師が、女を犯そうとした日本兵を見つけたところ、日本兵はあわてて銃剣を忘れて逃げて行った。それでマギー牧師は、その銃剣を持って兵士を追いかけた、というような証言をしている。女にいたずらしようとして、中立国の牧師さんに見つかったら必死に逃げる日本兵。このどこに何十万も市民を虐殺している軍隊の姿があるのだろう。

マギー牧師は、東京裁判で日本軍の世紀の大虐殺を証言するつもりだったのに、正直で嘘のつけなかった人だったために、まさに語るに落ちたのである。マギー牧師は、南京の安全区国際委員会のメンバーで、日本軍の占領中、その行動を監視するために、どこにも自由に行けた人である。その行動の自由を持った反日的アメリカ人が、目撃した被害者は一人であるし、強姦事件も一件で、しかも、普通の大都市には、もっと悪質なのがありそうな程度のものにすぎなかった。その他はコソ泥を目撃したのが一件である。この程度なら、どこの大都市のお巡《まわ》りさんでも日常見るところである。

あとはすべて、戦場の伝聞であり、これは特に中国においては白髪三千丈《はくはつさんぜんじょう》になりやすい。

ただ、ここで殺傷があったケースが三つばかりある。

第一には敗残中国兵——その掠奪癖・放火癖は昔から国際的に定評があった——のやったことを日本兵のせいにされるということである。

第二には、戦闘員の死者である。これは、いくら多くても戦果であり、虐殺とは言わない。特に逃げ出した敵を追撃するのは、最も効果の上がることである。

ところが、戦後の「日中戦争」の専門家と称する人の中には、追撃戦の戦果を虐殺と取り違えている人もあるから、時代の違いは恐ろしい。「万人坑《まんにんこう》」などというものの中に、多くの死体を埋《う》めてあったから、それを市民虐殺の証拠とする論法も使われるが、戦場の死体が主であったと考えるのが自然である。

第三には便衣ゲリラである。多くの中国敗残兵は、欧米人の管理の下にある安全地区に逃げこんだ。安全地区では、実際に武器が隠されているのが発見されている。すると、ゲリラ狩りになるが、その処刑は正当であるが、間違って殺された民間人もあるであろう。便衣ゲリラに対しては憎しみが籠《こも》っているから、殺し方は残虐になりやすい。そうして殺された人はまことに気の毒である。まさにそのゆえに便衣ゲリラはやってはいけないのである（四七五－四七六ページ参照）。

第四に、捕虜として投降した者で殺された可能性のある者である。

捕虜にしても食わせたり管理したりするのが大変なので——日本軍自体がつねに補給不足に悩んでいた——武装解除したうえで、処置する方針だったという。この場合の処置とは、兵士を釈放してやるという意味の軍隊用語のレトリックのことである。シナの兵士の大部分は無理矢理に軍隊に入れられた者である。放《はな》されれば郷里に帰るだろう。

もっとも、ある場合はほんとうに処刑した場合も、少なくとも一ヵ所であったらしいが、それは捕虜の反抗というような特別な状況の下において、ごく限られたものである。しかも、それは合法である。アメリカ軍は捕虜を認めぬ方針で鏖殺《おうさつ》する場合が多くあったが（四七三―四七四ページ参照）、日本軍では例外的偶発事件と言ってよい。

なぜ、虐殺の目撃者が皆無なのか

「南京大虐殺事件」がはたして存在したのかと疑う第三の理由は、南京が当時は国際都市で、欧米人もかなり住んでいたということである。

しかも、南京は、けっして広い町でない。首都と言っても北京や日本の京都といったものでなく、東京の世田谷区より小さく、鎌倉市とほぼ同じである（田中・前掲書一六〇ページ）。そこに非戦闘員を二〇万人集めた安全区があり、そこは反日的欧米人が管理している。そんなところで、どうして市民の大量虐殺などありえよう。それどころか、感謝状さえ残っている。当時きわめて反日的だったアメリカの『タイム』誌も、むしろ日本軍の安全区の取扱いについて好意的である。

日本軍のシナ大陸の行為に対してきわめて批判的であり、日本軍の空爆など日本非難の提案を満場一致で可決した国際連盟――日本は、とっくに脱退していた――でも、「南京大虐殺」などは議題にも上《のぼ》らず、提訴もなかった。南京陥落約半年後に開かれた国際連盟理事会には、中華民国政府代表も出席していたのだ。

あれほど宣伝——デマ宣伝——を得意とする中華民国政府代表が「南京大虐殺」を話題にしないわけはないのである。市民の大量殺害ほど国際的同情を惹《ひ》くものはないのにやらなかった。それは、実際になかったからである。

また、日本に当時反感を持ち、中立を侵して蔣介石に援助していたアメリカもイギリスも、またフランスも外交的に抗議していない。彼らの代表は南京にいあわせたのに、である。

当時のシナ大陸のニュースを世界に送っていたロイターやAPやUPなどの大通信社の記者たちは、市民大虐殺のようなセンセイショナルなことが起こったならば、それをなぜ打電しなかったのか。

日本の新聞記者やカメラマンも一二〇人も南京陥落と同時に入った。それだけの人が、誰も知らないでいた。大宅壮一《おおやそういち》、西条八十《さいじょうやそ》、草野心平《くさのしんぺい》、木村毅《きむらき》（評論家）、林芙美子《はやしふみこ》、石川達《いしかわたつ》三《ぞう》、杉山平助《すぎやまへいすけ》（評論家）など、錚々《そうそう》たる評論家、作家も当時の南京に入っていた。彼らには目がなかったのか。筆はなかったのか。舌はなかったのか。

この人たちは、戦時中はそれを書けなかったと仮定しても、戦後はいくらでも日本軍の旧悪は書けたはずである。しかも、終戦直後は旧日本軍や日本軍人の悪事を書くことは流行になっていたのに、「南京大虐殺事件」を書いた本はなく、それを記事にした新聞があったことは知られていない。

南京大虐殺物が出てきたのは、すべて東京裁判にそれが持ち出された後である（冨士信夫・前掲書・下五六五ページ）。

しいて事件当時のものを探せば、「マンチェスター・ガーディアン」のティンパリイ記者の日本軍の暴行批判記事があるが、それは、すべて戦場のデマを反日的偏見と、反日プロパガンダの意図をもって書かれたものにすぎない。

当時、彼は南京にいなかったのだから、何も目撃できるわけはなかった。

東京裁判が始まってからは、いろいろな証言やら研究などが出てきたが、それはたどって行けば、すべて戦場の伝聞と、東京裁判の採用した崇善堂《すうぜん》資料――今ではインチキと証明されている――あたりに落ち着くのである。

第四には、住民に及ぼした被害、特に家屋などの被害があった場合の責任は誰か、ということである。

日本軍は首都攻略の被害の大なることを恐れ、オープン・シティ（非武装都市）にすることを蒋介石総統や唐生智《とうせいち》将軍に勧告している。しかし、この勧告は拒否された。しかも、総統や将軍たちは市民や敗残兵を後に残して逃げてしまったのだ。日本軍が到達する前に秩序はなくなり、敗残兵の天国になっていたのである。

この前の大戦で、パリの争奪が行なわれたが、最初、敗れたフランスがオープン・シティ宣言をし、後で敗退するドイツ軍もオープン・シティにした。そのため、パリ市民は無駄に傷つかず、パリの町も無傷で残った。首都の死守は、防衛する側にもその被害に責任がある。この点、日本軍がマニラ死守をやって、市民や町に被害を与えたのは、日本軍の責任が大きい。

「大虐殺報道」で得をするのは誰か

以上の諸点を考えてみただけでも、いわゆる「南京大虐殺事件」で、一般市民が何万、何十万と殺されたというのは、戦時プロパガンダですらなく、戦後プロパガンダ、もっと正確に言えば、ポスト・東京裁判プロパガンダであったことは、動かしがたい事実である。

では、なぜこのような日本人にとって最も有害な種類の反日プロパガンダが幅をきかし続けているのであろうか。それは、推理小説などで犯人を見出す方法の常道とされること、すなわち、「それによって誰が得をするか」という考え方が役に立とう。

それには、大きく分けて二つの側面がある。

第一には、国内的要因である。

東京裁判で「南京暴虐事件」（裁判記録翻訳の用語）が持ち出された時、充分な弁護がなされなかった。派遣軍司令官松井大将さえ、まったく知らなかった「大量市民殺害事件」なのであるが、いわゆる証人なる者が、偽証罪の虞《おそれ》もなく、しゃべりまくった感じである。弁護側は証人の証言の矛盾――それが多い――を突《つ》いたり、嘘を暴露《ばくろ》して偽証罪にもってゆくこともできなかったし、その事実の検証の機会も与えられなかった。

しかし、当時はその裁判の根本的欠陥も充分認識されなかったし、作文にすぎない提出資料も鵜呑《うの》みにされた。戦時中の知られざる大事件が――七、八年間も知られなかったことは、ほんとうは存在しなかったことの有力な傍証なのだが――戦後新たに発見されたということで、その新知識にみんな飛びついたのである。あたかもラジオの「真相箱」の示してくれたような事実であろうと、無邪気に信じながら。

そして、この裁判資料に基《もと》づいて、あるいは他の情報を援用《えんよう》して仕事をする人が出てくる。東京裁判史観は、急速に占領体制の中でエスタブリッシュメント化し、それが永続化した（四五四ページ参照）。すると、これに阿《おもね》る南京大虐殺物の著者まで現われてくる。三冊もの実見談を書いた人が、実際は南京突入に参加していなかったことなども暴《あば》かれている。

大新聞社は、事件後四〇年も経ってから、「南京大虐殺の新しい証拠発見」という記事を、時々、大きく報道することがあった。それは元従軍兵士の手帳だったり、写真だったりする。しかし、「新しい発見」などということ自体、もとの証拠に大新聞も自信がなかったことを、はしなくも示している。

われわれは、東京大空襲の被害証拠も、広島・長崎の被害の証拠も、今さら新しいものを必要としない。

しかも、「南京大虐殺」の新証拠として大きく採《と》りあげられたものは、私の知るかぎり、一つ残らず、そのインチキ性を後に証明されている。そして、門外不出になって見せてもらえなくなったものもある。あまりにもひどい捏造《ねつぞう》のため、大新聞社が訴えられて非を認めたケースもある。捏造報道がいかに多いかは、まさに驚くべきものである。それが、ことごとくインチキであることを、弁解の余地なく立証されても、その取り消し記事が大きく出ることはないのだから、一般読者には、写真（すべてインチキ）まで添えた市民虐殺のイメージが残る。

ひとたび東京裁判史観が成立してからは、それを自分に有利に使える立場にある勢力は、徹底的に利用するのだ。そして、それに乗ってしまった者は学者も庶民も、別に東京裁判史観派というほど、思想に関心はないにせよ、虚構の市民大虐殺説を維持する無理な努力をするということになる。

また、「南京大虐殺」を振りまわすと得をするのは、いろいろな外国である。

アメリカ人やオーストラリア人は、それによって、南の島での日本人大虐殺についての良心の痛みを感じる度を減じえよう。特に、アメリカ人は無差別絨毯爆撃や原爆の正当化として便利であることを発見するだろう。イギリス人も同じことである。ドイツ人ですらも、ナチスのユダヤ人殺害と匹敵するものとしたがる。ことに中国にとっては、これは「打《う》ち出《で》の小槌《こづち》」である。南京大虐殺を振り回せば金《かね》になるという感じであろう。要するに、これを振り回せば、心理的あるいは物質的に利益を得る国が、多くあるのだ。

「無実の烙印《らくいん》」が子孫に与える悪夢

これらの外国勢力と手を組めば、あるいは連動すれば、日本国内の東京裁判史観派は有利な立場をさらに永続させることができる。

「誰が利益を得るか」を考えれば、犯人は分かるのだ。彼らは、日本の犠牲において不当な利益を得ているのである。

南京陥落《かんらく》から五〇年以上経《た》つ。東京裁判の判決が出てから四〇年経つ。市民大虐殺という無実の罪を烙印《らくいん》されたのは残念だが、戦争に負けたのだから仕方がないのではないか、という戦士的感情が湧《わ》かないでもない。しかし、われわれは、それでもよいとして、われわれの子孫のために、この無実の市民大虐殺説は見過ごしてはならないのではないだろうか。というのは、日本人は大虐殺をやった有色民族ということで、アメリカ人も原爆を落とす気になったのだと思われるからである。

南京陥落の当時は、アメリカの報道関係者や外交関係者なども多く南京城内や上海《シャンハイ》にいたから、大虐殺のデマはアメリカの良質なメディアで大きな話題にすることはできなかった。しかし、数年の後、日米開戦後は、いかなる反日デマも戦時中ということで、大量に流されたのである。

そうしたデマの中では、南京は東洋のアウシュヴィッツになった。日本は、ナチス・ドイツの同盟国だから、そう対《つい》を作ったほうが宣伝には都合がよいし、説得力もある。「そのように大量のシナの市民を殺しているのだから、日本の市民も大量に殺してもよい」という論理が、あるいは心理が、成立したものと思われる。

今の日本は、どことも戦争する態勢にないし、その可能性も見えない。しかし、今から一世紀後になったら、どのような国際情勢になるかは何人《なんぴと》も予測できない。その時、南京大虐殺の虚構が東京大虐殺の実話の原因とならないと、誰が言えようか。私は、それを患《うれ》えているのである。

誤解なきよう念のため言っておけば、南京占領などという事態に至ったことは、まことに残念なことである。だがそれも、窮極的には、統帥権問題を抱《かか》えた日本の憲法機構に責任があったと言わねばならない。

(2)「日本型」議会政治の奇蹟

憲法を改正しないことの危険

新憲法がアメリカ人の草案に基《もと》づいていることは、今や公然の秘密である。日本人の手で自主憲法を作るべきだ、というのも筋《すじ》論として正しい。しかし、第九条の戦争放棄の条項を変えられてはたまらぬ、というので野党の反対が強く、自民党は衆議院の三分の二を占《し》めるに至らず、今日に至っている。

だが、憲法の成立の事情が事情だから、しばらくすると、多くの問題が出てきた。たとえば、憲法第一条は、天皇を「日本国の象徴であり、日本国民統合の象徴」であると規定している。その天皇が神道《しんとう》の祀《まつ》りをなさることは公知周知の事実である（この問題については『日本史から見た日本人・古代編』で詳しく展開した）。

天皇の式典、たとえば即位、大喪《たいそう》、大嘗祭《だいじょうさい》などの儀式は、「日本国の象徴、日本国民統合の象徴」（憲法第一条）のなさる儀式であるから、つまりは、国家、国民の儀式となる。だから、国民が儀式として、神道の祭儀に参加するのは第一条から考えて当然に思われる。それは、イギリス国王や女王の参加するアングリカン教会（英国国教会）の儀式——戴冠《たいかん》式や葬儀——に、ピューリタンでも儀式として参加した場合に、イギリス人が不思議に思わないのと似ている。

ところが、日本の憲法の第二十条（信教の自由）を左翼的にねじまげて解釈すると、昭和天皇の御大喪の時みたいな揉《も》め方をする。靖国神社参拝もしかりである。

本来ならば、第一条と第二十条の優先順位とか整合性について、議会で堂々と論議があって、必要ならば憲法改正もすべきであるが、明治憲法の時と同じく、憲法の金甌無欠《きんおうむけつ》（完全無欠）観が支配的で、手直しなどをしようという気運はない。

憲法は、不断に変えてゆくのが常道である。

イギリスは成文憲法を持たぬから、しじゅう手直しをしているに近く、また、現存する世界最古の成文憲法であるアメリカ憲法も、平均すると数年に一度ぐらいは微調整みたいな改正をやっている。

成文典の生命を保《たも》つためには、そのほうが自然であるが、日本はそういうことをやらずに条文を極限まで無理に解釈するほうを選んできた。新憲法は、日本人としては占領軍に与えられたものだったが、幸いなことに、日本の復興と繁栄の基礎になることができた。欠陥憲法と言われながら、今までは大過なく機能してきたと言うべきであろう。

明治憲法は発布後、ちょうど四〇年目で統帥権干犯問題を産み出し、敗戦に至るまで不幸なコースを日本にとらせる原因となった。

新憲法も、公布後約四〇年で御大喪の儀式の混乱を産んだが、これがどのような展開になるかは、まったく今後の問題である。


「旧憲法」の致命的欠陥は訂正された「新憲法」


何はともあれ、新憲法は、旧憲法の致命的欠陥を訂正している。

それは、内閣総理大臣（首相）の地位を明確にしていることである。

明治憲法には内閣総理大臣（首相）という言葉が一度も出てこなかった（三一七ページ参照）。その権限は、憲法の条文だけから見れば、ほかの大臣と同等であり、陸海軍は内閣の下にあるということも書いてなかった。

ところが、新憲法下における首相の権限は強大である。内閣総理大臣という言葉が一〇回も出てくる点でも、それが一度も出てこなかった明治憲法と顕著な対比をなしている。

新憲法の草案の作成者は、明治憲法の欠陥を完全によく知っていた人だったに違いない。

新憲法第六十八条で、首相が国務大臣を任命することが述べられているばかりでなく、同条第二項には「内閣総理大臣は、任意に国務大臣を罷免《ひめん》することができる」（傍点渡部）とまで明記してある。

もし、この権限が昭和五年頃の首相にあったならば、幣原《しではら》外交路線は、だいたい維持できて、日本が世界を相手に戦うなどというところに至らないですんだはずである。

アメリカの排日運動や、世界的不況を、どのように乗り越えたかは分からない。しかし、シナ大陸における反日・侮日《ぶにち》運動には、より平和的に対応しえたであろう。敗戦に至るまでの戦いは、三五〇万とも言われる忠良な日本人の死を招いたのみならず、近隣諸国を戦場にした。それは、まことに痛恨事である。

だが、顧《かえり》みれば、慰《なぐさ》めになることが二つばかりある。

その第一は、結果論的にではあるが、世界中から植民地というものを消滅せしめ、アパルトヘイト（人種隔離政策）状況が、ごく例外的なものになったことである。

アメリカ国内における黒人の地位向上も、そのルーツは太平洋戦争にあると言ってよい。

アメリカは第二次大戦の遂行《すいこう》のために、高い理想を掲《かか》げてその敵国を批判し、世界人権宣言（一九四八年、国連総会で採択）のスポンサーになった。

しかし、その人種に関する部分は、日本が第一次大戦後の平和会議に提案して列国に拒否されたものと同じことだったのである（一八八―一八九ページ参照）。

第二は、日本が十九世紀的権益をすべて棄《す》て去ったことである。それは、コロンブス以来の白人が有色人種の世界に確立した権益の観念に基づくものであった。

日本は日清戦争後に台湾を得、日露戦争後にコリアを併合し、関東州《かんとうしゅう》を租借し、南満州鉄道の権益を得た。第一次大戦後は内南洋《うちなんよう》の諸島を得た。

これらは、コロンブス以来の白人列強の考えによれば、正当な権益であり、事実、日本はこれらについて列強の非難を受けず、当然のこととして国際的に認めてもらった。

しかし、今から考えると、それはいずれも十九世紀的権益、あるいは帝国主義時代の欧米列強の考えた権益であった。それを、すっかり棄て去るのが二十世紀後半のあるべき姿であった。

日本が黒船によって、無理に、しかも、突如として十九世紀の弱肉強食の時代に入ることを余儀なくされたのは、歴史の流れだった。振り返って見た過去を、今の物指しで計《はか》れば、遺憾《いかん》なことがまことに多い。ここに歴史の悲しみがある。

中選挙区制がもたらした日本の繁栄

戦後の日本の政治と社会を特徴づけるのは、衆議院の中選挙区制（一選挙区の定数を三―五人とする制度）と、株式会社の普及である。

中選挙区とは、同じ選挙区で同じ多数党の立候補者が争わなければならない制度である。このため、党首の魅力や、その政策で議員が決められる傾向にあるイギリスなどとは、まったく違う。あくまでも人を選ぶことになる。

一選挙区に一人しか立候補者を立てない野党の場合は、党が立候補者を選ぶ場合が多い。つまり、党本部の意向が、きわめて強く働く。

だが、自民党の場合は一人一党の色彩がかなり濃厚になってきている。政策の勉強やらポストやらの関係で、派閥に属する議員が大部分であるが、議員になれるかなれないかのぎりのところでは、一人一党、つまり、自分を選挙してくれる後援会を作れるか否《いな》かにかかってくる。

派閥の長からの経済的支援は、必要とする資金の一割にも満たないのが通例らしい。資金も援助してくれて、票もくれるという後援会があれば、天下に恐るるものはあまりない。田中角栄が恐れられたのは、同じ選挙区に対立候補を立てる力があったからだというが、実際、恐ろしいのは、それぐらいであろう。

この中選挙区から生じた自民党議員の特色は、次のようなものである。

一、党内で相当の言論の自由がある。当選さえすれば、あとで公認してくれるのだ。党に公認されなければ、立候補できないわけではない。したがって、個人的魅力がある。

二、徹底的に後援会の人の言うことに耳を傾《かたむ》ける。陳情者に親身になる。これは、善《よ》かれ悪《あ》しかれ民主主義の根幹である。

三、同一選挙区で同じ党の人と争うため、切磋琢磨《せっさたくま》せざるをえない。

四、金がかかるから集金能力が要《い》る。

このような特徴を持つ自民党衆議院議員が、戦後の短期間の例外を除けば、日本の立法府と、したがって行政府を握ってきた。党が任命（?）する候補者が中心の野党とは、タイプの違う人たちの集団である。代議士が長い間、政権政党に属するということは、内政・外政のすべてにわたって体験を広める機会が、うんと多くなるということである。

自民党代議士は、二、三度当選すれば政務次官になれる。官僚との接触もでき、また、副大臣《ヴァイス・ミニスター》の資格で、外国でも要人と会える。ヘボな役者でも、都《みやこ》の檜舞台《ひのき》を踏む機会がしょっちゅうあれば、たいてい芸格が上がる。

中選挙区で当選する多数党の人間に、馬鹿やスタミナ足らずはいない。そういう人たちが比較的若い時から檜舞台に立つ機会を与えられ続けてきたのである。

政権は自民党だけが担当するものになって四〇年以上も経《た》つ。それで、政策面でも高級官僚に劣らずよく通じている人が自民党には出てきている。派閥で首相が代わるから、それなりの人心一新効果もあって、一党独裁の弊《へい》を薄めている。一種の恒久的連立政権みたいなものになったと言えよう。

政治は結果論の世界である

野党の人は、いくら優秀でも大臣になれないままである。つまり、土俵に上がらないままできた。

しかし、野党には野党の立派な使命も存在理由もある。自分は土俵に上がらなくても、きわめて厳《きび》しく土俵の上の連中を監視し批判することである。これまで政権こそ取れなかったが、野党の意向を無視して議会は運営できないことも確かであった。

政治は結果論である。日本の戦後の政治と経済は、何度も「奇蹟」を繰《く》り返して成功してきた。

敗戦からの復興、二度のオイル・ショックを乗り越えて省エネの新技術パラダイム（枠組《わくぐ》み）と、ハイテクによって、急速で大幅な円高をも克服して、金融大国にまでなった。

昭和六十三年（一九八八）の日本のGNPは、一人当たり二万三五五八ドルで、アメリカの一人当たりGNP一万九七六〇ドルを超えること、実に三七九八ドルになった。

そのため、軍事超大国も軍備の意味を再考し出しているし、小国や発展途上国も、日本を見て希望を持ち始めている。

アメリカのごとく国土が広大で、資源も豊かな国の人々が豊かなのは不思議はない。小さい国や資源のない国の人たちにとって、豊かなアメリカはあまり参考にならないのだ。ところが、日本のように人口は多く、国土は狭く、そのうち山は八割近く、しかも、天然資源が少ない国でも、アメリカ人を一人当たりGNPで、はるかに超えたとなると、それは小国にも希望を与えることになる。事実、与えている。

結果論が万能な政治から見れば、戦後の日本の政治制度がよかったということになるのだ。

今まで日本人は、否《いな》、自由世界の人々は、二大政党制を理想と考えてきた。確かにイギリスは二大政党制によって議会制民主主義の発祥地となった。

しかし、忘れてならないのはこれも結果論だ、ということである。イギリス人は頭で考えて二大政党論を作ったのではない。党派が、たがいに罵《ののし》りあっていたら——トーリイ（保守党、原義は「泥棒」）もホイッグ（自由党、原義は「馬子《まご》、田舎者」）も罵り言葉である——比較的うまく政治がいったのだった。大陸で革命をやった国よりは、議院の中で罵りあっていたほうが、国民のためによいことが分かったのである。

しかし、イギリスでも二大政党がイデオロギー的に対立した戦後は、政権交代が政策上のゴー・ストップを生んで、西ヨーロッパの最貧国になりつつあった。

それでサッチャー三選となり、野党が分解して、二大政党の交替制の可能性が薄《うす》れたら経済もよくなった。

二大政党よりは、一つの党が永く続いたほうが、政策の根本方針に連続性ができて、かえってよいらしい。二大政党の本場で、結果論的には政権交代を嫌う傾向が見えているのである。これも結果論からである。

日本の戦後の経済のパフォーマンスが卓越してよかったことは、どの国の人も疑わないであろう。それは、つまり結果論的に言って政治制度がよかったということなのだから、日本のこの制度を肯定的に見るような政治論が出てくることが望ましい。

ちょうど、今までの政治学者が二大政党論を基本にして、民主主義政治論をやっていたように、政治制度の新しいパラダイムを持ち、それを他の国が真似したくなるように理論づけることは、これこそ真の国際化と言うものであろう。

株式会社の普及と、私大の拡大が約束する日本の将来

この政治の制度と並んで、職人でも医師でも、小説家でも、株式会社を作る時代となっ

た。もちろん、税制のためであるが、それは、じわじわと人間の意識を変えるのである。太宰治《だざいおさむ》が社長になって、税務対策しながら小説を書く姿を想像できるであろうか。株式会社制度は究極の資本主義である。日本の戦後の思想界を支配した社会主義が影響力と威信《プレステイジ》を急速に失いつつあるのは、ソ連や中国や東欧などの共産諸国の政治経済が憐《あわ》れむべき姿になってきていることも一因だが、もう一つには、猫《ねこ》も杓子《しやくし》も会社の社長や役員になったことにもよるであろう。

つまり、戦前には夢にも考えられぬほどの多くの日本人が、資本家や社長や専務や役員になったのである。いくら小さくても、資本家になれば意識は変わる。日本人の大きな部分が、経済を経営者の側から見ることのできる人間になった、と言ってもよかろう。

政権政党の中選挙区出身の保守党代議士と、こういう日本人が組み合わされれば、どうなるか。それは経済大国を作るのである。中小企業も零細企業もハイテクを導入する。特に集積回路は、戦争中の戦闘機に相当し（四一五―四一七ページ参照）、これが優位に立っているかぎり、全製造業が競争に勝つのである。

戦後の進学熱上昇期に、大学の拡大を私立大学中心に行なったことは、尨大《ぼうだい》な学生を引き受けるダムを作ったのと同じで、既存の税立大学（国立大学）をも救うことになった。こうして、大量の大学卒業生が社会に送りこまれた。昔風の学士様ではなく、どんな仕事でもやるタイプの大学卒がおおぜいいて、あらゆる分野に入りこんで行ったことは一般的民度の向上にも関連して、ますます生産・金融・技術大国を作り上げるのに貢献することになったのである。

『ロンドン・エコノミスト』の予測によれば、近い将来において、世界の自由主義国は四階級に分かれるだろうという。

第一グループは日本のみである。第二グループはアメリカ、カナダ、西ヨーロッパなどで、第三のグループはNIES《ニーズ》や南米の国々などで、第四はアフリカである。日本だけが飛びきりよいのだ。

こんなことを他の国が許すだろうか。経済摩擦は金融摩擦となり、金融摩擦は技術摩擦、文化摩擦となり、ついには軍事摩擦にまで至るのではないか、という懸念も出はじめている。ジャパン・バッシングがもっと激しくなり、日本もやり返すことになりはしないのか。

商業の栄える国に戦争は起こらない

この点に関して、私はやや楽観的である。戦前の日本のようにはならないであろう。

というのは、国民の大きな比率が株式会社の社長か役員であって、経済感覚が鍛《きた》えられている。発想も柔軟になっている。戦前のように、経済的センスには欠けていて、天下国家を憂《うれ》えてばかりいるというタイプの人たちは少なくなった。統帥権を盾《たて》にしてゴネる権力はない。

「戦前の日本では、財閥をはじめとして発達した産業界や商工業界が形成されていたのに、その方面の声が、政治に反映しなかったのは、なぜだったのだろうか」

と、不思議がっている著名なアメリカの学者がいる。

戦前といえども議会はあり、そこに産業人の声を反映してもらうことはできたが、そのうち議会や内閣ではなく、統帥権を振り回す人たちが国家の権力を握ったのである。

統帥権に関係ある人たちは、選挙された人たちではなかった。選挙民の声など聞こうという発想は、そもそもなかったのである。

彼らは国が建てた学校で学んで軍職についた軍官僚であるから、企業とか商売のセンスは身についていない。いや、もっと悪いことに商人や商売を軽蔑していた。

だから貿易の主要相手先と戦争をし、たいした貿易相手でなかったドイツやイタリアと同盟した。あまり取引のない人と仲よくしながら、一番のお客さんと喧嘩《けんか》するということは産業人や商業人の発想にないことなのである。

そういう人たちが統帥権を振りかざし、しかも、社会主義（国家社会主義）にかぶれて改革をやったのが、この前の戦争の悲劇だった。

その点、現在は政権担当政党の代議士は、選挙民の声をじっと耳を傾けて聞く気でいる。首相は、その人たちをまとめているのだ。戦前の首相の権限を脅《おびや》かした統帥権のようなものは、どこにもない。それどころか、今では首相の権限は卓抜して大きいのだ。

人は責任ある地位にいると、争うより妥協を好むようになる。強硬派と言われた東条《とうじょう》（英機《ひでき》）首相だって、首相になってみると、それまでのタカ派的意見を抑《おさ》えて、アメリカと平和交渉することを、心から望んで全力を尽くしたくらいである。

今の自民党や、その支持者たちに平和を望まない人はいない。自分たちの繁栄の前提が平和にあることを実感しているから、むしろ、いわゆる平和運動家よりも本気で平和の維持を希求していると言ってよい。それを日本の首相は耳を傾けて聞いている。妥協をつねに求めつつ、進んでいくことであろう。そういう平和的な首相の政策を不可能にするような統帥権問題は、今は起こらないのだ。

われわれは、妥協による平和に対する自信を持って、将来を望むことを許されるであろう。

「腐敗なき社会」とは、全体主義社会の別名

ただ政党政治、特に中選挙区による選挙には金がかかる。そこから政党政治の腐敗ということが問題になることがある。しかしその際に、性急《せいきゅう》に「清潔な政治」というものを政党以外に求めてはならない、という歴史の教訓を忘れるべきでない。

戦争前の日本でも政党の腐敗ということがやかましく言われ、国民は性急に「清潔な軍人」に政治を託する気になった。統帥権干犯問題が軍部の政権奪取に連《つら》なったのも、国民が「腐敗した政党」よりも「清潔な軍人」に期待したからである。

何という間違いだったろうか。原敬《はらたかし》以来、暗殺された政党政治家や財界人が、今から見てそんなに腐敗していたであろうか。政権を執《と》った軍部は、そんなに清潔だったろうか。ロシア革命後、間もない頃のソ連の執行部のことを、「腐敗がない」と言ったイギリスの評論家がいる。しかし、今のわれわれは知っている、ソ連にはノーメンクラツーラという特権階級があることを。

一党が政権を握る全体主義社会では、複数政党制のような意味での腐敗は生じにくい。しかし、政権構造が国民の批判を受けることのない特権階級に、そっくりなってしまうことを忘れてはならない。戦前・戦中の日本の軍部支配もそうだった。

腐敗が個人レベルで生じ、それが摘発される制度は、「腐敗の観念」そのものまでなくし

た体制より、本質的に腐敗していないのである。われわれは戦後の政治体制のマイナス面に目を奪われて、その本質的に民主的な、そして繁栄をもたらした政治制度を捨てて、腐敗の可能性のない政治制度などに憧憬《あこが》れてはなるまい。

そこには、右か左かの全体主義の地獄があるだけなのだ。いかに欠点が多いと言っても、複数政党が知恵と金を使って政権を争う制度以外には、真の民主主義の実現法はないということを悟《さと》り、その制度をよりよく育ててゆくという積極的姿勢を維持してゆくべきであろう。

特別付録◆皇室と日本人――世界に示す日本の誇り（天皇陛下即位10年　記念講演）

比類なき国体

第百二十五代の天皇陛下の御即位十年を記念するこの集いで、こうしてお話しさせていただく機会を得、大変光栄に存じております。

私は「天皇陛下」と言う時には、必ず「第百二十五代」と前につけることにしております。何となれば、この「第百二十五代」の中に天皇の御存在の本当の意味がこめられていると思うからです。

私は昭和のはじめ頃に生まれましたので、「日本は比類のない国である」ということを教えられて育ちました。確かに日本という国は比類のない国であります。その意味で言えば、どの国もそれぞれ比類のない国です。しかし、日本の比類のなさは、これは掛け値なしの比類なさなのです。私はこのことを、自分の専門でありますゲルマン語学、英語学をやっている時に、しかも異国で偶然ヒントを与えられました。

たまたま昨日、大学院のクラスで『古代ゲルマン文字』の「WENNE」という項目の解説を読んでおりましたら、昔、私が留学中にその話を講義で聞いて、電撃に打たれたような衝撃を受けたことを思い出しました。これは、「WENNE」という言葉の語源をたどった私の恩師の解説なんですが、こういうことが書いてありました。

ゲルマン人にはたくさんの部族があり、各部族にはそれぞれ酋《しゅうちょう》長がいました。その酋長たちの家系をたどっていくと、一番はじめの先祖は神様なんです。神様なんですね。その神様にもゲルマン人の神様の系図がある。

我々が習ったドイツやイギリスの歴史は、キリスト教が入ってからの話ばかりで、そういうことを私は知りませんでした。キリスト教が入る前のゲルマン人の歴史というものを、私は本物のゲルマン学者から初めて聞いたのです。

ゲルマン人の部族の酋長は、みんな天皇家みたいだったのです。先祖をたどっていくと神様、先祖神になる。そして、その先祖神もまた神様の系図の中にある。しかも、これはインド・ゲルマン全体に言えるそうで、たとえばギリシャでもそうです。我々が英雄として知っているアガメムノン王。王はもちろん本物の人間ですが、その系図をたどりますと、大体お祖父さんのお祖父さんぐらいでゼウスの神に行き着きます。

ところがこの系図は、後になると消えてしまいます。これは国境を越えた宗教が入ってきたためです。国境を越えた宗教というものは必ず、ものすごい説得力を持つ哲学や神学やら諸々の議論の術を持っていて、先祖崇拝を基本とした民族的宗教は消されてしまうのです。そして残るのは神話だけ。ローマ神話、ギリシャ神話、ゲルマン神話等、神話と呼ばれているものは数多くあります。しかし、その神話の末裔《まつえい》は消えてしまっているのです。

留学時代、私はこの講義を聞いているうちに、日本人ですから、パッと日本が比較されました。日本も宗教の形としては同じです。高貴なる家系をずっと遡《さかのぼ》っていくと、神様にたどり着き、その神様には神様の系図がまたずっと続く。天皇の系図で言えば、初代の神武天皇までは人間で、それ以前は神様になります。神武天皇のお祖母さんのお祖母さんくらいが天照大神《あまてらすおおみかみ》様で、さらに神様が続く。この構造はゲルマン人の部族と同じです。ゲルマン神話の末裔は今はない。ゲルマン人だけではありません。少なくとも、我々が知っているような普通の国で残っている国などありません。ところが、日本にだけ残っているんです。本当の原始の形が生きて残っている。私は「あ、これが日本が比類なき国体であるという意味なのだな」と、その時に解《わか》りました。日本のような国は、昔は世界中にあった。しかし、それらは全部消えて、日本だけが残った。だから比類ないんです。

ドイツ留学での体験

私がドイツに留学したのは、昭和三十年のことでした。戦後十年ですから、復興はまだ大したことはありません。私が住んでいた四谷《よつや》の寮は何もなくて、水もありませんでした。別の建物にいかなければ顔も洗えません。冬は外と同じくらい寒く、夏は外より暑い、そういう所に住んでいました。食べ物はといいますと、まだ外食券で、それを持ってパン屋にいき、コッペパンを買います。すると「バターにしますか、ジャムにしますか」と聞かれるんですが、バターと言ったって本物のバターなんか使うわけはなくて、安物のマーガリンをさっと塗るだけです。ジャムもさっと塗るだけ。それで十三円。

それがドイツに行きましたら、同じ敗戦国なのに、まず寮がセントラルヒーティングで冬寒くないんです。冬でも夏と同じような格好をしておれる。こんなことは私は生まれて初めて経験しました。もちろん部屋の中にもちゃんと水が来る。それから食べ物は、パン一つとっても、バターを「塗る」んじゃないんですね。切ってのせるんです。バターが三、四ミリもある。その上にまた厚いハムなんかのせて、一番簡単な朝食でもそうなんです。もう「まいった」って感じでしたね。

やはりせっかく日本からドイツに来たんだから、何かお国自慢がしたいじゃないですか。ところが、ドイツ人を感心させるようなものは何も持ってないんです。戦前なら「戦艦長門だ！」と言ったかもしれませんが、もう水の底ですからどうにもなりません。「湯川さんがノーベル賞をもらった！」と言っても、ノーベル賞なんか向こうは掃《は》いて捨てるほど貰《もら》ってますから、これもダメです。「経済は……」、向こうはとっくに復興しています。強いて言えば「芭蕉！」と言ったって、知っている人はまずいない。「紫式部、これこそは！」と言っても、学生なんかはまったく知りません。

一方ドイツの方は、「第二次大戦で悪かったのはヒトラーとナチスであり、これはドイツ文化とは本質的に関係ない」と割り切っていましたから、ドイツの文化は、ベートーヴェン、モーツァルト、ハイドン、ゲーテ、カント……とこう並べ、それからレントゲンからはじまってノーベル賞受賞者の名前をバーッと挙げますと、これはいくらでも自慢することがあるんですよ。

そんなある時、こういうことがありました。当時、ドイツは復興は早かったけれども、何しろナチスの名残がありますから、肩身の狭い思いをしており、大きな顔をできるのは同盟国だった日本人にだけといったところがありました。ですから向こうの学生は、日本人の学生をよく家庭に招いてくれたりしました。その時のことです。

「テノ（ドイツ人は、天皇を〝テンノウ〟と発音できずにこう言う）はまだいるのか」

「いらっしゃいます」

「それは新しいテノか」

「いや、もとのままです」

そうしたら向こうはものすごく驚くんですね。ドイツは第一次大戦でカイザーをなくしました。ドイツに限らず戦争に敗けた国は、オーストリア・ハンガリー帝国でも、イタリアでも、みんな君主はなくなりました。だから、日本も当然なくなったんだろうと思っていたら、戦前も戦後も同じ方だと聞いて、かのドイツ人は驚いたんです。そして何と言ったか。

「日本人は重厚な民族である」

僕は日本人は軽薄だと思っていましたが、向こうから見れば、勝とうが負けようが、戦前であろうが戦後であろうが、同じ天皇がずっといらっしゃるということは、想像できないほどの感動だったようです。それで、私は「これだ」と思いました。日本人の誇りとして自慢できるものが、たった一つある。最後の踏ん張りにして、ぐらつかないものがあるぞ、ということに気づいたんです。

異国の地での自信

それからは、私はことあるごとに、「日本の今の天皇（昭和天皇）は第百二十四代で、王朝は神話の時代から一つである。譬《たと》えて言えば、アガメムノン王の子孫が今のギリシャ王だったと同じような状況が、日本である」と言いました。これには、少しでも教養のあるドイツ人なら電撃のようなショックを受けたようでした。

私は、ドイツ留学を終えると、日本に帰らずにそのままイギリスに留学しました。イギリスでも機会があれば、「我が王朝は……」とやりました。向こうも王朝のある国ですから、では自分たちの王朝は……と考えると、実は二百年ちょっとなんです。

しかも、敵国ドイツから来ていたわけですよ。ハノーヴァ王朝と言っていますが、一七一八年か一九年ぐらいに来たんです。そして第一次大戦の時にはイギリスはドイツと戦ったものですから、ドイツのハノーヴァから来た王朝じゃ具合が悪いんじゃないかということで、戦争中にウィンザー王朝と名前を変えて今日に至っているわけですね。そんなことはイギリス人はみんな知っていますから。古さにおいては、向こうは二百年そこそこ。こちらは二千六百数十年。留学中、私はこれだけが自慢できることでした。

もちろん、私は日本で育っていた時から、皇室や神様を尊敬することは知っておりました。家には二メートルぐらいの長い神棚がありまして、皇大神宮をはじめ、いろいろな神様の小さなお宮があり、一番右の方に、私が生まれたので、少し勉強をするようにといって、天満宮のお宮が乗っておりました。しかし、敗戦直後という極限状態に近い時代に、異国に一人置かれた時、日本人として究極的に、どの西洋人、どんな豊かな国に対しても、胸を張って言えるものを持ったことは、本当に有り難かったです。

山上憶良《やまのうえのおくら》、日本への二つの自信

帰国してから、いろいろともの本を読んでいるうちに、山上憶良は私と同じような経験をしたんじゃないかと思うようになりました。

万葉集に、憶良の「好去好来の歌」という長歌があります。

「……神代より言ひ伝て来らくそらみつ倭《やまと》の国は皇神《すめろぎ》の厳《いつく》しき国言霊《ことだま》の幸《さき》はふ国と語り継ぎ言ひ継がひけり……」

ここは、日本を定義したような箇所であります。憶良が日本を自慢しようとした時、二つ挙げた。「皇神の厳しき国」、「言霊の幸はふ国」。彼は、何故こんなことを言い出したのか。私は、これは国文学者には分からない、敗戦直後に外国にポツンと留学した人間にしか分からない点だと自惚《うぬぼ》れています。

白村江《はくそんこう》の戦いで、百済《くだら》を助けに出た日本軍は、新羅《しらぎ》と唐の連合軍に敗けて引き揚げてきました。憶良は、その中の一人で、当時まだ少年だったという説もあります。いずれにせよ、憶良は四十代の半ば頃、数年間、唐に滞在しています。当時の日本は唐の存在を意識せざるをえない状況に置かれていました。

あの頃の唐の文明の高さは圧倒的です。世界に奇跡的な文明が何度か起こりました。エジプト、ギリシャ、メソポタミア、そして黄河下流に出た周の文化。どうしてあの時代にあんな文明が出たのか、ほとんど想像もできないくらい高いものがポンと出たんです。そうすると、その周囲はみな蛮族になってしまうんです。周以来のシナ本土の文明と周辺では、桁《けた》が違うんです。憶良はそれを知っていた。そして、帰ってきて日本を自慢したいと思って、何を自慢したらいいのかという時に、「これだ」というものが、「皇神の厳しき国」と「言霊の幸はふ国」だったんです。

「皇神の厳しき国」。これは簡単に言えば、万世一系、王朝が替わらない、ということです。これは唐に対して自慢できるな、と憶良は思ったんですね。シナは易姓革命の国ですから、王朝の名字が替わります。たとえば、周は「姫」、漢は「劉」、隋は「楊」、唐は「李」といったように。姓が入れ替わるということは、ほとんど民族も入れ替わるという意味なんです。専門家が書いたものなどを見てみますと、唐の時なんかは、八〇%ぐらいの人間が入れ替わっているという説もあるようです。元が蒙古族であることはみんな知っていると思います。清は満州族。とにかく替わるわけです。同じ地域に建てられた王朝でも、まったく別物なんです。

それに対して、「我が国は」と憶良は考えたんです。我が国は神代から王朝が替わらない。「易姓革命」の「姓」が、天皇家にはない。替わらないから、ないんです。唐に派遣されたことのある憶良が、あの唐の文明に対して、ぐっと踏ん張って、「我が国は」と自慢しようと思った時に、「皇神の厳しき国」と言ったんだと思います。

これさえ出せば、唐であろうが、「つい最近できた王朝じゃないか」と、こう言えるわけです。それはちょうど、我々が「イギリス王家はつい最近できたんですねぇ」と言えるのと同じことです。

「江沢民《こうたくみん》さん？　ああ、つい二、三十年前にできた政権ですね。まあ、お宅は二百年も続けば万々歳ですね」と言えるわけです。今までだってシナの王朝は大体そのくらいで替わっていますから。しかし我が国は「皇神の厳しき国」、神話の時代から替わらない。これは揺るぎなき自信ですよ。

今外国に駐在している日本人がいっぱいいますが、私はその子どもたちにこのことを教えたいんです。アメリカなどにいくと、「自分の国のことを語れ」と言われるんですが、日本人は語れないということをよく聞きます。ＧＮＰがどうの、年間貿易黒字がこうのとか、いろんなことをごたごた教えることはありませんよ。覚えても悪いことはありませんが、語ることの一番重要なのは、「皇神の厳しき国」、まずはこれが第一等ですね。

歴史と考古学の違い

第二番目は、憶良が言ったように、「国民文学があります」ということです。国民文学がない国はたくさんありますが、日本の国民文学は王朝とともに古いわけです。確かに、語源学的に言えば、「この単語はどうもハワイ諸島あたりだな」とか、「これは南シナ海のあたりだ」とか、いろんなことが言えます。

しかし、「国語」というものは、ある国民が生活していて、ある時パッと目覚めて、「我が国は」と言った時の言葉なんです。「我が国は」という意識が生じてからの歴史が国史なんです。戦後の日本は、歴史と考古学の区別がつかない人間を、意識的に作ってきましたが、本来、考古学は歴史の補助学に過ぎないのです。いくら掘り返しても本当のことは何も分からないんですよ。

僕はいつも例を挙げるんですが、私の田舎で、友人の親父が実業家で、戦前金持ちでした。戦前、個人の住宅で風呂場の壁がタイルでベニスの風景なんです。それが自慢で僕も何度も見せられました。後で考えてみたら、もしも天変地異があって、あの辺が地震で全部ぶっ壊れる。それから四、五百年か千年か経って発掘したら、ベニスの風景があった。あっ、ここにベニス人が来ている、と言ったらお笑いでしょ。考古学というのは大体そんなところがあるんですよ。だから書いたものが一番頼りになるんです。

僕はよく言うんですが、泥棒が入った。そして足跡も残っている。排泄物を残した。その泥棒の足跡を調べ、排泄物を分析したら、ゆうべラーメン食べたとか分かる。足の大きさから体重も推定できる。しかし、その泥棒が何を考え、どういう人間であったかは絶対に分かりませんよ。ところがその泥棒が、逃げる時にポケットから手帳を落としたとか、日記帳を落としたとかすれば、すっかり分かりますよ。これが記録の意味なんですよ。書いたものでなければ分からないです。古代の日本人が何を考えどう生きていたか。これは『古事記』、『日本書紀』、『万葉集』によるより仕方がないんですよ。

神話にまで遡《さかのぼ》る国民文学

戦後はそれがみんな抜けちゃって、地面から掘り起こしたものしか扱わない。しかも書いたもので頼るものは何かというと、『魏志倭人伝《ぎしわじんでん》』なんて全然当てにならない文献をこねくり回して奉っているわけですよ。『魏志倭人伝』と、日本人が日本のことを知ってて書いた『古事記』、『日本書紀』の資料的価値がどのくらい違うかというのは、考えないことに決めたんですね、戦後は。

私は国民文学というのは、本当に日本人が日本人としてパッと目覚めた時に、自分たちの言葉の文学だと感じたのがそれで、これが「やまとことば」の文学ですよ。後からたくさん膨大《ぼうだい》な量の漢字、漢文が入ってきました。これは全部日本人から見れば音読みです。音読みのものは外来語、外国語と感じたわけです。そして訓読みのものはやまとことばなんですね。そして、『古事記』でもこれはやまとことばで書いてあります。『日本書紀』、これは地の文は漢文ですが、あそこに出てくる膨大な数の地名、神様の名前、短歌、長歌、これはやまとことばのままで絶対に翻訳しないんですよ。全部漢字を発音記号として用いて書いているわけです。

だから長歌のようなものは、翻訳できない、翻訳したら意味がなくなると少なくとも当時の人は感じた。だからそっくり残してくれた。そうすれば、あと漢字を表音記号として使うということは、すぐ慣れますから、『万葉集』なんかにワーッと出て、それから仮名文字文学なんかにもいくんです。そしてついに世界で一番古い小説、『源氏物語』が出たんです。しかもこれは女性が書いた。これは『源氏物語』がひとりでぽこっとあるわけじゃないんですよ。随筆があれば何もある。それは膨大な国民文学があるんですよ、日本には。

その国民文学が神話にまで遡《さかのぼ》る記述がずっとあるわけですよ。これはやはり自慢できるんですよ。神話の部分はシナの文献に比べても膨大なものですね。お経もこれは漢文で訳してますから、これも記述がものすごい。だけどシナの方は王朝がちょん切れていますからね。古代のは分からない。司馬遷《しばせん》という人は偉いんだろうけど、日本の神代の巻に相当するものはほとんど抜けちゃったわけです。だから民族の歴史の根がないような感じになります。日本の方は国民文学がある。この二つを私は山上憶良が「我が日本は」と言った時に言い出したその気持ちが痛いほど分かります。

「言霊《ことだま》の幸《さき》はふ国」への自信

あれだけ膨大な漢字が入っているのに、和歌には漢語と感じられるものはほとんど入っていないんですね。ゼロと言ってもいいと思います。試みに私は百人一首の中にやまとことばと見なされないものがいくつあるかと思いましたら、二つだけです。

それは「菊」。菊というのは音しかないんですね。訓がないんです。ところが、当時の人達は「菊、菊」と使っているうちに日本の花だと思ったから、やまとことばと見なしたんでしょうな。見なしやまとことばですな。それから「衛士《えじ》」もそうですね。あれも「門番」のことですが、「衛士、衛士」と言っているうちに、日本語だと思った。誤解したんでしょうな。

その他は、これは天神様、菅原道真《すがわらのみちざね》のような、和歌を作るより漢詩を作る方が簡単だというような、ああいう漢文のすごい人も、和歌を詠む時にはやまとことばしか使わないんですよ。それだけ、国語というものに対する誇りと自信と尊敬心があった。漢文は書きます。

漢詩は作ります。しかし、和歌の道は、つまり敷島の道は、やまとことば、こういう伝統があるんです。

これはお隣の国と比べるのは、別に向こうを貶《おとし》めるためじゃなくて、違いを強調するためでありますけれども、同じ似たような民族でも、半島としてくっついたために、シナ文化に圧倒的にぶっつぶされて、国民文学がない国もあるわけです。朝鮮には朝鮮語で書いた古い文学はゼロと言ってもよろしいです。昭和何年までは。そして昭和九年頃に、朝鮮半島が日本帝国の一部だった頃ですが、日本に学んだ向こうの人が、日本の『万葉集』のようなものを見て、自分の国の民謡を集めたというのが、これは岩波文庫にも入っていますが、これが言わば向こうの『万葉集』ですよ。露骨に言えば、昭和九年頃にできているんです。

そういう国民文学がなくなって、国語では文学ができない状態がずっとあって、自分の国のアイデンティティーが小中華としかできなかった国と違って、日本は海を隔てたおかげもあって独自の「言霊の幸はふ国」と胸を張ってやっていけた。だから、安心してむしろ漢文も自由にいくらでも勉強できたとも言えると思います。

日本と仏教

山上憶良が自慢したのはこの二つなんですが、私はもう一つ付け加えてもいいと思うんですね。それは、仏教との折り合いなんですね。

仏教というのは圧倒的なんですよ。儒教も来ましたけど、儒教はどう考えても圧倒的じゃないと思います。儒教の中の一番重要なのは、『論語』ですよね。『論語』を開けば「朋《とも》あり、遠方より来る。また楽しからずや」「友達が遠くからやってきて一杯やって嬉しかった」とかね。そういう話でしょ。「学んで時にこれを習う」「何かを習って発表会をやりました。楽しいですねえ」こういった程度ですよ。『論語』は分かりやすい。非常に人間的な重要な道徳は説いているけれども、圧倒するという感じはないんです。

ところが、お経は圧倒的ですよ。インドから始まって、ずっとまわってきているうちに、どんどん膨《ふく》らんで、その中には哲学あり、文学あり、神学あり、量から言っても圧倒的です。入ってきた時どうしますか、これは、ということなんですよ。

たとえば、仏教を入れた周辺の国は、それ以前の先祖崇拝の宗教はほとんど消えるんです。宗教としては。百済《くだら》、朝鮮ですね。その前の宗教は消えるんですよ。僕は朝鮮の学者の方にも、仏教が来る前の百済の宗教は何だか知っていますか、と言うと、「えっ」なんて言うんです。宗教がないわけないですよ、仏教が来る前に。神道があったんですよ。朝鮮的な神道が。ちゃんとあったんです。ところが仏教に圧倒されてしまって、なくなってしまった。仏教はそれだけの力があるし、内容があるんです。

日本でもそれについては、ごたごたがありましたが、すぐなくなりましたが、そして日本人はそこで考えたんですね。これが私はものすごく偉いと思うんですがね。「本地垂迹説《ほんじすいじゃく》」といって、わけが分からないという学者もいるんですが、最も分かる学説なんです。

うんと要約して「本地垂迹説」を言えばですね、もし仏の教えが真理であれば、それはあらゆる国に、あらゆる時代に現われているに違いないと。これは当然ですね。重力の法則が真理であれば、イギリスにも重力があれば、日本にも重力がある。これは同じことですね。宗教的な真理でもそれが真理であるとすれば、すべての地域にまたすべての時代に現われなければいけない。それがインドではお釈迦様で現われたとか、大日如来として現われたとか、いろんな如来・菩薩その他現われた。日本では先祖の神として現われた。ですから、あえて相当するものを比べればということになって、伊勢神宮は天照大神《あまてらすおおみかみ》だから、大日如来と何か似てますね。だから同じものの違った形による顕現であると一応規定したわけです。

これは私は素晴らしいことだと思うんです。真理が現われるとすれば、どこの国にも現われていなければならない。現われ方は違うはずだ。日本の場合、昔から、それこそ神代から、先祖神を貴んできた。全然知らない外国の神様が来ました。これが全然違う神で、今までの神様よりすぐれておったら、それまでの宗教がなくなりますよ。ところが日本では、いや、それはインドでの現われ方はそうで、インドの現われ方はインドの現われ方で非常に参考になる現われ方をしておる。日本の現われ方は日本の現われ方で、これはこれでいいと、両方立てちゃったんです。そして両方、日本でのみ栄えているわけです。

だから、西行《さいぎょう》が、伊勢神宮に行きまして、「なにごとのおはしますかは知らねどもかたじけなさに涙こぼるる」と歌を詠んだ。彼は北面の武士ですから、非常に位の高い武士でした。それが仏教徒になって、伊勢神宮にお参りするわけですよ。彼は両部神道、つまり本地垂迹説ですから、伊勢神宮を拝む時に、大日如来として拝もうかな、日本の神様として拝もうかな、まあどっちでも同じだと拝んでいる、その歌ですよこれは。

これが、日本をして今唯一世界的に大乗仏教の大学が何十かある、唯一の国にしている理由です。仏教が学として本当にやられている唯一の国と言っていいと思います。神道はもちろん、日本にしかありません。この残り方ですね。この残り方が私はやはり、消えてしまったゲルマンの宗教の場合と違って、なるほど日本の残り方の方が何とも柔軟だなと思います。

ゲルマン人とキリスト教

ゲルマンの世界にも、国境を越える宗教が行きました。これはやはりいろんな文化を吸収し、あらゆる学問を吸収していきますから、論理は構成している、神学はできているんですね。それにドグマなき先祖崇拝の宗教がどうやって対抗できるかという問題が起こったわけです。これは日本に仏教が来た時と同じ問題ですよ。

こういう話があります。ラートボートというあるゲルマン人の酋長がいたんです。この人は、ボニファチウスという宣教師の話を聞いて、当時カトリックの宣教師ですね、感心しましてね、「そうか、お前の言うことはなかなかいいな。よし、教会も建ててやろう。その洗礼とやらも受けて天国にいってやろう」という約束をしたわけです。それでいよいよ洗礼を受ける段になりましたらね、疑問が生じたんです。「まてよ、俺は天国にいくらしいけど、俺の先祖はどうなるんだ」という疑問を起こしたわけです。

私はこれは実にまっとうな疑問だと思います。ある宗教に自分は入って自分は助かると。じゃあ親はどうなるんだ。親のことは知らないよと言ったら、これはよくないですよ、やっぱり。その酋長はそういう疑問を起こしたわけです。そしてその宣教師に「先祖はどうなるんだ」と聞いたら、その宣教師がまたコチコチ頭だったんですな、「それは地獄にいます」と言ったんです。洗礼を受けてないんだから。

そしたらそのラートボートという酋長が怒って、「何言ってるんだ。俺はお前の言う天国なんかに行かなくて結構だ。お前の言う地獄だろうとなんだろうと、俺は先祖のいらっしゃるところに行く」。それで教会も焼いてしまえ。宣教師も殺してしまえという話になったわけです。というのはたまたまそこで起こったんですけど、頻々としてゲルマン地域でそれが起こったんです。ゲルマン人は先祖をとても尊敬しておったんです。

その時に、偉かったのはローマ教皇で、たとえば聖グレゴリウス一世は、そういう報告を受けて、「それはゲルマン人の言ってることの方が本当だぞ。キリスト教の洗礼を受けたら、受けた人は助かる。先祖は地獄のまま。これはおかしいよ」、とお考えになったんです。それで「煉獄《れんごく》」を作ったんです。

煉獄というのは、新約聖書のどこを見たって煉獄の「れ」の字もないんですから、あれはローマ教皇が作ったんですよ。煉獄というものがあるんだ。皆さんの先祖で、まだキリスト教を知らないで立派に死んだ人がいると。この人たちは煉獄にいる。ここは浄化されるところである。天国みたいに楽しくはないけれども、そう悪いところでもないと。そこにいて待っているんだと。あなたが洗礼を受けて、煉獄の霊のために祈るのを待っているんだと。あそうか、というわけで、信者になって死者の霊のために祈るわけです。そうすると、先祖の死者はそれによって天国に行くと、こういう仕掛けになったんです。

それで全西ヨーロッパは、改宗したんです。ですから、中世の芸術作品というのは、ものすごくたくさん煉獄の話があります。ダンテの頃まではですね。宗教改革頃になると、先祖の話はどうでも構わなくなっちゃって、煉獄もみな忘れられて、近頃は煉獄の「れ」の字も言う人は一人もいなくなりました。しかし、ゲルマン人の先祖に対する気持ちを煉獄という形で救ったわけです。ローマ教皇は。

世界に例をみない宗教の両立

日本の場合は、その先祖を大切にする気持ちを、真理があるとすれば、インドでも現われるだろうが、日本でも現われた。それは国が違うのだから、現われ方も違うであろう。だから、どっちでも分かりやすい方をやりなさいよ、両方やって構わないよと、そういうことだったと思うんです。

ところで、二十世紀の生んだ最大の宗教学者メルシア・エリアーデという人がいますね。この人は東ヨーロッパ生まれの人ですが、戦後はシカゴ大学の教授だったと思いますが、十何巻の宗教学辞典を書きました。この人が『聖と俗』という本を書いています。その本が世界的なベストセラーになったものですから、日本でも「聖と俗」という言い方が流行したんですが、その中にちゃんといっていますね。日本人が千何百年前に考えぬいたことを。

宗教的な真理は、あらゆる民族、あらゆる時代に現われていなければならない。そうでなければ真理でも何でもないんですから。ただ受け取る方の民族の文化水準がでこぼこしていますからね、あるところでは非常に迷信的な受け取り方が幅をきかせている。あるところでは非常に高度な受け方をしている。違いはあるけれども真理の粒としては同じである。比喩《ひゆ》で言えば、重力はどこでもある。ただ、重力を井戸の水を汲《く》む時も、手で汲むような使い方しか知らないところと、ポンプの原理を発明するという差はある。しかし、重力は同じ。というような解釈なんですね。

そしてこういう見方をしないと、結局世界は宗教戦争になるんですね。真理が現われるとすれば、どこにも現われたはずである。その現われ方はいろいろある。その現われ方がいろいろあるのをうまく両立させた国が、これが日本しかない。今までのところ。

日本の誇りへの自覚と危機の克服

ですから、私は、日本では、厳《いつく》しき皇神《すめらぎ》がいたために、つまり王朝が途絶えないであったために、この天皇家の宗教とでも言うべきものと、国境を越える高い教義を持った大乗仏教という宗教とが、両立し得たんだと思います。

これは皇神がいなかったら、つまり聖徳太子みたいな人が皇室にいなかったならば、これはもう宗教戦争の国になりますよ。かくして我々は、神話の時代からそっくり生きてきました。そしてそれは仏教受容にも見られるように、決してコチコチのものではなくて、非常に弾力的なものなんですね。それで日本人は危機がある度に原始記憶に帰ったと思うんです。

たとえば、十九世紀の中頃、黒船が来ました。あの連中はとにかく世界中を植民地にするつもりだったわけです。究極的には、世界をアパルトヘイトにもっていこうとしていたと思いますよ。白人が主人で色の薄い黄色人種のほうが召し使いで、濃いほうが奴隷でね。まあ、大体そんなものだったと思うんです。

ところがその危険な、強烈な十九世紀後半の植民地文明が押し寄せてきた時、日本人は何をやったかというと、やはり昔にもどっちゃうんですね。幕府じゃだめだ。普通なら幕府を倒したところで、内乱とかになっちゃって、白人に乗り込まれて植民地になるんだけれども、幕府はだめだ、となると神代以来の「皇神の厳しき」というのを、もう一度みんなの意識に復活させて、そして明治維新をやったわけです。

そして「言霊の幸はふ国」であって、日本語なんてどんなにやったってなくならないことはみんな知っているわけです。奈良朝時代のあれだけの圧倒的な漢文学、お経が来ても、やまとことばはなくならない。だから日本語の消失を恐れることなく、外国の文献を全て翻訳してしまったわけです。そして、外国のいいものはみな取り入れましょう。これは仏教の場合と同じことです。だから、黒船で驚いたら、戦艦大和を作るなんてな話でね。この前の戦争は電子機器や工作機械で負けたとなれば、電子機器や工作機械で一番になれとかね、そういう風にやってるんだと思うんです。

要するに我々の刷り込みは、千数百年前から出来上がっている。そしてこれは如何《いか》なる危機の時でも、日本人を乗り越えさせてきて、世界にたった一つ、太古から先祖崇拝を宗教としながら、高度の文明を保った唯一の国として今日あるわけです。そして、その象徴が第百二十五代の天皇陛下であって、その方の即位が今年十年、誠にめでたい限りでございまして、こういう集会ができましたことを心からお祝いしたいと思います。

上智大学教授　渡部昇一

（編集部注・この記念講演は、平成十年十一月二十八日東京国際フォーラムAで行なわれたものを収録しました）

★読者のみなさまにお願い

この本をお読みになって、どんな感想をお持ちでしょうか。祥伝社のホームページから書評をお送りいただけたら、ありがたく存じます。今後の企画の参考にさせていただきます。また、次ページの原稿用紙を切り取り、左記まで郵送していただいても結構です。

お寄せいただいた書評は、ご了解のうえ新聞・雑誌などを通じて紹介させていただくこともあります。採用の場合は、特製図書カードを差しあげます。

なお、ご記入いただいたお名前、ご住所、ご連絡先等は、書評紹介の事前了解、謝礼のお届け以外の目的で利用することはありません。また、それらの情報を6カ月を越えて保管することもありません。

〒101-8701（お手紙は郵便番号だけで届きます）
祥伝社新書編集部
電話03（3265）2310
祥伝社ホームページ　http://www.shodensha.co.jp/bookreview/

★本書の購入動機（新聞名か雑誌名、あるいは○をつけてください）

＿＿＿＿新聞の広告を見て	＿＿＿＿誌の広告を見て	＿＿＿＿新聞の書評を見て	＿＿＿＿誌の書評を見て	書店で見かけて	知人のすすめで

★100字書評……日本史から見た日本人・昭和編

名前

住所

年齢

職業

渡部昇一　わたなべ・しょういち

上智大学名誉教授、英語学者、文明批評家。1930年、山形県鶴岡市生まれ。上智大学大学院修士課程修了後、独ミュンスター大学、英オックスフォード大学に留学。ミュンスター大学より哲学博士号(Dr. Phil.)、名誉哲学博士号(Dr.Phil.h.c.)を授与される。『知的生活の方法』『ドイツ参謀本部』『東條英機 歴史の証言』など、著書多数。日本エッセイスト・クラブ賞、正論大賞受賞。瑞宝中綬章受章。2017年、逝去。

日本史《にほんし》から見《み》た日本人《にほんじん》・昭和編《しょうわへん》
――「立憲君主国《りつけんくんしゅこく》」の崩壊《ほうかい》と繁栄《はんえい》の謎《なぞ》

渡部昇一《わたなべしょういち》

2019年9月10日　初版第1刷発行

発行者……………辻 浩明
発行所……………祥伝社《しょうでんしゃ》
〒101-8701　東京都千代田区神田神保町3-3
電話　03(3265)2081(販売部)
電話　03(3265)2310(編集部)
電話　03(3265)3622(業務部)
ホームページ　http://www.shodensha.co.jp/
装丁者……………盛川和洋
印刷所……………堀内印刷
製本所……………ナショナル製本

Printed in Japan ISBN978-4-396-11581-4 C0221

〈祥伝社新書〉
歴史に学ぶ

168
ドイツ参謀本部
その栄光と終焉
組織とリーダーを考える名著。「史上最強」の組織はいかにして作られ、消滅したか
上智大学名誉教授
渡部昇一

361
国家とエネルギーと戦争
日本はふたたび道を誤るのか。深い洞察から書かれた、警世の書
渡部昇一

379
国家の盛衰
3000年の歴史に学ぶ
覇権国家の興隆と衰退から、国家が生き残るための教訓を導き出す！
東京大学名誉教授
本村凌二
渡部昇一

541
日本の崩壊
日本政治史と古代ローマ史の泰斗が、この国の未来について語り尽くす
東京大学名誉教授
御厨 貴
本村凌二

570
資本主義と民主主義の終焉
平成の政治と経済を読み解く
歴史的に未知の領域に入ろうとしている現在の日本。両名の主張に刮目《かつもく》せよ
法政大学教授
水野和夫
法政大学教授
山口二郎